beck^Ische
reihe

b^{sr}

In keinem anderen Land sind religiöse Traditionen und aktuelle Politik so eng verwoben wie in Israel. Und kaum ein Land ist so komplex, so schwer durchschaubar. Ralf Balke schafft in seiner souveränen und bewährten Einführung Klarheit. Er erzählt die konfliktreiche Geschichte des Staates Israel von den Anfängen bis heute, macht die Besonderheiten der israelischen Gesellschaft, Wirtschaft und Kultur deutlich und erläutert die aktuelle politische Lage. Das bewährte Standardwerk wurde für die vorliegende fünfte Auflage umfassend überarbeitet und aktualisiert.

Ralf Balke, geb. 1962, Dr. phil., studierte Geschichte und schreibt heute als freier Autor u. a. für *Handelsblatt, Tagesspiegel* und *Jüdische Allgemeine.*

Ralf Balke

Israel

Geschichte, Politik, Kultur

Verlag C.H.Beck

Dieses Buch erschien zuerst im Jahr 2000 unter dem Titel «Israel»
in der Reihe «Länder» der Beck'schen Reihe.
2. Auflage. 2002
3. Auflage. 2007
4. Auflage. 2009

Mit 24 Abbildungen und 5 Karten

5., neubearbeitete Auflage. 2013

Originalausgabe
© Verlag C.H.Beck oHG, München 2000
Satz, Druck u. Bindung: Druckerei C.H.Beck, Nördlingen
Umschlagabbildung: Eine israelische Schülerin wartet 2004
im Gazastreifen auf den Bus nach Israel.
© Stephanie Sinclair/VII/Corbis
ISBN 978 3 406 65546 3

www.beck.de

INHALT

Israel im Nahostkonflikt

Politik und Gesellschaft

Wirtschaft

Kultur

Anhang

Vorbemerkung

Die Wiedergabe hebräischer und arabischer Namen und Begriffe in deutschsprachigen Medien ist äußerst uneinheitlich. In diesem Buch folgt sie nicht den komplizierten wissenschaftlichen, sondern pragmatischen Gesichtspunkten: In der Regel erscheint die sich an der deutschen Rechtschreibung orientierende Variante, in einigen Fällen aber auch die anglisierte Form, wenn sie sich bei uns stärker durchgesetzt hat.

Einleitung: Ein junger Staat
mit jahrtausendealten Traditionen

Fazination Israel

Es gibt niemals einen langweiligen Moment im Heiligen Land.
Mit diesem Satz kommentieren Israelis häufig gegenüber Besuchern das Tagesgeschehen. Und sie haben recht. An keinem anderen Ort der Erde sind aktuelle Politik, jahrtausendealte Traditionen und Geschichte derart verwoben und überall präsent wie in
Israel. Dabei ist das kleine Land zwischen Mittelmeer und Jordan, Hermon-Gebirge im Norden und Rotem Meer im Süden –
ohne besetzte Gebiete, aber mit den Golanhöhen und Ostjerusalem – gerade mal 21 946 km² groß, nur wenig mehr als das Bun-
desland Hessen. Israel als ‹Heiliges Land› der drei Weltreligionen
Judentum, Christentum und Islam, seine geographische Lage an
der Landbrücke zwischen Afrika und Asien und natürlich seine
zentrale Rolle im Nahostkonflikt – all das verleiht dem kleinen
Staat eine wohl einzigartige Bedeutung.

Fast täglich wird über Israel in unseren Medien berichtet. Ob
Friedensprozess, Regierungskrisen oder spektakuläre Militäraktionen – ständig gibt es Neuigkeiten. Nur in Washington und
Moskau sind noch mehr Journalisten akkreditiert als in Jerusalem, was angesichts der Größe des Landes doch erstaunlich ist.
Und die wollen beschäftigt sein. So geschieht es häufig, dass
durch die Berichterstattung ein verzerrtes Bild von Israel beim
ausländischen Betrachter entsteht. Nicht nur, dass dank einer
medialen Dauerpräsenz der Eindruck aufkommt, als ob es sich
bei Israel um eine Nation im permanenten Ausnahmezustand
handelt, darüber hinaus skizzieren viele Journalisten gerne das
Porträt einer gespaltenen Gesellschaft, die durch unüberbrück-

bare Gegensätze gekennzeichnet ist. Die Reportagen handeln dann in aller Regel vom unversöhnlichen Gegensatz zwischen orthodoxen und säkularen Juden, Israelis europäischer und orientalischer Herkunft oder Gegnern und Befürwortern des Friedensprozesses. Es fällt dabei eine gewisse Fixierung auf das Fanatische und Militärische auf. Vielleicht liegt es daran, dass Berichten über die boomende Hightechindustrie des Landes oder die aktuellen Alltagsprobleme wie Arbeitsplatzsuche oder Wohnungsknappheit, mit denen sich die große Mehrheit der israelischen Bevölkerung genauso herumschlagen muss wie die Menschen in anderen Teilen der Welt, einfach nur der Kick des Extremen fehlt.

Jeder Besucher, der zum ersten Mal nach Israel kommt, wird überrascht sein, dass das Land eigentlich ganz anders ist, als er vielleicht erwartet. Man trifft auf eine hochtechnologisierte und aufgeschlossene Gesellschaft, die aufgrund ihrer einmaligen Zusammensetzung sofort jeden faszinieren muss. Israel war und ist ein Einwanderungsland, häufig der einzige Zufluchtsort für Juden vor Verfolgung und Antisemitismus. Das Recht eines jeden Juden auf der Welt, nach Israel einzuwandern und die israelische Staatsbürgerschaft zu erhalten, ist die *Raison d'être* des jüdischen Staates. All diese Einwanderer haben ihre religiösen Traditionen, ihre Kultur und selbstverständlich auch ihre Essgewohnheiten mitgebracht und so Israel zu dem unvergleichlich vielseitigen und bunten Ort gemacht, der er ist. Natürlich verliefen solche Integrationsprozesse alles andere als konfliktfrei, doch zugleich erwuchs daraus eine junge Nation, die über ein enormes wirtschaftliches, wissenschaftliches und kulturelles Potenzial verfügt.

Israel hat einiges zu bieten. Wer meint, ein derart kleines Land in nur wenigen Tagen komplett kennenlernen zu können, irrt sich gewaltig. Allein an drei Meere, das Mittelmeer, das Tote Meer und das Rote Meer, grenzt das Land, dazu kommt noch der See Genezareth. Wer von den Golanhöhen im Norden nach Eilat in den äußersten Süden reist, durchquert in ein paar Stunden mehrere Klimazonen, von kühler Gebirgsluft bis hin zum Wüstenklima. Selbst bei der rund einstündigen Fahrt vom nahezu subtropischen Tel Aviv am Mittelmeer in das 800 m über dem Meeresspiegel gelegene Jerusalem mit seiner nur halb so hohen Luftfeuchtigkeit kann man den Klimawechsel deutlich spüren. Drei Großstädte gilt es zu entdecken, wie sie unterschiedlicher kaum sein können. Das mondäne, junge Tel Aviv, das wirtschaftliche und kulturelle Zentrum des Landes, die jahrtausendealte ‹Heilige Stadt› Jerusalem, Regierungssitz und religiöser Mittelpunkt von Judentum, Christentum und Islam, sowie die Industrie- und Hafenstadt Haifa, die zu Unrecht ein wenig im Schatten der beiden anderen Metropolen des Landes steht. Ob sich nun ein Besucher ins Nachtleben Tel Avivs stürzen möchte, einzigartige historische Stätten aus biblischen Zeiten besichtigen oder aber Klettertouren im Golan und Wüstenexkursionen im Negev unternehmen will – langweilig wird es gewiss nie.

Israels Landschaften

Obwohl Israel ein flächenmäßig sehr kleines Land ist, verfügt es über eine erstaunlich abwechslungsreiche Topographie: Berge, Hügel, Täler, Ebenen, Wüsten, Flüsse, Seen und Küsten. Die höchste Erhebung ist mit 2807 m der Berg Hermon, der am nordöstlichen Zipfel der Golanhöhen liegt und direkt an Syrien grenzt. An den Hängen des Hermon befindet sich zudem Israels einziges Skisportgebiet. Die tiefste Senke des Landes ist zugleich auch der tiefste Punkt der Erde: das fast 400 m unter dem Meeresspiegel gelegene Tote Meer, das mit seinem Salzgehalt von 30% das salzhaltigste Gewässer der Welt ist. Das Land zerfällt, grob gesprochen, in drei Teile: im Norden die Golanhöhen sowie die grüne Berg- und Hügellandschaft Galiläa mit dem See Genezareth, in der Mitte der schmale, ebene Küstenstreifen, die Scharonebene und der Gusch Dan (dt.: Dan-Block) mit Tel Aviv und seinen Vororten als Zentrum und einer Landzunge hinauf in die

Judäischen Berge, wo Jerusalem liegt, und schließlich im Süden die klassische Wüstenlandschaft des Negev, die bis zur Hafenstadt Eilat am Roten Meer reicht.

Die Golanhöhen, 1967 im Sechstagekrieg erobert und 1981 zum Staatsgebiet Israels erklärt, sind ein 1176 km² großes Hochplateau, das im Süden an den See Genezareth grenzt, im Westen an das Huletal. Am Ostrand verläuft die momentane israelisch-syrische Grenze, die von Beobachtern der Vereinten Nationen überwacht wird. Über 70% der Golanhöhen sind Naturschutzgebiet. Typisch für das Hochplateau aus Vulkangestein sind seine zahlreichen tiefen Schluchten und Canyons, die zu Trekkingtouren einladen und viel Abwechslung bieten. Über 30 landwirtschaftliche Siedlungen entstanden nach 1967 auf dem Golan, die wichtigste ist die Ortschaft Katzrin, die sich selbst den Titel «Hauptstadt des Golan» gegeben hat. Hier sind die «Golan Heights Wineries» beheimatet, die die hervorragenden auf dem Golan angebauten Weine vermarkten. Im Norden des Golan gibt es einige Drusendörfer, an der Südspitze, an der Grenze zu Jordanien und am Jarmuk-Canyon liegt Hammat Gader mit seinen vier schwefelhaltigen Heißwasserquellen.

Nördlich und östlich des Sees Genezareth befindet sich Galiläa. Die 3350 km² große Region grenzt zudem an den Libanon. Galiläa selbst besteht aus vier Gebieten: Obergaliläa, Untergaliläa, dem Huletal sowie dem See Genezareth, von dessen Südspitze aus der Jordan Richtung Totes Meer abfließt. Aus Galiläa kommen rund zwei Drittel des israelischen Wasserbedarfs. Das biblische Kapernaum (hebr.: Kfar Nachum) und Israels größte arabische Stadt, Nazareth mit seinen 40000 Einwohnern, befinden sich hier. Im Westen grenzt Galiläa an das Mittelmeer, wo 1934 deutsche Emigranten das Seebad Naharija gründeten, die erste jüdische Siedlung in Westgaliläa. Südlich davon, entlang der Mittelmeerküste, erstreckt sich der Carmel, ein höhlenreicher, bei der Hafenstadt Haifa ins Meer vorragender Bergrücken, rund 32 km lang und bis zu 546 m hoch. Hier befindet sich rund um die Kleinstadt Zichron Jaakow Israels ältestes Weinanbaugebiet. An den Carmel schließt die allmählich breiter werdende Scharonebene an, die, hinter Küstendünen leicht hügelig, Israels wichtigstes Agrargebiet ist. Die Stadt Natanja mit ihren knapp 183000 Einwohnern, zugleich ein bei Touristen beliebter Badeort, sowie Hadera mit seinen rund 78000 Einwohnern sind die urbanen Zentren der Scharonebene.

Das wirtschaftliche Herz Israels ist der südlich der Scharonebene gelegene Gusch Dan. Hier leben weit über zwei Millionen Menschen, Zentrum ist Tel Aviv, dazu die Städte Ramat Gan, Givataim, Petach Tikwa, Rischon LeZion, Bat Jam und Holon, die – obwohl es sich um eigenständige urbane Einheiten handelt – zu einem städtischen Großraum zusammengewachsen sind. Östlich des Gusch Dan, zwischen Küstenebene und den Bergen Judäas, verläuft das Ayalontal. Hier fanden seit Urzeiten immer wieder heftige Schlachten statt, denn wer dieses Gebiet beherrscht, kontrolliert zugleich die wichtigste Verbindung nach Jerusalem.

Weiter südlich liegt die judäische Küste mit den Städten Aschdod und Aschkelon. Aschdod mit seinen über 207800 Einwohnern ist neben Haifa Israels wichtigster Hafen und wurde erst 1956 in der Nähe der gleichnamigen alten Philisterstadt erbaut. Aschkelon, dessen Name ebenfalls an biblische Zeiten anknüpft, hat rund 117500 Einwohner.

Östlich der judäischen Küste beginnen das gleichnamige Gebirge und die gleichnamige Wüste, an deren Ostrand sich das Tote Meer befindet. An der Westküste des Toten Meeres liegt die Oase Ein Gedi, die mit dem Wasser der beiden Canyons Nachal David und Nachal Arugot gespeist wird und wo es hervorragende Bade- und Trekkingmöglichkeiten gibt. Südlich von judäischer Küste und Wüste beginnt der Negev, Israels größte Region. Der Negev bildet den Großteil des Dreiecks zwischen Mittelmeer, Totem Meer und Rotem Meer. Im Norden besteht er aus fruchtbaren, aber erosionsgefährdeten Lössböden. Höchste Erhebung des Negev ist der Har Ramon mit 1035 m. Im Zentralnegev gibt es ferner einige Bodenschätze wie Phosphate und keramische Rohstoffe. Obwohl der Negev mit 14 000 km² über 60% der Landesfläche ausmacht, wohnen dort mit Ausnahme der im Norden gelegenen Stadt Beer Schewa mit ihren knapp 194 800 Einwohnern nur wenige Israelis, und das trotz zahlreicher Gründungen von Städten wie Arad, Mizpe Ramon und Dimona. Das Gebiet südlich und östlich von Beer Schewa ist zudem Siedlungsraum der in Israel lebenden Beduinen. Die israelisch-ägyptische Grenze markiert den Westrand des Negev. Der Osten wird durch die Aravasenke abgegrenzt, den 175 km langen und bis zu 20 km breiten Südteil des Jordangrabens. Hier befinden sich entlang der Grenze zu Jordanien einige Kibbuzim sowie die wichtige Verbindungsstraße nach Eilat, die südlichste, knapp 57 000 Einwohner zählende Stadt Israels und sein einziger Hafen am Roten Meer.

Kopie einer Handschrift von 1455 (gemalt für Philipp von Burgund von Burchard vom Berge Zion); Jerusalem mit Felsendom (Mitte), Al-Aksa-Moschee (rechts) und Grabeskirche (links). Bibliothèque Nationale de France, Paris

Israel in vier Jahrtausenden

Die Einwanderung nach Kanaan

Wem gehört das sogenannte Heilige Land, und wem gehört Jerusalem? Dies lässt sich wohl kaum beantworten, ohne den historischen Hintergrund der letzten 4000 Jahre zu beleuchten, denn die Geschichte Israels ist fast so alt wie die Geschichte der Menschheit, obwohl der Staat selbst erst am 14. Mai 1948 ausgerufen wurde. Hier, zwischen den Flüssen Dan im Norden und Jordan im Osten sowie den Städten Jerusalem, Hebron und Beer Schewa, liegt das «Gelobte Land» des Alten Testaments. In dieser Gegend soll der Genesis zufolge irgendwann zwischen 1700 und 1800 v. d. Z. Abraham gelebt haben, aus dessen Nachkommenschaft die zwölf Stämme Israels hervorgegangen sind. Hierher führte der Legende nach Mose knapp 400 Jahre später die Kinder Israel nach vierzig mühsamen Jahren der Wanderschaft durch die Wüste Sinai aus der ägyptischen Gefangenschaft.

Doch hieß diese Region damals weder Israel noch Palästina. Im Alten Testament ist vom Land Kanaan die Rede, dem «Gelobten Land» der Israeliten. Neben den Büchern Mose berichten auch ägyptische Quellen aus dem späten 13. Jahrhundert v. d. Z. von dem Land Kanaan, wo dem Namen nach so etwas wie Israel existiert haben soll, obwohl sich daraus nicht genau ablesen lässt, was mit diesem Israel eigentlich gemeint war – ein Stamm, ein Volk oder ein Ort?

Tatsache ist, dass die Region bereits seit der Altsteinzeit von Menschen besiedelt war. Spuren von Jäger-, Sammler- und Fischerkulturen reichen zurück bis weit in das 8. Jahrtausend v. d. Z. Die Stadt Jericho beispielsweise, heute ein Teil der palästinensischen Autonomiegebiete, kann von sich behaupten, eine der ältesten urbanen Siedlungen der Menschheit zu sein, da sich die dort gemachten archäologischen Funde bis ins 7. Jahrtausend v. d. Z. hinein datieren lassen. Seit dem 3. Jahrtausend v. d. Z. gab es hier zahlreiche Stadtstaaten, die von semitischen Einwanderern und nichtsemitischen Bevölkerungsgruppen bewohnt wurden.

Eine massive Einwanderung von Israeliten fand im Zeitraum zwischen dem 14. und 12. Jahrhundert v. d. Z. statt. In dieser Zeit regierte in Ägypten Pharao Ramses II., dessen grausame Unterdrückungspolitik zweifellos den Anlass für den in der Bibel sehr ausführlich beschriebenen Exodus aus Ägypten bot, wohin es zuvor einen Teil der Nachfahren von Jakob, dem Enkel Abrahams, als Sklaven verschlagen haben soll. Laut biblischer Überlieferung organisierten die Israeliten unter der Führung des Propheten Mose die Flucht aus Ägypten und wanderten rund 40 Jahre durch die Wüste Sinai, bis sie schließlich in Kanaan eintrafen, ein Tross von 600 000 Männern und ihre Angehörigen. Die Geschichtswissenschaft zieht die biblischen Aussagen zur Flucht aus der Sklaverei ein wenig in Zweifel, denn ein Exodus von so vielen Menschen hätte gewiss nachhaltigere Spuren in den ägyptischen Quellen hinterlassen. In der Forschung gibt es daher zwei andere Deutungsmodelle: Entweder war der Auszug aus Ägypten gar keine organisierte Massenflucht, sondern eine kontinuierliche Abwanderungsbewegung von Tausenden Angehörigen semitischer Stämme Richtung Kanaan, oder aber es handelte sich dabei um zwei aufeinanderfolgende Auswanderungswellen, wobei die Zielrichtung das Gebiet von Sichem in Samaria war, der heutigen palästinensischen Stadt Nablus in der Westbank. Dort erst wäre es dann im Laufe der Jahre zur Bildung eines einheitlichen Volkes gekommen, dessen Emigration aus Ägypten schließlich zum Bestandteil eines Arsenals kollektiver Erinnerungen wurde.

Die im Alten Testament erzählte Eroberung der Landstriche westlich des Jordan durch den neuen Anführer der Israeliten und Nachfolger des Propheten Mose, Joschua Bin Nun, ist gleichfalls mit Vorsicht zu genießen. Keinesfalls decken sich die Ergebnisse der archäologischen Forschung mit den Angaben aus der Bibel, wie etwa die berühmte Geschichte von der Eroberung Jerichos durch den Einsatz von Trompeten, die zum Fall der Stadtmauern führte. Ausgrabungen enthüllten, dass Jericho nie zu Zeiten Joschua Bin Nuns zerstört worden war. Experten gehen eher davon aus, dass Kanaan peu à peu von aus Ägypten eingewanderten Gruppen der Israeliten ohne größere Kriegszüge besiedelt wurde. Eine zweite Theorie lautet, dass Nomadenstämme aus Ägypten und dem Sinai, aber auch aus Mesopotamien kontinuierlich in das Land strömten und sich allmählich zu einer Art territorialer Stammesgesellschaft formierten, die sich aus zwölf Zweigen, den zwölf Stämmen Israels, zusammensetzte.

Die Entstehung des Königtums

Das 12. und das 11. Jahrhundert v. d. Z. brachten einige grundlegende Veränderungen für die israelitische Gesellschaft: Aus Vieh züchtenden Nomaden wurden sesshafte Bauern, und kleine Hüttendörfer entwickelten sich langsam zu befestigten, urba-

Die Kanaaniter verehrten den Wetter-
und Fruchtbarkeitsgott Baal.
Collection of the Israel Museum, Jerusalem

nen Siedlungen. Aber viel tiefgreifender war der Wandel der
politischen Strukturen: Infolge ihrer jahrzehntelangen Auseinandersetzungen mit den an der Küste im Westen lebenden mächtigen Philistern, den Kanaanitern im Osten sowie weiterer
Stämmen im Gebiet des heutigen Libanon hatte sich allmählich
die Vorstellung durchgesetzt, dass langfristig nur eine Zentral-
macht in Gestalt eines starken Königshauses das Überleben
der zwölf Stämme inmitten einer feindlichen Umgebung sichern
konnte.

Wie die im Alten Testament überlieferte Geschichte vom Heer-
führer Gideon und seinem Sohn Abimelech belegt, lief die Einrichtung einer Monarchie nicht ganz ohne Blutvergießen ab:
Nachdem Gideon die Israeliten vor einem Angriff der Midianiter
in letzter Sekunde gerettet hatte, boten ihm die Vertreter der

Stämme als Dank die Königswürde an: «Herrsche über uns, du sowohl als dein Sohn, auch dein Sohnessohn, denn du hast uns gerettet aus der Hand der Midianiter.» (Richter, 8:22) Zwar lehnte Gideon das Angebot ab, sein Sohn Abimelech aber sah seine große Chance und ermordete nach dem Tode Gideons mit Ausnahme seines Bruders Jotham alle anderen Geschwister, um eine Monarchie mit sich selbst an der Spitze zu etablieren. Abimelech errichtete eine Tyrannei, die jedoch nach wenigen Monaten durch einen Aufstand beendet wurde.

Durch Abimelech war die Idee eines zentralen Königshauses erst einmal diskreditiert. Doch das Alte Testament schildert die prekäre Lage für die zwölf Stämme: «In jener Zeit war kein König in Israel: Ein jeglicher tat, was in seinen Augen recht war.» (Richter, 21:25) Den militärischen Bedrohungen durch innere und äußere Feinde begegneten die Israeliten unter der Führung einzelner, aber nur kurze Perioden amtierender charismatischer Persönlichkeiten, Richter genannt. Doch durch interne Streitigkeiten weiter geschwächt, mussten die Israeliten in ihrer Dauerfehde mit den Philistern eine Niederlage nach der anderen einstecken.

Damit schlug die Stunde Sauls aus dem Stamme Benjamin, der als militärischer Stratege unter allen Israeliten hohes Ansehen genoss und ca. 1025 v. d. Z. vom Richter Samuel zum König gesalbt wurde. Bis zu seinem Tode im Jahr 1007 v. d. Z. verbuchte er im Kampf gegen die Philister, den Erzfeind der Israeliten, zahlreiche militärische Erfolge. Und obwohl er durch seine Politik das Territorium der Israeliten konsolidieren und ausbauen konnte, sah er sich mit unüberwindlichen innenpolitischen Problemen konfrontiert. Samuel, damals die größte religiöse und geistige Autorität für die Israeliten, beschuldigte Saul, gegen göttliche Gesetze verstoßen zu haben, wodurch er das Recht als Begründer einer Dynastie verwirkt habe. Nach dem Tode Sauls brach dann wegen der Frage der Nachfolgerschaft prompt ein Bürgerkrieg unter den Israeliten aus. Neuer König wurde ca. 1000 v. d. Z. David aus dem Stamm Juda, der durch eine geschickte Mischung aus Diplomatie und Gewalt Sauls Sohn aus dem Weg räumte, die Philister endgültig in die Knie zwang und den Einfluss der Israeliten bis zum Roten Meer und beiderseits des Jordan ausdehnte.

Aber König David war mehr als nur ein gewiefter Politiker und Stratege. Nach der Eroberung Jerusalems, damals noch Hauptstadt der feindlichen Jebusiter, machte er die Stadt, die nun mitten im israelitischen Königreich lag, zu dessen politischem und geistigem Zentrum. Hierhin ließ er die Bundeslade bringen, die der Prophet Mose der Überlieferung nach von Gott erhalten hatte. Dieser Schritt sollte Jahrtausende jüdischer Geschichte beeinflussen. Seither gilt die Stadt als Wiege und geistiger Mittelpunkt des Judentums, auf den sich die Hoffnungen und Sehnsüchte von Juden in aller Welt bis zum heutigen Tage richten.

Doch mit zunehmendem Alter glitten selbst König David die Zügel aus den Händen. Sein Lieblingssohn Absalom probte den Aufstand gegen den Vater, verlor jedoch in einem blutigen Bruderzwist gegen Salomon, der 970 v.d.Z. die Königswürde übernahm. Damit begann eine Ära der Stabilität unter den Israeliten, die bis dahin unbekannt war. Zwar regierte Salomon sein Reich auf recht rigide Weise, zugleich schaffte er es aber, das Land durch eine geschickte Bündnis- und Heiratspolitik in die Region einzubinden und die militärischen Dauerkonflikte seiner Vorgänger zu beenden. König Salomon erwarb sich dadurch den – bis heute geltenden – Ruf eines besonders weisen Mannes und unfehlbaren Richters.

Der Frieden hatte allerdings seinen Preis. Ganz besonders die zahlreichen Bauprojekte des Königs forderten von der Bevölkerung ihren Tribut: Mit Ausnahme der Angehörigen des Stammes Juda mussten alle Israeliten erdrückend hohe Abgaben entrichten und Männer für die Zwangsarbeit zur Verfügung stellen, ohne die die vielen Tempel- und Befestigungsanlagen in Meggido und anderen Städten undenkbar gewesen wären. Das ehrgeizigste Projekt von allen jedoch war der Bau des Tempels in Jerusalem, der ca. 965 v. d. Z. in Angriff genommen wurde.

Nach Salomons Tod ca. 928 v. d. Z. zerfiel das israelitische Königreich aufgrund alter Stammesrivalitäten in einen nördlichen und einen südlichen Teil. Im Norden etablierte sich das Königreich Israel mit Sichem (dem heutigen Nablus), später Samaria als Hauptstadt, im Süden das Königreich Juda mit Jerusalem als Zentrum. Der folgende Krieg zwischen den beiden Reichen führte dazu, dass viele Nachbarvölker sich wieder von der israelitischen Herrschaft befreien konnten und dass schließlich die beiden jüdischen Königreiche selbst den Begehrlichkeiten der mächtigen Assyrer und Ägypter ausgeliefert waren.

Die assyrische, babylonische und persische Herrschaft

Israel erlag 721 v. d. Z. dem militärischen Ansturm der Assyrer; Juda, wo die davidische Dynastie aufrechterhalten werden konnte, kapitulierte ca. 587 v. d. Z. vor den Babyloniern unter Nebukadnezar. Nach der Niederlage Israels wurde die gesamte jüdische Bevölkerung von den Assyrern deportiert. «27 290 seiner Einwohner habe ich als Gefangene weggeführt und einige zu Soldaten der fünfzig Kampfwagen meines königlichen Regiments gemacht. Ich habe die Stadt besser aufgebaut als zuvor und Menschen aus den Ländern meiner Eroberungen angesiedelt», kommentierte Assyriens König Argon II. seinen Sieg. Die Zerstörung Israels war mehr als eine bloße Verschiebung der Machtkoordinaten zugunsten der Assyrer. Fortan war ein großer Teil des Volkes Israel im Nebel der Geschichte verschwunden, die «verlorenen zehn Stämme» blieben jedoch bis heute in der jüdischen Erinnerung präsent.

Zwar hatte Assyrien später den Versuch unternommen, auch das Königreich Juda zu erobern, doch sollte dies erst den Babyloniern gelingen, die die Assyrer als Großmacht abgelöst hatten.

587 v.d.Z. kapitulierte Jerusalem nach zweijähriger Belagerung. Der Tempel des Salomon wurde zerstört. In der unverwechselbaren Sprache des Alten Testaments wird berichtet, dass Zedekia, Judas letzter König, nach der Gefangennahme durch die Babylonier mitansehen musste, wie seine Söhne ermordet wurden. Anschließend stach man ihm die Augen aus und verschleppte ihn zusammen mit einem Großteil der jüdischen Bevölkerung nach Babylon.

Doch im Unterschied zu den Stämmen Israels blieben die an den Euphrat deportierten Juden eine organisierte Gemeinschaft, der es gelang, ihren monotheistischen Glauben inmitten einer heidnischen Umgebung beizubehalten und als eine Art Nation im Exil zu überleben. So kristallisierte sich ein neues jüdisches Selbstverständnis heraus, das bis in die Gegenwart Gültigkeit besitzen sollte: Unabhängig von der demographischen Größe der zwischen Mittelmeer und Jordan lebenden jüdischen Bevölkerung blieb das Land Israel das geistige Zentrum des Judentums auf der ganzen Welt.

Zwar sprechen die biblischen Quellen von der «babylonischen Gefangenschaft», doch sah die Realität für Juden in Babylon weitaus harmloser aus. Und als rund fünfzig Jahre nach der Zerstörung Jerusalems der persische König Kyros – Babylon war mittlerweile in persische Hände übergegangen – den Juden die Rückkehr in ihr Gelobtes Land erlaubte, kehrten nur etwa 50 000 Menschen zurück. «Als der siebente Monat herankam – und die Kinder Israel waren in den Städten –, da versammelte sich das Volk wie ein Mann in Jerusalem.» (Esra, 3:1) Damit geben die alttestamentarischen Zeilen nur einen Teil der Wahrheit wieder, denn in Babylon und später auch in Ägypten hatten sich blühende jüdische Gemeinden entwickelt, deren Bewohner keinerlei Absicht hatten, ihren Wohlstand aufzugeben und in das Land Israel überzusiedeln. Es war die Geburtsstunde der Diaspora, der mehr oder minder in ihrer Umwelt integrierten jüdischen Gemeinden, die durch Vertreibung, Exil oder wirtschaftlich motivierte Abwanderung außerhalb Palästinas entstanden. Und schon damals sammelte man in der Diaspora Mittel zur Unterstützung der jüdischen Gemeinden in und um Jerusalem. So griffen jüdische Kaufleute aus Ägypten Juden bei ihrer Rückkehr aus dem babylonischen Exil kräftig unter die Arme.

Für die in die nunmehr persische Provinz Jehud zurückgekehrten Juden war der Wiederanfang schwierig. Jerusalem lag immer noch in Trümmern. Zudem lähmten Dürreperioden und Streitigkeiten darüber, wie und ob man die Dynastie Davids wieder installieren sollte, die Aufbauarbeit. Da erwies sich der von den Propheten Haggai und Zacharia initiierte Beschluss, den Tempel in Jerusalem neu zu errichten, als ein tiefgreifender Schritt für die Bildung eines universellen jüdischen Bewusstseins. Das zwischen 520 und 516 v.d.Z. errichtete Gebäude war zwar ein wenig schlichter als sein Vorgänger, doch als Aufbewahrungsort des Allerheiligsten, der Bundeslade, und als zentrale Kultstätte hatte es eine wichtige identitätsstiftende Funktion für Juden in aller Welt. Alle schickten ihren «Schekel», eine jährliche Abgabe an die Priester im Tempel, oder machten sich, wenn möglich, selbst zu einer Pilgerreise nach Jerusalem auf.

Die Makkabäer

In den rund 200 Jahren persischer Herrschaft beschränkte sich der jüdische Siedlungsraum im Land Israel auf die bergige Region im Umkreis von 30 bis 40 km rund um Jerusalem. Eine Veränderung zeichnete sich erst während der im Anschluss an die Eroberungen Alexanders des Großen 332 v.d.Z. eingeläuteten hellenistisch-römischen Periode ab. Judäa, wie das Land der Juden von den untereinander rivalisierenden Erben Alexanders – Ptolemäern und Seleukiden – fortan genannt wurde, besaß dabei ein hohes Maß an politischer Autonomie sowie Freiraum in der Religionsausübung.

Eine Bronzemünze aus der
Hasmonäerzeit mit der Menora,
dem siebenarmigen Leuchter.
Foto: Zev Radovan

Das wichtigste Ereignis jener Zeit war der sogenannte Makka-
bäeraufstand 167 v. d. Z.: Anlass war ein Dekret des seleukidi-
schen Königs Antiochos IV., der die Juden zur Anbetung des Zeus
von Olympia aufforderte. Da das Judentum eine strikt monothe-
istisch ausgerichtete Religion ist, stand eine solche Anordnung im
Widerspruch zu zentralen Glaubenselementen. Außerdem bedeutete sie eine bis dahin ungekannte Einmischung in religiöse Angelegenheiten. Als Reaktion riefen Mattatias und sein Sohn Juda
Makkabäus – aus einer bedeutenden Priesterfamilie namens Has-
mon aus Modiin, nördlich von Jerusalem – zum Widerstand gegen die Seleukiden auf. Doch der makkabäische Aufstand war
mehr als eine bloße Rebellion gegen eine anmaßende Fremdherrschaft, denn zugleich gerieten auch jene Juden ins Visier der Makkabäer, die sich mehr und mehr den griechischen Sitten angepasst
hatten, sodass der Aufstand die Dimensionen eines Bürgerkriegs
annahm. Die jüdische Gesellschaft war nämlich in einem hohen
Maße gespalten: in Anhänger und Gegner des Hellenismus. Grie-
chische Sprache und Kultur hatten zunehmend die städtische
jüdische Welt außerhalb sowie innerhalb Judäas erobert, und
selbst unter den Hohepriestern des Tempels gab es nicht wenige,
die dem Hellenismus sehr aufgeschlossen gegenüberstanden.

Pharisäer contra Sadduzäer

Die aus Schreiberkreisen hervorgegangenen Pharisäer standen in strenger Gegnerschaft zu der von den Sadduzäern dominierten Tempelaristokratie. Ohne Erfolg versuchten die Hasmonäer die Pharisäer aus dem Sanhedrin, der wohl wichtigsten politischen, juristischen und religiösen jüdischen Körperschaft aus griechisch-römischer Zeit, zu verdrängen. Zu populär waren ihre Ansichten und das von ihnen hochgehaltene Ideal der *Keduscha* (dt.: Heiligkeit). Sie förderten das Studium der Thora in allen Bevölkerungsschichten und können als eine Art Vorläufer der frommen Bewegung der Chassidim verstanden werden. Es wird vermutet, dass Jesus aus dem Umfeld der Pharisäer stammte. Die Sadduzäer dagegen, die andere große Fraktion zur Zeit des Zweiten Tempels, standen aufgrund ihrer besonders starken Affinität zum Hellenismus in strikter Opposition sowohl zu den Pharisäern als auch zu den Makkabäern. Mit der Zerstörung des Tempels im Jahre 70 verschwanden auch die Sadduzäer.

Im Jahr 164 v. d. Z. konnten die Makkabäer einen Teil Jerusalems erobern, den Tempel ‹reinigen› und eine Renaissance des Königtums einleiten. Seither gehört Chanukka, das Lichterfest, das an die Beseitigung des ‹Götzendienstes› erinnern soll, zum Kanon jüdischer Feiertage. Das von den Makkabäern errichtete Reich der Hasmonäer umfasste bald große Teile der Küstenebene und Galiläas, geriet aber infolge religiöser und sozialer Unruhen schnell wieder ins Trudeln. Gewiss, der Erfolg der Makkabäer beruhte auf ihrem religiös-nationalistischen Enthusiasmus und einem hohen Maß an militärischem Organisationstalent, doch ging dies vielen nicht weit genug, sodass jüdische Sekten wie Pilze aus dem Boden schossen und das Hasmonäerreich von innen her schwächten. Die durch die Bibel bekanntesten Gegner der Hasmonäer waren die Pharisäer und Sadduzäer.

Im Jahr 63 v. d. Z. eroberte Pompeius Judäa für Rom. Damit begann für das Land eine neue Epoche. Zwar probten die Hasmonäer 55 v. d. Z. noch einmal den Aufstand, doch vergeblich. Nach einer kurzen Episode, in der die mit Rom verfeindeten Parther Judäa besetzt hielten, wurde 37 v. d. Z. Herodes von den Römern zum König ernannt. Zahlreiche Bauprojekte entstanden in seiner Regierungszeit, Städte und Festungen wie Caesarea, Sebaste und Massada wurden damals gegründet. Schritt für Schritt geriet das autonome Königreich der Juden in diesen Jahren immer mehr unter römische Kontrolle, bis es schließlich im Jahre 6 zur römischen Provinz Judäa wurde, regiert von einem Statthalter Roms.

In den rund 700 Jahren römischer Herrschaft erschütterten zwei Ereignisse das Land und die jüdische Welt: der vom Historiker Josephus Flavius beschriebene «Jüdische Krieg» in den Jahren 66 bis 73 sowie der Bar-Kochba-Aufstand von 132 bis 135. Ausgangspunkt des «bellum judaicum» waren Auseinandersetzungen zwischen jüdischen und griechischen Bewohnern der Küstenmetropole Caesarea im Jahr 66. Sie weiteten sich rasch zu einem Flächenbrand aus und konnten erst durch den Einsatz von drei römischen Legionen blutig niedergeschlagen werden. Auch dieser Krieg war nicht allein ein Aufstand gegen eine Fremdherrschaft, sondern richtete sich ebenfalls gegen Teile der eigenen Priesterschaft, die beschuldigt wurden, mit Rom im Bunde zu stehen. Vespasian, der 69 zum römischen Kaiser ausgerufen wurde, begann 67 mit der verlustreichen Rückeroberung Galiläas. Sein Sohn Titus schlug nach langer Belagerung den militärischen Befehlshaber Jerusalems und Anführer der Aufständischen, Simon Bar Giora. Bei der Einnahme der Stadt im Jahr 70 kam es zur Zerstörung des Zweiten Tempels, ein Ereignis, dessen Juden am Feiertag Tischa BeAw auch in unserer Zeit noch voll Trauer gedenken. Der Titus-Bogen in Rom, erbaut zu Ehren des siegrei-

Die «Generation von Jawne»

Mit der Zerstörung des Zweiten Tempels hatten die Juden in Judäa, aber auch in Babylonien und dem Römischen Reich ihren religiösen Bezugspunkt verloren. Die Folge war eine tiefgreifende Erschütterung des jüdischen Selbstverständnisses. Traditionelle religiöse Vorstellungen standen zur Disposition, ja sogar die Existenz der Juden als Nation. Doch religiöse Autoritäten wie Jochanan Ben Zakkai schafften binnen kurzer Zeit den Neubeginn: Sie richteten in der kleinen Ortschaft Jawne eine Lehrstätte ein, die sich rasch zum Zentrum und Ausgangspunkt einer neuen jüdischen Religiosität entwickelte; die «Generation von Jawne» ersetzte die alte Priesterschaft des zerstörten Tempels. Überall entstanden nun solche Orte, an denen das Studium der Thora und des Talmuds intensiv betrieben wurde und die sich zum Mittelpunkt eines neuen Gemeinschaftslebens im Lande Israel und in der Diaspora entwickelten. Hier wurden die Prinzipien des Judentums genau definiert, sodass seine Einheit und sein Fortbestand trotz ungünstiger Rahmenbedingungen gesichert blieben. Es wurde ein spezifisch jüdischer Kalender entwickelt, der für Juden in aller Welt Gültigkeit besitzen sollte und es ihnen ermöglichte, alle Feiertage einheitlich und gemeinsam zu begehen. Die Synagoge *(Beit HaKnesset)* als Einrichtung eines vielschichtigen und in der Diaspora verstreuten Judentums löste den Tempel *(Beit HaMikdasch)* als alles dominierendes Zentrum des religiösen Daseins ab.

chen Feldherrn, zeugt noch heute von der Plünderung des höchsten Heiligtums der Juden durch die Römer: Abgebildet ist Raubgut aus dem Tempel, wie z. B. der siebenarmige Leuchter. Trauriger Höhepunkt und Ende des «Jüdischen Krieges» war der kollektive Selbstmord der 960 Verteidiger der Wüstenfestung Massada, die nach Jahren der Belagerung ihren römischen Angreifern nicht lebend in die Hände fallen wollten.

Zum letzten großen Aufstand gegen die Römer kam es während der Regentschaft Kaiser Hadrians im Jahre 132. Die Ursachen waren recht vielfältiger Natur: Zum einen sah sich die Anhängerschaft um den Anführer Simon Bar Kochba durch ein ausgeprägtes messianisches Sendungsbewusstsein dazu motiviert, gegen die Herrschaft der Römer gewaltsam vorzugehen. Zum anderen erfüllte Kaiser Hadrian nicht die ursprünglich in ihn gesetzten hohen Erwartungen. Seine Idee, Jerusalem als eine heidnische Stadt mit dem Namen Aelia Capitolina neu aufzubauen, sowie ein von ihm persönlich erlassenes Beschneidungsverbot ließen das Pulverfass Judäa erneut explodieren. Über drei Jahre dauerte der Aufstand, von dem heute noch die unterirdischen Verstecke Bar Kochbas und seiner Kämpfer in den Bergen Zeugnis ablegen und der erst 135 von Hadrians General Julius Severus blutig niedergeschlagen wurde.

Die Folgen für die Juden im Land Israel waren verheerend: Viele wurden entweder getötet oder emigrierten nach Babylonien und Ägypten. Der Zugang zu ihrer Heiligen Stadt wurde ihnen verwehrt. Um das Andenken an die Juden auszulöschen, änderte Kaiser Hadrian sogar den Namen der Provinz Judäa in Anlehnung an die früher hier ansässigen Küstenbewohner, die Philister, in Palästina.

Die arabische Epoche und das Kreuzritter-Intermezzo

Doch trotz der vernichtenden Niederlagen und der Ausbreitung des Christentums existierten auch weiterhin jüdische Gemeinschaften in Palästina. Zu Beginn des 7. Jahrhunderts wurde das Land zum Kriegsschauplatz dreier Großreiche: Perser, Byzantiner und Araber kämpften um die Vorherrschaft in der strategisch wichtigen Region. Sieger in dieser Auseinandersetzung waren die Araber. 634 hatte Kalif Omar, der Nachfolger Mohammeds, die großen arabischen Eroberungszüge eingeleitet. Mit ungeheurer Geschwindigkeit dehnte sich ihr Einflussgebiet aus und erreichte schon 635 Palästina. 638 fiel Jerusalem nach über einjähriger Belagerungszeit. Zwar hatte Omar in einem Vertrag mit dem christlichen Patriarchen vor Ort zugestimmt, Juden nach der Kapitulation weiter das Aufenthaltsrecht in Jerusalem zu verweigern, doch annullierte er bereits 641 diese Klausel und gestattete ihnen den Zuzug in den südlichen Teil der Stadt. Die lange verbotenen Pilgerfahrten waren wieder erlaubt.

Trotz der von Mohammeds Nachfolgern 634 angeordneten Zwangskonversion von Juden in ihrem Reich gestaltete sich das Leben für Juden und Christen nach der Eroberung durch die Araber relativ friedlich. Als sogenannte *Dhimmi* (dt.: Schutzbefohlene) wurden sie nicht nur toleriert, sondern auch rechtlich geschützt. Nach ihren Erfahrungen mit Christen und anderen Religionen erkannten die Juden in Palästina rasch, dass es sich unter der Herrschaft des Halbmondes ganz gut leben ließ. Sie zeigten sich deshalb nur allzu bereit, die neuen Herren zu akzeptieren. Rebellionen wie früher fanden nicht statt. Ähnliche Erfahrungen lassen sich auch in Nordafrika beobachten, wo zuvor die byzantinischen Herrscher den jüdischen Gemeinden das Leben schwer gemacht hatten. Auf der Iberischen Halbinsel wurden die arabischen Eroberer von den dort lebenden Juden, die von den herrschenden Westgoten gnadenlos verfolgt worden waren, gar als Befreier begrüßt. Die Verlagerung des Hauptsitzes der herrschenden Omajjaden-Dynastie von der arabischen Halbinsel nach Damaskus hatte ebenfalls Konsequenzen für die Entwicklung Palästinas, da das Land aufgrund seiner Nähe zum neuen Machtzentrum an Bedeutung gewann. Erst mit Omar II., einem religiösen Fanatiker, wehte den Juden im Land wieder ein kälterer Wind entgegen. Der Kalif ordnete eine ganze Serie von Maßnahmen an, die die Überlegenheit des Islam demonstrieren sollten. So war es Juden fortan verboten, Pferde zu reiten. Darüber hinaus mussten sie bestimmte Kleidungsstücke als Erkennungsmerkmal tragen.

Auf dem ehemaligen Tempelberg errichteten die Omajjaden den Felsendom, eigentlich ein Schrein für den heiligen Felsen, von dem aus Mohammed zum Himmel gefahren sein soll. Foto: Marcello Bertinetti, Edizioni White Star

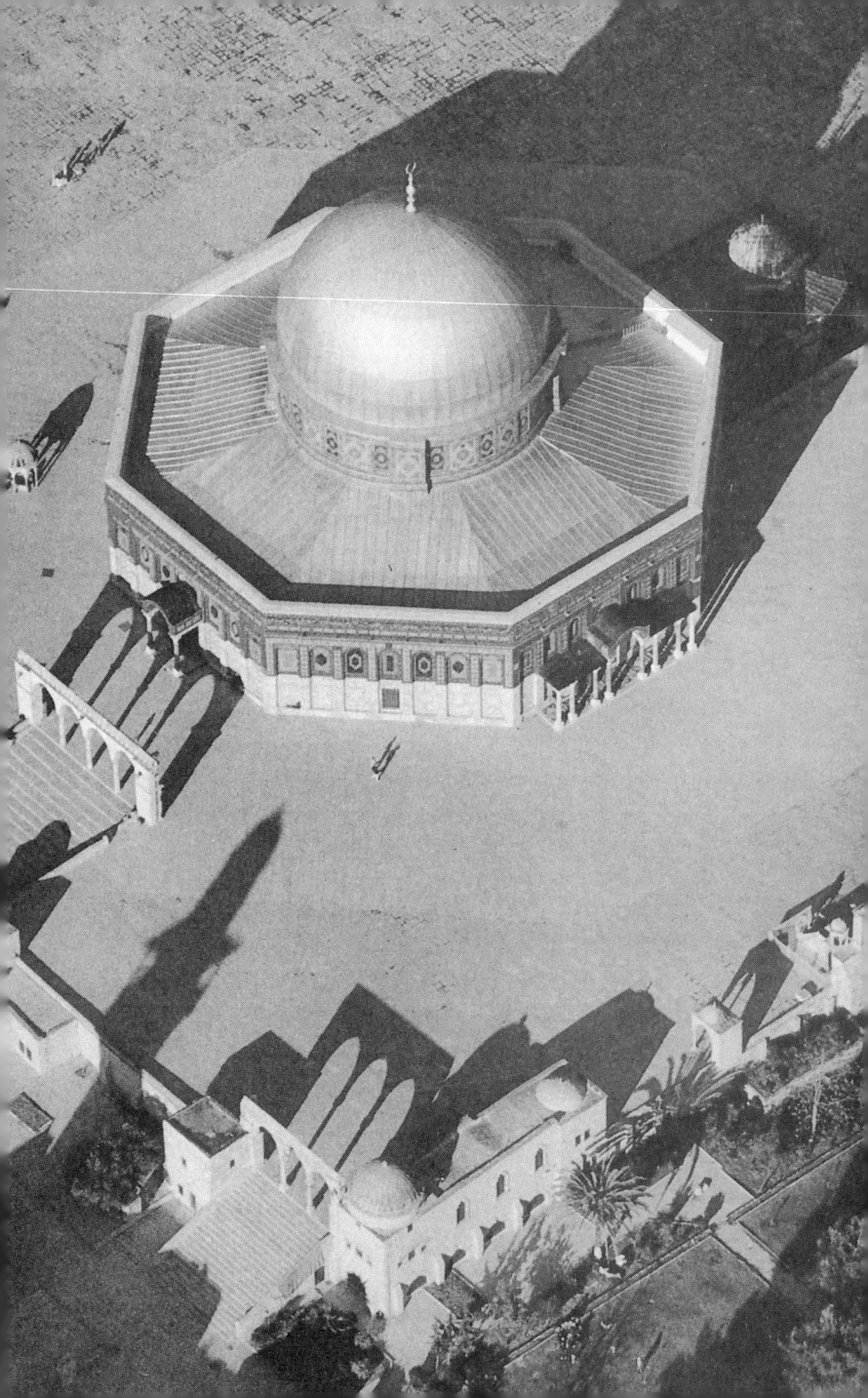

Doch währte diese repressive Phase nur kurze Zeit. Gerade unter der Herrschaft der Abbasiden entstand eine Symbiose zwischen Judentum und Islam, die nachhaltige Spuren in Wissenschaft und Kultur hinterließ und sich in der jüdischen Erinnerung fest als das «Goldene Zeitalter» eingegraben hat. Juden in der ganzen arabischen Welt begannen, eine große Affinität zur islamischen Literatur und zur arabischen Sprache zu entwickeln. Umgangssprache aller Juden zwischen Euphrat und Atlantik wurde in nur kurzer Zeit das Arabische, geschrieben wurde es aber in hebräischen Lettern. Bagdad stieg zum neuen Zentrum jüdischer Gelehrsamkeit auf, aber auch zum Standort einer neuen Gruppe vermögender Finanziers, die bald eine zentrale Stellung am Hofe arabischer Potentaten einnahmen. Gleichzeitig bildete sich eine breite Schicht jüdischer Kaufleute, die die Handelsrouten des arabischen Weltreichs befuhren und zu wichtigen kulturellen Mittlern wurden, da sie die Ergebnisse jüdischer Wissenschaft bis in die äußersten Gebiete des arabischen Herrschaftsraums und selbst nach Europa bringen konnten. Kurzum, die arabische Herrschaft bot die optimalen Rahmenbedingungen für eine wirtschaftliche und kulturelle Blütezeit der Juden. Die zahlreichen neuen Perspektiven lösten eine ganze Reihe von Migrationsbewegungen innerhalb der jüdischen Welt aus, so zogen Juden aus dem Zweistromland bis auf die Iberische Halbinsel.

Unter der Herrschaft der Abbasiden und ihrer Nachfolger, der Fatimiden, konnte Jerusalem erneut seine Schlüsselrolle als religiöses und geistiges Zentrum des Judentums einnehmen. Jüdische Gemeinschaften gab es bald wieder in allen größeren Orten Palästinas; besonders Tiberias am See Genezareth entwickelte sich zu einem bedeutenden Zentrum. In religiösen Fragen besaß die in Palästina beheimatete *Jeschiwa,* die Akademie der Schriftgelehrten, die größte Autorität, hier wurde auch darüber bestimmt, wer in jüdischen Gemeinden Führungspositionen übernahm. Selbst aus dem Rheinland erreichten die *Jeschiwa* Anfragen und Bitten um Rat.

Im 11. Jahrhundert verschlechterte sich die Situation der Juden in Palästina wieder. Nicht nur, weil der Fatimidenherrscher al-Hakim 1012 eine ganze Serie repressiver Maßnahmen gegen Juden und Christen gleichermaßen einleitete, darüber hinaus machten Überfälle marodierender Beduinen, zwei Erdbeben sowie Missernten und Epidemien den Menschen das Leben zur Qual. Ferner zerfiel die Akademie der Schriftgelehrten in verschiedene Fraktionen, die sich untereinander einen erbitterten Konkurrenzkampf darüber lieferten, wer die Autorität in religiösen Fragen haben sollte. 1073 schließlich lösten die türkischen Seldschuken die Herrschaft der Fatimiden ab.

1099 eroberten die Kreuzfahrer Jerusalem. Sie richteten, wie bereits wenige Jahre zuvor in den jüdischen Gemeinden Europas, ein Blutbad unter der lokalen jüdischen sowie der islamischen Bevölkerung an. Erneut war es Juden verboten, sich in Jerusalem niederzulassen. Da die Kreuzritter aufgrund ihrer geringen demographischen Stärke auf die «Ungläubigen» in vielerlei Hinsicht angewiesen waren, blieb es bei dem einen Massaker. Ansonsten hatten die Juden in Palästina zur Zeit der Kreuzzüge den gleichen rechtlichen Status wie alle anderen Nichtchristen auch. Es kam sogar zu einem recht intensiven Austausch zwischen den jüdischen Gemeinden in Palästina und denen in Europa, da sich mit der Etablierung des «Lateinischen Königreichs Jerusalem» die Verkehrswege nach Frankreich oder Deutschland verbessert hatten. Wichtige jüdische Schriftgelehrte aus ganz Europa wie Jehuda HaLevi aus Spanien zog es nun nach Palästina, ein Indiz dafür, dass das Land weiterhin im jüdischen Bewusstsein eine zentrale Rolle einnahm. Höhepunkt war die *Alijah der 300 Rabbiner*», die Einwanderung zahlreicher jüdischer Geistesgrößen aus England und Frankreich zu Beginn des 13. Jahrhunderts.

Die Herrschaft der christlichen Kreuzfahrer erwies sich nur als Intermezzo: Ab 1260 durchquerten die Mongolen plündernd und mordend das Land. Sie wurden ihrerseits zehn Jahre später durch die Mamelucken verjagt. Kurz vor Ende des 13. Jahrhunderts stand Palästina erneut unter der Herrschaft des Islam. Nun durften Juden wieder in Jerusalem siedeln. Und obwohl sich die mameluckische Verwaltung gegenüber Juden und Christen weitaus weniger tolerant verhielt als die ihrer anderen islamischen Vorgänger, blühte in Jerusalem, Safed und Hebron ein reges jüdisches Geistesleben. Während der über zweihundertjährigen Herrschaft der Mamelucken behielt Palästina seine Funktion als zentraler Bezugspunkt der jüdischen Welt bei. Aber nicht nur das: Immer wieder trafen vereinzelte Gruppen von Flüchtlingen ein, die nach antijüdischen Ausschreitungen in Spanien, Deutschland oder Byzanz hier eine Zuflucht suchten. So entwickelte sich das Land insbesondere in der zweiten Hälfte des 14. Jahrhunderts zu einem Treffpunkt, wo sich aschkenasische, sephardische und orientalische Juden begegneten.

Palästina unter der Herrschaft des osmanischen Sultans

Das Jahr 1516 markiert einen weiteren wichtigen Einschnitt in der Geschichte Palästinas: Die Osmanen eroberten das Land und errichteten ihre Herrschaft, die bis zum Ende des Ersten Weltkriegs andauern sollte. Nicht nur die noch heute erhaltene Stadtmauer rund um die Altstadt Jerusalems zeugt von einer regen Bautätigkeit. Für die Juden kam das Osmanische Reich einer Wohltat gleich. Zum einen erwiesen sich die regierenden Sultane als weitaus liberaler gegenüber Andersgläubigen als Mamelucken oder Byzantiner, zum anderen nahmen die Sultane Selim I. und sein Sohn Suleiman II. die von der Iberischen Halbinsel vertriebenen Juden mit offenen Armen auf, da ihr Know-how im Bankwesen und in handwerklichen Berufen äußerst begehrt war. Anders als in Europa erfreuten sich die Juden hier bald eines bemerkenswerten Wohlstandes, da die politischen, militärischen und religiösen Eliten die Verwaltung ihrer Ländereien und Geschäfte überwiegend Nichtmuslimen anvertrauten. Juden wurden bevorzugt, da sie im Unterschied zu Christen nicht im Verdacht stehen konnten, für die europäischen Feinde des Osmanischen Reiches zu spionieren, und sich dem Sultan in Konstantinopel besonders verpflichtet fühlten. Erst mit dem Niedergang des Osmanischen Reiches, mit dem Unbehagen über die zunehmende Einmischung europäischer Mächte in die inneren Angelegenheiten des «Kranken Mannes am Bosporus», sollte sich die Situation aller nichtmuslimischen Untertanen verschlechtern. Leidtragende neben den Juden waren insbesondere die Armenier.

Während des 19. Jahrhunderts geriet Palästina wieder verstärkt in das internationale Rampenlicht. Die verschlafene Provinz des Osmanischen Reiches begann zunehmend die Begehrlichkeiten der europäischen Mächte zu wecken. Rund 200 000 Menschen lebten hier zu Beginn des 19. Jahrhunderts, 90 % davon Muslime, der Rest Juden und Christen. Europäische Pilger und Reisende gab es bis zur Mitte des Jahrhunderts kaum, und die wenigen, die sich ins Land trauten, berichteten von einer katastrophal desolaten Infrastruktur, einer über alle Maßen schikanösen Verwaltung und einer feindselig eingestellten Bevölkerung. Palästina hatte rein gar nichts mit dem biblischen Land gemein, wo angeblich Milch und Honig flossen.

Der Feldzug Napoleons im Frühjahr 1799 hatte für das Land keine grundlegenden Veränderungen gebracht. Das berüchtigte «System der Paschas», jener Gruppe lokaler Potentaten, die sich entweder gegenseitig befehdeten oder aber mit dem fernen Konstantinopel im Dauerstreit lagen, war nach dem Abzug der Franzosen sofort wieder am Ruder und plünderte das Land auch weiterhin rücksichtslos aus. Langfristig hatte der napoleonische Feldzug aber dafür gesorgt, dass Palästina wieder mehr in das Bewusstsein der Europäer rückte.

Ein weiteres Ereignis sollte die Voraussetzungen für ein europäisches Engagement schaffen: Da Muhammed Ali, Gouverneur

der osmanischen Provinz Ägypten, für seine Unterstützung des
Sultans im griechischen Unabhängigkeitskrieg nicht den erwar-

Ein preußischer Kronprinz in Palästina

Anlässlich der Eröffnung des Suezkanals 1869 machte Preußens Kronprinz Friedrich Wilhelm, der spätere Kaiser Friedrich III., seine Aufwartung im Heiligen Land. Für seine Hoheit samt Tross hatte dieser Ausflug
eher den Charakter einer Abenteuerreise. «Nachts hatten wir Schakale
heulen hören, ja einige unserer Herren behaupteten sogar ein solches
Thier im eigenen Zelt gespürt zu haben!», vertraute er seinem Tagebuch
an. Aber Kronprinz Friedrich Wilhelm registrierte auch die Rivalitäten
der verschiedenen christlichen Konfessionen untereinander: «Jegliches
fromme und tiefernste Gefühl, mit dem man sich der heiligen Grabesstätte
naht, weicht zurück, wenn man von den lateinischen und griechischen
Mönchen sofort am Eingang der Kirche darauf angeredet wird, daß dieser Theil oder dieser Stein der einen, jener aber der anderen Confession
angehöre und man dementsprechend also erst hierhin müsse und dann
dorthin dürfe.»
Daran hat sich bis zum heutigen Tag wenig geändert.

teten Lohn erhielt, nahm er sich diesen auf andere Weise. 1832
besetzte er Palästina und rückte weit bis nach Anatolien vor. Gegenüber allen nichtmuslimischen Gruppen im Lande zeigte sich
Muhammed Ali äußerst tolerant. Die bis auf die Knochen kor-
rupten Paschas aber entließ er aus all ihren Ämtern. Um die
darniederliegende Wirtschaft Palästinas ein wenig anzukurbeln,
erlaubten die neuen Herren des Landes sogar den Aufenthalt von
Fremden.

1839 glaubte sich der Sultan in Konstantinopel stark genug,
um die rebellischen Ägypter in ihre Schranken zu weisen. Aber
weit gefehlt. Sie bereiteten ihm eine derart verheerende Nieder-

Schon zu Zeiten von Kronprinz Friedrich Wilhelm herrschte um die
Grabeskirche das Gedränge von Anhängern der verschiedenen Konfessionen.
Foto: Udo Haafke, Ratingen

lage, dass alles nun tatsächlich auf das Ende des «Kranken Mannes am Bosporus» hinzudeuten schien. Die militärische Katastrophe der Osmanen rief jedoch England, Preußen, Österreich und Russland auf den Plan; sie beschlossen, Konstantinopel unter die Arme zu greifen, da die Ägypter Frankreich als Verbündeten an ihrer Seite wussten. Im November 1840 bombardierte und besetzte daher diese Allianz die Hafenstadt Akko, schlug die Ägypter in die Flucht und sorgte so dafür, dass Palästina wieder unter die Kontrolle des Sultans kam.

Dass sich daran in den nächsten 80 Jahren kaum etwas ändern sollte und keine europäische Macht das Land unter seine alleinige Kontrolle brachte, lag an den Rivalitäten der europäischen Mächte untereinander. Frankreich und Österreich stritten sich um die Rolle als Schutzherr der Katholiken, Russland, das die meisten Pilgerreisenden ins Heilige Land stellte, forderte das Patronat über die griechisch-orthodoxen Araber im Lande, und Englands Außenminister Lord Henry Palmerston sah in der Ansiedlung von Juden und deren Schutz eine Chance, Einfluss zu nehmen. Preußens König Friedrich Wilhelm IV. wollte da nicht außen vor bleiben und schlug 1841 vor, gemeinsam mit England eine protestantische Einrichtung in Jerusalem zu gründen. So entstand das englisch-preußische Bistum in Jerusalem, an dem sich beide Mächte jeweils zur Hälfte beteiligten.

War es nur wenige Jahre zuvor für ausländische Einrichtungen beinahe unmöglich, in Palästina aktiv zu werden, so gab es nun auf engstem Raum bald mehr Missionare als sonstwo auf der Welt. Dank der ‹Ungläubigen› flossen große Geldbeträge ins Land, wovon Schulen, Kranken- und Waisenhäuser sowie Herbergen für Pilger errichtet wurden. Den Anfang machte 1809 die «Londoner Judenmission». 1849 wurde in der Altstadt Jerusalems die erste protestantische Kirche im Osmanischen Reich, die Christ Church, gebaut. Und last but not least begannen 1868 Mitglieder der Tempelgesellschaft, einer pietistischen Abspaltung der württembergischen Landeskirche, mit einem Kolonisationsprojekt. Es wurde der erste erfolgreiche Versuch einer europäischen Ansiedlung in Palästina seit den Tagen der Kreuzzüge und lieferte wichtige Impulse für die wirtschaftliche und strukturelle Entwicklung des Landes.

Kaiser Wilhelm II. kündigte 1886 den Bistumsvertrag mit England auf und bestimmte als Ersatz dafür die Gründung einer eigenen, rein deutschen «Evangelischen Jerusalem-Stiftung». Darüber hinaus befahl er den Bau der Erlöserkirche, deren Einweihung seine Hoheit zum Anlass nahm, 1898 persönlich in Jerusalem zu erscheinen. Diese kaiserliche Visite geriet zum größten Politikum Palästinas in der zweiten Hälfte des 19. Jahrhunderts, denn das großspurige Verhalten des deutschen Monarchen ließ in allen europäischen Hauptstädten die Alarmglocken läuten. «Der Orient wartet auf den richtigen Mann», hatte Kaiser Wilhelm bereits im Vorfeld seiner Fahrt mehrfach verkündet und damit Spekulationen ausgelöst, dass Deutschland sich nun verstärkt in Palästina engagieren werde. Gerüchte machten gar die Runde, dass Berlin die Errichtung eines Flottenstützpunktes in Haifa plane. Doch trotz aller kaiserlichen Rhetorik: Palästina blieb nur an der Peripherie der imperialen Ambitionen Deutschlands. Weder besaß das Land eine besondere strategische Bedeutung, noch gab es irgendwelche nennenswerten Bodenschätze, sodass andere Projekte wie die Bagdadbahn oder die militärische Kooperation mit dem Osmanischen Reich einen weitaus höheren Stellenwert in den außenpolitischen Konzeptionen Deutschlands einnahmen.

Welchen eindrucksvollen Entwicklungssprung Palästina im Laufe des 19. Jahrhunderts erlebte, belegen die demographischen Zahlen: Rund 600 000 Araber lebten am Vorabend des Ersten Weltkriegs zwischen Mittelmeer und Jordan. Durch die in den 1880er-Jahren einsetzende Immigration hatte sich auch die Anzahl der Juden auf knapp 100 000 vergrößert. Des Weiteren gab es über 5000 europäische Christen im Land, die Mehrzahl davon Staatsbürger des Deutschen Reiches.

Von der Utopie zum Staat

Theodor Herzl und der politische Zionismus

1897 lud der Wiener Journalist und Schriftsteller Theodor Herzl Juden aus aller Welt nach Basel ein. Er plante nichts Geringeres, als die Weichen für die Errichtung eines Staates der Juden zu stellen. Seine Idee klang nach purer Utopie und handelte ihm schnell den Ruf ein, eine Art jüdischer Jules Verne zu sein. Erstmals seit 2000 Jahren sollten Juden über eine gemeinsame politische Zukunft debattieren und so etwas wie eine Volksvertretung wählen. Zwar folgten nur 250 Juden seiner Einladung, dennoch wurde auf dieser etwas merkwürdig anmutenden Zusammenkünft im schweizerischen Basel der Grundstein für die 51 Jahre später erfolgende Gründung des Staates Israel gelegt.

Theodor Herzl war der richtige Mann zur richtigen Stunde, dem es ganz konkret gelang, die bereits – besonders ausgeprägt in Russland – bestehenden Zionssehnsüchte aus ihrem zumeist religiösen Kontext herauszulösen und in politische, nationale Bahnen zu lenken. Dies geschah zu einer Zeit, als sich das osteuropäische Judentum im Spannungsfeld zwischen Tradition und Moderne, Sozialismus und Nationalismus befand. Der Zionismus, wie er ihn ins Leben rief, war nichts anderes als ein Ausdruck der Krise des jüdischen Selbstverständnisses im späten 19. Jahrhundert und Lösungsmodell zugleich. Und er selbst war sich der Skurrilität des von ihm einberufenen Kongresses sehr wohl bewusst. Mit beißender Ironie stellte er fest: «Tatsache ist, daß ich nur eine Armee von Schnorrern habe. Ich stehe an der Spitze von Knaben, Bettlern und Schmöcken.» Was bewegte einen assimilierten Wiener Juden dazu, sich auf das Abenteuer Zionismus einzulassen?

Väter des Zionismus

Theodor Herzls Vision war eigentlich nichts Neues. Selbst das Label «Zionismus» stammte nicht von ihm, sondern wurde bereits 1892 von Nathan Birnbaum, dem Wiener Anführer der national-jüdischen Studentenbewegung *Kadima* (Vorwärts), benutzt. Die Idee, durch die Schaffung eines jüdischen Gemeinwesens das Elend der osteuropäischen Juden zu lindern und ihnen damit einen Weg aus dem oft tödlichen Kreislauf von Unterdrückung und Verfolgung zu zeigen, hatte viele Väter. So entstand schon 1880 in Russland eine Bewegung mit dem Namen *Chibat Zion* (dt.: Zionsliebende), die in Palästina landwirt-

Theodor Herzl

schaftliche Siedlungen gründen wollte, um damit den vor Pogromen flüchtenden Juden eine Perspektive zu bieten. Auch hatten Autoren wie Moses Hess, der schon 1862 sein Buch «Rom und Jerusalem – Die letzte Nationalitätenfrage» veröffentlicht hatte, oder Leon Pinsker mit seiner 1882 verfassten Schrift «Autoemanzipation» das Thema bereits vor Herzl aufgegriffen. Hess forderte die Schaffung eines jüdischen Nationalstaates, den er allerdings aufgrund seines sozialistischen Backgrounds nur als Vorstufe einer messianischen Erlösung der Menschheit betrachtete, und Pinsker rief die Juden in der ganzen Welt dazu auf, ihr Schicksal in die eigenen Hände zu nehmen und eine Nation auf einem eigenen Territorium zu konstituieren. Doch die Resonanz auf ihre Veröffentlichungen blieb recht mager. Von all diesen Autoren und Konzepten erfuhr Herzl erst viele Jahre später, als er sich schon durch den Kongress in Basel seinen Ruf als ‹Moses am Rhein› und Initiator des politischen Zionismus erworben hatte.

Theodor Herzl war 1860 in Budapest geboren worden. Als Jugendlicher hatte er eine Affinität zu allem Deutschen entwickelt. Während seines Jurastudiums in Wien wurde Herzl zum

Deutsch-Nationalen und trat der Burschenschaft «Albia» bei. Doch bald musste er erkennen, dass er als Jude in Österreich kaum Chancen auf eine Karriere als Jurist hatte, und schlug daher die publizistische Laufbahn ein. Herzls Biographen weisen immer wieder darauf hin, dass es die Dreyfus-Affäre in Frankreich gewesen war, die ihn zum erklärten Zionisten werden ließ. Alfred Dreyfus war ein jüdischer Hauptmann der französischen Armee, der fälschlicherweise und aus rein antisemitischen Motiven heraus des Landesverrats angeklagt worden war – sein Fall erregte damals die Weltöffentlichkeit. Wahrscheinlicher ist aber, dass die Vielzahl judenfeindlicher Erfahrungen, wie zum Beispiel sein Ausschluss aus der Burschenschaft «Albia» und zahlreiche Anpöbeleien, Herzl schon vorher stark beeinflusst hatten. Wenn er, wie 1896 geschehen, einen englischen Zionisten mit den Worten: «Willkommen in Wien, der Hauptstadt des Antisemitismus. Für einige Tage ist es ein sehr angenehmer Ort» begrüßte, so traf er damit ziemlich genau das aufgeheizte Klima jener Tage. Auch war er mit der Flut antisemitischer Schriften seiner Zeit bestens vertraut, sodass die Dreyfus-Affäre eigentlich nur noch das auslösende Moment war. Die neue Qualität des Antisemitismus, der den klassischen Antijudaismus mit den in Mode kommenden rassebiologischen Konzepten vereinte und radikalisierte, bewog Herzl dazu, Assimilation und Emanzipation als gescheitert zu betrachten und einen nationalstaatlichen Lösungsansatz zu entwickeln. Als Bürger der K.-u.-k.-Monarchie konnte er beobachten, wie es unter den verschiedenen Ethnien des Habsburger Vielvölkerreiches immer stärker brodelte. Tschechoslowaken, Ungarn oder Kroaten, sie alle forderten nationale Eigenständigkeit, warum sollte dieser Weg nicht auch eine Option für Juden darstellen?

1896 verfasste Herzl seine Schrift «Der Judenstaat – Versuch einer modernen Lösung der Judenfrage»: «Man gebe uns die Souveränität eines für unsere gerechten Volksbedürfnisse genügenden Stückes der Erdoberfläche, alles andere werden wir selbst organisieren», so lautete sein Rezept, mit dem er die Situation der Juden verbessern wollte. Diese ausgesprochen radikalen Ansichten bescherten ihm natürlich nicht nur Freunde. Gerade unter den assimilierten Juden Westeuropas stießen seine Thesen auf wenig Gegenliebe. Zionismus ließ sich in ihren Augen kaum mit dem Selbstverständnis als deutscher oder englischer Staatsbürger jüdischen Glaubens vereinbaren und wurde daher als Gefahr für die noch auf wackeligen Füßen stehende rechtliche und gesellschaftliche Emanzipation betrachtet. Und orthodoxe Juden bewerteten den Zionismus als eine Art säkularer Tabuverletzung, da nur Gott ein solches Vorhaben ausführen dürfe.

Wo dieser Judenstaat entstehen werde, ob in Palästina, Argentinien oder sonstwo auf der Welt, diese Frage ließ Herzl erst einmal offen. Aufgrund der emotionalen und religiösen Bindung an das «Land der Väter» gab er zwar Palästina den Vorzug, hatte aber gegen andere Regionen nichts einzuwenden, wenn sie sich als Option anböten. Für die Möglichkeit, in Palästina siedeln zu dürfen, stellte er Überlegungen an, dem hochverschuldeten Sultan in Konstantinopel finanzielle Anreize zu bieten und sich den europäischen Mächten als «ein Stück des Walles gegen Asien» und «Vorposten der Kultur gegen die Barberei» anzubieten. Solche Äußerungen, so befremdlich sie heute klingen, zeigen: Herzl war ganz Kind seiner Zeit, der Epoche des Imperialismus. Und obwohl 1897 auf dem ersten Zionistenkongress das «Basler Programm» abgesegnet wurde, das «die Schaffung einer öffentlich-rechtlich gesicherten Heimstätte in Palästina» forderte, war die Diskussion um mögliche andere Ansiedlungsorte damit noch lange nicht vom Tisch. Zwischen 1903 und 1905 sorgte der «Uganda-Plan», eine von England ins Spiel gebrachte Idee, Britisch-Ostafrika durch Juden zu kolonisieren, für die erste große Krise des politischen Zionismus. Angesichts der Pogrome in Russland und des offensichtlichen Unwillens des Sultans in Konstantinopel, Juden in seiner Provinz Palästina siedeln zu lassen, hatte Herzl ernsthaft die Möglichkeit erwogen, aus Mangel an rasch zur Verfügung stehenden Alternativen den Vorschlag der britischen Regierung Lloyd Georges zu akzeptieren.

Bis zu seinem Tod 1904 bewies Herzl ein ausgeprägtes Marketing- und Organisationstalent. In nur sieben Jahren hatten er und seine Mitstreiter auf den regelmäßig tagenden Kongressen die organisatorischen Rahmenbedingungen entwickelt, die zum Teil noch heute bestehen. 1901 wurde der *Keren Kajemet LeIsrael*, der Jüdische Nationalfonds, und 1908 die *Palestine Land Development Company* ins Leben gerufen, deren Aufgabe das Sammeln von Geldern für den Landerwerb und den Aufbau neuer Siedlungen in Palästina war. Zur Jahrhundertwende gab es rund 1300 zionistische Gesellschaften, überwiegend in Osteuropa, die die Bewegung finanziell unterstützten und ihre Delegierten zu den Kongressen schickten. 232000 Mitglieder zählten die Zionisten 1903 weltweit. Herzl beschränkte sich nicht nur auf das Abhalten von Tagungen, sondern bemühte sich auch um Zusammenkünfte mit den Mächtigen dieser Welt. Oft appellierte er dabei an deren antisemitische Ressentiments, da er ein Konzept vorstellte, das ihnen half, ihre ungeliebten Juden loszuwerden. «Die Antisemiten werden unsere verlässlichsten Freunde, die antisemitischen Länder unsere Verbündeten», entgegnete Herzl Kritikern, die sich schockiert zeigten, als er eine Unterredung mit dem russischen Innenminister Wenzel von Plehwe abhielt, der wegen der vielen Pogrome an russischen Juden den Beinamen ‹Schlächter von Kischinew› trug.

Sogar mit Kaiser Wilhelm II. traf Herzl zusammen, und zwar während dessen spektakulärer Orientreise im Jahr 1898. Herzl erhoffte sich von ihm Rückhalt und Fürsprache in seinen Verhandlungen mit dem Sultan und den osmanischen Behörden. Es gehörte schon eine gehörige Portion Chuzpe dazu, als kleiner jüdischer Journalist ohne eigentliches politisches Mandat dem mächtigen deutschen Kaiser gegenüber ein solches Anliegen vorzutragen. Immerhin, Kaiser Wilhelm II. äußerte sein «wohlwollendes Interesse», beließ es aber bei einigen vorsichtigen Floskeln, da er seinen wichtigen politischen Verbündeten, den Sultan, nicht durch eine plötzliche Rolle als Schirmherr der jüdischen Nationalisten brüskieren wollte. Abdül Hamid I. hatte genug Nationalitätenprobleme in seinem Vielvölkerreich, für die Zionisten hegte er deshalb wenig Sympathien.

Die Renaissance des jüdischen Palästina: der «Neue» Jischuw

Der Anschluss Palästinas an die Moderne beruhte auf zwei entscheidenden Faktoren. Zum einen begann mit der verstärkten Einwanderung von Juden seit den 80er-Jahren des 19. Jahrhunderts die Renaissance des jüdischen Palästina, zum anderen lösten die im Ersten Weltkrieg siegreichen Engländer die Osmanen als neue Herren über das Land ab. Zwar gab es auch zur Zeit der Osmanen einige wichtige Impulse, wie etwa die 1892 eröffnete Eisenbahnlinie zwischen Jaffa und Jerusalem, doch war es im Wesentlichen die englische Verwaltung, die nicht nur die Rahmenbedingungen schuf, in denen sich ein quasistaatliches jüdisches Organisationsgefüge relativ ungehindert entwickeln konnte, sondern die darüber hinaus wichtige Infrastrukturmaßnahmen einleitete und durch die Einbindung Palästinas in den Pfund-Sterling-Währungsraum ferner für den Anschluss des kleinen Landes an den Weltmarkt sorgte.

Trotz Römern, Kreuzfahrern und Osmanen – Juden hatten all die Jahrhunderte über in Palästina gesiedelt. In den Jahren vor der Ersten *Alijah* (*Alijah* = Einwanderung, wörtlich aber ‹Aufstieg›), der ersten großen Einwanderungswelle, die durch Pogrome in Russland ausgelöst wurde, lebten zwischen 10 000 und 20 000 Juden in Jerusalem, Tiberias, Safed und Hebron. Es handelte sich dabei fast ausschließlich um orthodoxe Juden, die ihr Leben dem Studium der heiligen Schriften widmeten und im wirtschaftlichen und politischen Leben des Landes wenig in Erscheinung traten. Nur vereinzelt immigrierten in diesen Jahren Juden aus anderen Teilen der Welt nach Palästina, und wenn, dann meist erst im hohen Alter, um sich in ihrem Heiligen Land beerdigen zu lassen. Aufgrund ihrer relativ homogenen Sozialstruktur bezeichnete man diese seit Generationen in Palästina lebenden Juden als «Alten» *Jischuw* (*Jischuw* = jüdische Gesamtbevölkerung Palästinas).

Ganz im Gegensatz dazu stand der «Neue» *Jischuw*, jene kontinuierlich wachsende Gruppe von eingewanderten Juden, die schon vor dem Aufkommen des politischen Zionismus in der Ersten *Alijah* 1881 bis 1903 sowie dann im Verlauf der Zweiten *Alijah* von 1904 bis 1914 nach Palästina kam, sodass sich die jüdische Bevölkerungsgruppe um ca. 70000–80000 auf knapp 100000 Personen vergrößerte. Angesichts der rund 2,3 Millionen Juden, die damals Osteuropa verließen, war dies nur ein kleiner Prozentsatz, der den Weg nach Palästina fand; der Großteil emigrierte in die USA. Dennoch, der Entwicklung Palästinas verliehen diese Menschen wichtige Impulse.

Ohne fremde Hilfe hätten die Einwanderer kaum überleben können. Vermögende jüdische Bankiers wie Baron Edmond de Rothschild, der in den Jahren 1882 bis 1900 rund 1,6 Millionen Pfund für verschiedene Projekte zur Verfügung stellte, oder Baron Moritz von Hirsch griffen ihnen massiv unter die Arme. Investiert wurde das Geld in die Modernisierung der Landwirtschaft und den Aufbau neuer Industrien, wie Wein und Seifenherstellung. Auch der Bau der ersten Siedlungen Petach Tikwa, Zichron Jaakow, Rosch Pinna und Rischon LeZion hätte ohne diese finanziellen Zuwendungen nicht bewerkstelligt werden können. 1903 entstand die *Anglo-Palestine Company*, wodurch der Grundstein für ein modernes Bankwesen in Palästina gelegt wurde. Geld für Palästina wurde in der gesamten jüdischen Welt gesammelt: In Synagogen, Schulen oder Geschäften, überall standen bald die kleinen blauen Sammelbüchsen des Nationalfonds.

Der Neue *Jischuw* unterschied sich vom Alten *Jischuw* neben der wirtschaftlichen Dynamik noch in einem anderen wesentlichen Punkt: im dezidierten Willen zur Selbstverteidigung. Mit Erstaunen registrierten die damals bereits seit fast 20 Jahren im Lande siedelnden deutschen Templer, dass während eines Überfalls von Beduinen auf die jüdische Siedlung Rischon Le-Zion die Kolonisten zur Waffe griffen. Juden, die sich zur Wehr setzten, das hatte Palästina seit über 1500 Jahren nicht mehr gesehen.

Dennoch gestalteten sich die ersten Versuche einer Wiederbelebung jüdischen Lebens sehr schwierig. Die osmanischen Behörden waren von den Einwanderern alles andere als begeistert und behinderten die jüdischen Siedlungsaktivitäten, wo sie nur konnten. Ferner machten das Klima, Krankheiten wie Malaria oder Typhus sowie Überfälle von Beduinen den ersten Pionieren das Leben zur Hölle. Außerdem gab es viel zu wenig verfügbares Kapital. Die meisten Immigranten waren mittellose Flüchtlinge, die zudem kaum Kenntnisse in Landwirtschaft und Viehzucht mitbrachten. Erst mit der Zweiten *Alijah* entstand so etwas wie ein diversifiziertes jüdisches Leben in Palästina. 1909 wurde Tel Aviv gegründet, und aufgrund der nun bereits existierenden zionistischen Bewegung mit all ihren Strömungen lassen sich erste Umrisse eines politischen Organisationsapparates erkennen, der bis zur Gegenwart Bestand haben sollte. Doch der Ausbruch des Ersten Weltkriegs setzte diesen Entwicklungen erst einmal ein Ende.

Der Erste Weltkrieg: Die Engländer kommen

Der Kriegseintritt des Osmanischen Reiches aufseiten Deutschlands im Oktober 1914 ließ auch Palästina zum Kriegsschauplatz werden. Für den Neuen *Jischuw* bedeutete diese Parteinahme Konstantinopels zugunsten der Mittelmächte eine Katastrophe, da die Mehrzahl der in den Jahren zuvor eingewanderten Juden im Besitz der russischen Staatsbürgerschaft waren und damit als Angehörige einer feindlichen Macht ständig der Gefahr ausgesetzt waren, von den osmanischen Behörden interniert und deportiert zu werden. Zwar erklärte sich die Führung der zionistischen Bewegung aus Sorge um diese Menschen bei Kriegsausbruch für absolut neutral, doch sahen wichtige Repräsentanten des Zionismus wie der spätere erste israelische Staatspräsident Chaim Weizmann in dem Weltkrieg eine Chance, der Idee eines jüdischen Staates mehr internationale Aufmerksamkeit zuteilwerden zu lassen. Bereits 1915 erklärte er in Interviews und Gesprächen mit britischen Stellen, dass ein jüdisches Gemeinwesen für England eine ganze Reihe Vorteile bringen könnte: «Ein starker jüdischer Staat in der ägyptischen Flanke ist ein wirksamer Schutz gegen jede etwaige Gefahr vom Norden.» Das klang für einige Mitglieder des britischen Kriegskabinetts recht verlockend, außerdem erhofften sie sich, dass eine mögliche Parteinahme Londons zugunsten der Zionisten die Juden in den USA dazu veranlassen würde, ihre Regierung zum Kriegseintritt aufseiten der Entente zu bewegen. Noch hatte Deutschland bei den amerikanischen Juden eindeutig die besseren Karten als Großbritannien und Frankreich, die Verbündeten des judenfeindlichen Russland.

Viele der involvierten britischen Entscheidungsträger betrachteten das Weltjudentum als einen monolithischen Block von hohem politischem Gewicht – ein weitverbreitetes antisemitisches Stereotyp. Dass die jüdische Welt alles andere als einheitlich strukturiert war und die zionistische Bewegung nur einen geringen Teil ausmachte, der zudem höchst umstritten war, ging bei einer derartigen Wahrnehmung natürlich unter. Für Weizmann und andere zionistische Repräsentanten hatte das jedoch den Vorteil, dass sie sich ungeachtet ihrer schwachen Basis Gehör verschaffen konnten. Aber die Maximalforderung nach einem jüdischen Staat stieß auch auf dezidierte Ablehnung. Teile der Regierung sahen in einer allzu deutlichen Parteinahme zugunsten

Die Balfour-Erklärung vom 2. November 1917

«Die Regierung Seiner Majestät betrachtet mit Wohlwollen die Errichtung einer nationalen Heimstätte für das jüdische Volk in Palästina und wird ihr Bestes tun, die Erreichung dieses Zieles zu erleichtern, wobei, wohlverstanden, nichts geschehen soll, was die bürgerlichen und religiösen Rechte der bestehenden nichtjüdischen Gemeinschaften in Palästina oder die Rechte und den politischen Status der Juden in anderen Ländern in Frage stellen könnte.»

Der Schriftsteller Arthur Koestler kommentierte sie mit den Worten: «Eine Nation schenkt einer zweiten Nation das Land einer dritten.»

der Zionisten den von britischer Seite unterstützten Aufstand der Araber gegen die Osmanen gefährdet.

Das Resultat all dieser Überlegungen war die berühmte Balfour-Erklärung, mit der der englische Außenminister Lord Balfour in Übereinstimmung mit den USA am 2. November 1917 dem Präsidenten der Englischen Zionistischen Föderation, James de Rothschild, sein Wohlwollen gegenüber einer jüdischen «Heimstätte» ausdrückte. Für den politischen Zionismus bedeutete diese Erklärung eine wichtige Etappe auf dem Weg zur Eigenstaatlichkeit, obwohl darin weder von einem Staat die Rede war noch aufgrund der Formulierung «in Palästina» das ganze Land gemeint war, sondern lediglich ein nicht näher definierter Teil.

Für das Zustandekommen der Balfour-Erklärung gibt es noch einen weiteren wichtigen Grund: Schon lange vor dem Rückzug der deutschen und osmanischen Truppen und dem Zusammenbruch des Osmanischen Reiches fanden unter den EnteMächten Diskussionen über die Neuordnung des geopolitischen Raumes Naher und Mittlerer Osten statt. Bereits im Jahr 1916 hatten sich Großbritannien und Frankreich im Sykes-Picot-Abkommen auf eine Abgrenzung ihrer jeweiligen Interessen in der Region für die Zeit nach dem Krieg verständigt. Dieser Regelung zufolge sollten Nordostgaliläa an Frankreich, die strategisch bedeutsamen Häfen Haifa und Akko sowie Südjudäa und der Negev an Großbritannien fallen. Für Jerusalem, Jaffa und den Rest des Landes aber plante man eine internationale Kontrolle. In der Revision dieser ursprünglich beabsichtigten Internationalisierung großer Teile Palästinas sowie einer Zurückdrängung des französischen Einflusses sind demnach wesentliche britische Motive zu sehen, die zur Verkündung der Balfour-Erklärung im November 1917 führten.

Neben der Stationierung deutscher und osmanischer Truppenverbände bekam der *Jischuw* den Krieg bald hautnah zu spüren. Angesichts der auch in Palästina bekannt gewordenen osmanischen Gräuel an den Armeniern befürchteten die Juden des Landes, irgendwann ähnlichen Aktionen ausgesetzt zu sein. 1917 ordnete der osmanische Befehlshaber der Region die kurzfristige Evakuierung Tel Avivs an. Das Land selbst wurde zum Kriegsschauplatz, als General Sir Edmund Allenby mit seinen Truppen über den Sinai vorstieß und bis zum September 1918 ganz Palästina unter britische Kontrolle brachte.

Das britische Mandat über Palästina

Hinter der Front installierte London eine britische Militärverwaltung, die am 1. Juli 1920 in eine vom Völkerbund sanktionierte Zivilverwaltung überging. Großbritannien hatte nunmehr aus der Konkursmasse des Osmanischen Reiches nicht nur den Küstenstreifen übernommen, sondern die ebenfalls als Palästina bezeichneten Gebiete östlich des Jordans, das heutige Jordanien, sowie ferner den Irak. Frankreich erhielt das Territorium des heutigen Libanons und Syriens.

Losgelöst von dem Charakter des Völkerbundmandats kann das Wesen der britischen Herrschaft in Palästina kaum verstanden werden: Das Mandatssystem erlaubte den Siegermächten des Ersten Weltkriegs, auf Territorien, die sich vormals im Besitz der

Kriegsgegner befanden, eine Form der Aufsicht und Vormundschaft einzurichten. Obwohl die Mandatare lediglich administrative Hilfestellung bis zu dem Zeitpunkt geben sollten, an dem die hier lebenden «Nationen» ihre Geschicke selbst in die Hand nehmen konnten, war das Mandatssystem faktisch eine neue Form kolonialer Herrschaft. Als solche wurde es insbesondere in der arabischen Welt empfunden. Das erklärte Ziel bestand in der Vorbereitung jener unter Mandatsautorität stehenden Gebiete auf eine eventuelle, zeitlich jedoch nicht festgelegte Selbstverwaltung. Im Falle Palästinas wurde das in der Balfour-Erklärung von 1917 gegebene Versprechen über die Errichtung einer nationalen jüdischen Heimstätte in das Mandat inkorporiert. Des Weiteren umfasste es den Schutz und die Förderung aller nichtjüdischen Gemeinschaften und Bevölkerungsgruppen in Palästina.

Die Unterstützung durch Großbritannien verhalf der zionistischen Bewegung zu internationaler Anerkennung, wies sie aber gleichzeitig in ihre Schranken: Im Juni 1922 trennten die Briten Transjordanien von Palästina ab und machten daraus ein Emirat, regiert vom haschemitischen Königshaus, das zuvor die Engländer im Kampf gegen die Osmanen unterstützt hatte. Damit wurde das Territorium östlich des Jordans als potenzieller Ansiedlungsraum für Juden ausgeklammert. Gleichzeitig forderte London die Schaffung einer *Jewish Agency* aus den Reihen der Zionisten, der die Aufgabe zugeteilt wurde, die Mandatsverwaltung in allen die Errichtung einer jüdischen nationalen Heimstätte betreffenden Fragen zu beraten und mit ihr zusammenzuarbeiten.

Offensichtlich gewann Palästina nach 1918 für auswanderungswillige Juden an Attraktivität; hinzu kam die restriktive Einwanderungspolitik der USA und anderer Länder. In der Dritten *Alijah* immigrierten zwischen 1919 und 1923 über 37000 Juden nach Palästina, von denen viele im Unterschied zu früheren Einwanderergruppen eine gezielte landwirtschaftliche Ausbildung erhalten hatten und politisch dem Sozialismus nahestanden. Das Resultat war eine Welle von Siedlungsneugründungen in der Küstenebene und in Galiläa. Ferner strömten rund 11 Millionen britische Pfund nach Palästina, ein Kapital, das in den Jahren während der Vierten *Alijah* von 1924 bis 1929 um weitere 17 Millionen Pfund wuchs. Bei dieser Einwanderungswelle handelte es sich um eine reine Mittelstandsbewegung, vornehmlich aus Polen, wo der Antisemitismus viele Kleingewerbetreibende in die Emigration trieb. Diese Menschen zog es zumeist in die urbanen Zentren Palästinas. Insgesamt wurden in den Jahren zwischen 1918 und 1945 153 Millionen Pfund ausländisches Kapital in Palästina investiert, davon waren 109 Millionen Pfund privater Herkunft.

Die Mandatsbehörden steckten beträchtliche Summen in den Ausbau der Infrastruktur: Tiberias, Safed, Jaffa, Haifa und Jerusalem erhielten moderne Krankenhäuser, die Kapazitäten des Hafens von Haifa und das Straßennetz wurden erweitert. 1921 gründete Pinhas Rutenberg die Palästinensische Elektrizitätsgesellschaft, die in allen großen Städten Kraftwerke errichtete und im Norden in Naharajim eine große hydroelektrische Station betrieb, die das Wasser der Flüsse Jordan und Jarmuk zur Energiegewinnung nutzte.

In den 1920er-Jahren entstand eine ganze Palette rein jüdischer Organisationen und Parteien, die die Plattform zur späteren Staatsgründung bildeten: 1920 gründeten sozialistische und sozialdemokratisch ausgerichtete Parteien den Gewerkschaftsbund *Histadrut,* in dem bis zu Beginn der 1930er-Jahre 75 % aller jüdischen Arbeiter Palästinas organisiert waren und der bald selbst zu einem der wichtigsten Arbeitgeber des Landes aufstieg. Der Baugigant *Solel Boneh,* die Konsumgenossenschaft *HaMaschbir* und die Bank *HaPoalim* entstanden damals im Umfeld der allmächtigen *Histadrut.* Ferner gab es die für den Überlandbusverkehr zuständige Kooperative *Egged* oder *Tnuvah,* die die Vermarktung landwirtschaftlicher Produkte organisierte. Bis in die 1970er-Jahre hinein galt die Formel, dass ohne Revolution und Klassenkampf mithilfe solcher gewerkschaftlicher Unternehmen die sozialistische Arbeitergesellschaft entstehen sollte. Pikanterweise war deren Aufbau in einem hohen Maße abhängig von ausländischem Kapital.

Welche politische Dynamik der *Jischuw* zu Beginn der Mandatszeit freisetzte, lässt sich ebenfalls an zahlreichen anderen Entwicklungen ablesen. 1920 entstand die *Haganah* (dt.: Verteidigung), der Kern einer teils von den Briten tolerierten, teils im Untergrund operierenden Verteidigungsmiliz, aus der die spätere israelische Armee hervorgehen sollte. Auch fast das gesamte Spektrum der im heutigen Israel aktiven politischen Parteien hat seine Wurzeln in diesen Jahren, als sich die Konturen einer neuen Gesellschaft abzuzeichnen begannen.

Die Verfügbarkeit von besiedel- und bewirtschaftbarer Fläche war eine der zentralen Fragen in der Zeit zwischen den beiden Weltkriegen. Bereits vor 1914 hatte der Nationalfonds *Keren Kajemet LeIsrael* begonnen, in Palästina Land aufzukaufen, das sich zu einem großen Teil im Besitz meist im Ausland lebender

Die Jewish Agency

Von Anfang an betrachtete die zionistische Bewegung das Siedlungsgebiet des *Jischuw* als eine territoriale Einheit, die durch ein Netzwerk autonomer, demokratisch gewählter Institutionen gelenkt wurde, an deren Spitze die 1922 gegründete *Jewish Agency* stand. Sie erhielt 1929 auf dem 16. Zionistischen Weltkongress in Zürich ihre Verfassung als politische Vertretungskörperschaft: 112 Vertreter der *Jewish Agency* sollten von der zionistischen Weltorganisation gewählt werden, 112 weitere durch nichtzionistische Organisationen. Ihr Hauptsitz war Jerusalem. Ein Verwaltungsausschuss von 40 Mitgliedern sowie eine Exekutive bildeten die Spitze. Die *Jewish Agency* verwaltete die in der ganzen Welt von Juden durch den Nationalfonds *Keren Kajemet LeIsrael* gesammelten Spenden, organisierte die Einwanderung und betrieb den Aufbau eines Erziehungs- und Gesundheitswesens. Zugleich vertrat sie die Interessen des *Jischuw* gegenüber der Mandatsmacht Großbritannien und dem Völkerbund.

arabischer Großgrundbesitzer befand. Anfangs unterstützte die britische Mandatsverwaltung die zionistischen Siedlungsaktivitäten, indem sie der *Jewish Agency* ehemals osmanisches Staatsland übertrug oder verpachtete. Allein in dem Zeitabschnitt von 1920 bis 1932 erwarb der *Keren Kajemet LeIsrael* 165 863 Dunam Land (1 Dunam = 1000 m²), in den darauffolgenden Jahren bis 1939 weitere 157 862 Dunam. Die Folge war eine weitere dramatische Steigerung der Landpreise (von der Jahrhundertwende bis 1923 war der Preis von einem Dunam bereits auf fast 16 Pfund gestiegen!). Dies motivierte viele arabische Besitzer zum Verkauf ihres Bodens, machte den Landerwerb für die kapitalschwächeren arabischen Interessenten aber bald unmöglich und beraubte viele arabische Pächter ihrer Existenzgrundlage. Jüdische Siedlungen wurden in dieser Zeit nicht nur nach rein wirtschaftlichen Gesichtspunkten angelegt, sondern auch mit der strategischen Zielsetzung, einen größtmöglichen und einheitlichen jüdischen Siedlungsraum zu schaffen. Fakt ist, dass die damals systematisch und planvoll betriebene Inbesitznahme von Grund und Boden einer der auslösenden Momente für den sich bald gewaltsam entladenden Konflikt zwischen Juden und Arabern werden sollte.

1933 wurde zu einem weiteren Wendepunkt in der Geschichte Palästinas. Zum einen wanderten, bedingt durch die Ereignisse in Europa, im Verlauf der Fünften *Alijah* bis 1939 etwa 176 000 Juden offiziell in das Land ein, rund 50 000 davon stammten aus dem nationalsozialistischen Deutschland. Zum anderen führte der wachsende arabische Widerstand gegen die Expansion des *Jischuw* dazu, dass die Mandatsmacht erwog, mit Rücksicht auf arabische Befindlichkeiten die jüdische Einwanderung und den Landerwerb zu reglementieren. Jedoch verliefen entsprechende Pläne zunächst im Sande.

Im April 1936 aber wurden die britische Mandatsregierung und der *Jischuw* gleichermaßen vom Ausbruch des arabischen Aufstandes überrascht. Jüdische Siedlungen wurden angegriffen, wichtige Verkehrsverbindungen unterbrochen und britische Polizisten aus dem Hinterhalt erschossen. Großbritannien reagierte mit Kollektivstrafen, hauptsächlich Geldbußen und Ausgangssperren. Ziel der Unruhen, die sich nach einem Aufruf des *Arab Higher Committee* unter Führung des Muftis Hadj Amin al-Husseini zu einem landesweiten Generalstreik ausgeweitet hatten, war neben der nationalen Unabhängigkeit das Verbot weiterer jüdischer Immigration und des Landverkaufs an Juden. Diese Positionen waren der britischen Verwaltung bereits im November 1935 schriftlich übermittelt worden, dort jedoch auf Ablehnung gestoßen. Die Vehemenz der Forderungen nach einer Revision des Nachkriegsstatus und die Unterstützung durch die arabische Bevölkerung der Nachbarländer verliehen den Unruhen, die sich bis zum Ausbruch des Zweiten Weltkriegs hinziehen sollten, eine im Vergleich zu bisherigen Aufständen neue Qualität und gaben dem Palästinakonflikt den Charakter einer panarabischen Angelegenheit mit unkalkulierbaren Risiken für Großbritannien.

Das grundlegende Dilemma der Mandatsmacht: Konzessionen als Folge von Druckausübung oder Gewalt konnten nur zu einer Schädigung des britischen Prestiges führen. Zur Analyse der Konfliktursachen und Sondierung von Lösungsansätzen wurde daher Ende 1936 eine Kommission unter Leitung von Lord Peel entsandt, die im Juli 1937 eine auf dem Prinzip der Teilung basierende Empfehlung vorlegte: Ein Fünftel des Landes sollte das Territorium eines jüdischen Staates umfassen, Transjordanien und die verbliebenen Gebiete, also immerhin vier Fünftel des Gesamtterritoriums, einen arabischen Staat. Jerusalem und ein bis zum Meer reichender Korridor sowie Enklaven bei Haifa und Akaba sollten weiterhin unter britischer Mandatsverwaltung bleiben.

Das Konzept einer Teilung Palästinas stieß auf einhellige Ablehnung der Araber. Der 20. Zionistische Weltkongress dagegen akzeptierte trotz seiner Kritik an der vorgeschlagenen Grenzziehung die Grundidee. Auch das britische Parlament und der Völkerbund billigten die Teilungspläne, und so sollte 1938 eine technische Kommission unter Leitung von Sir John Woodhead Vorschläge zur Realisierung ausarbeiten. Erneut aufflammende Kampfhandlungen zwischen arabischen Aufständischen und britischen Truppen und die Verweigerung jeglicher Zusammenarbeit seitens der arabischen Nationalisten machten jedoch deutlich, dass dies unmöglich war. Die Folge: Die Regierung Neville Chamberlain lehnte fortan jede auf dem Teilungsprinzip basierende Lösung des Palästinakonflikts ab. Erst 1947/48 sollten die vorgeschlagenen Grenzziehungen die Diskussionen um die Etablierung eines jüdischen und eines arabischen Staates bestimmen.

Als im Februar 1939 noch eine von Großbritannien einberufene Konferenz in London scheiterte, an der arabische und jüdische Repräsentanten teilnehmen sollten, gab Kolonialminister Malcolm MacDonald im Mai 1939 ein nach ihm benanntes Weißbuch heraus, gegen das in der Debatte des britischen Unterhauses u. a. Winston Churchill, damals noch in der Opposition, vehement Stellung bezog. Das Weißbuch interpretierte die in den Mandatsbestimmungen inkorporierte Balfour-Erklärung von 1917 neu und erklärte die Errichtung einer «nationalen jüdischen Heimstätte» für beendet. Außerdem legte es fest, dass innerhalb der nächsten zehn Jahre nur noch 75 000 jüdische Einwanderer einreisen durften und zukünftige Landkäufe nur in dem kleinen Küstenstreifen zwischen Tel Aviv und Haifa erlaubt waren. Der jüdische Bevölkerungsanteil Palästinas, 1938 bei etwa 29 %, dürfte in dieser Zeit allenfalls auf 35 bis 40 % anwachsen. Danach sollten die Araber darüber entscheiden, ob weitere jüdische Immigranten ins Land dürften oder nicht. Palästina sollte also weder zu einem jüdischen noch zu einem ausschließlich arabischen Staat werden.

Für den *Jischuw* bedeuteten diese gewandelten Zielvorstellungen eine Katastrophe, denn gerade in den 1930er-Jahren, angesichts der sich zuspitzenden Situation für die Juden in Zentraleuropa, war Palästina eine immer größer werdende Rolle als Zufluchtsort zugekommen. Die Immigration war bereits streng nach bestimmten Berufsgruppen reglementiert, nur Personen, die über ein Vermögen von mindestens 1000 Pfund verfügten, konnten mithilfe eines sogenannten Kapitalistenzertifikats relativ ungehindert einreisen. Schon am 15. März 1938, drei Tage nach der deutschen Annexion Österreichs, hatte Großbritannien bekannt gegeben, dass innerhalb des nächsten halben Jahres insgesamt nur 3000 Menschen nach Palästina einreisen durften. MacDonalds Weißbuch von 1939 bedeutete also eine weitere Verschärfung. Politiker des *Jischuw* standen nun vor dem Dilemma, entweder den jüdischen Flüchtlingen nicht zu helfen oder aber illegale Maßnahmen zu ergreifen und es sich so mit der Mandatsmacht zu verscherzen.

Der Zweite Weltkrieg: Mobilmachung und illegale Einwanderung

Der Ausbruch des Zweiten Weltkriegs unterbrach erst einmal die Diskussionen um Einwanderungsquoten oder eine Teilung des Landes. Andere Fragen hatten nun Priorität. Juden in der ganzen Welt vereinte der Wille, mit dazu beizutragen, das Hitler-Regime zu besiegen, so auch in Palästina. Trotz aller Differenzen um das Weißbuch versprach Chaim Weizmann, damals Präsident der Zionistischen Weltorganisation, London in seinem Kampf gegen das «Dritte Reich» mit allen zur Verfügung stehenden Mitteln zu unterstützen. Das schloss ebenfalls Palästina ein, wo die *Jewish Agency* zum Dienst in der britischen Armee aufrief und die gesamte Industrie auf eine Kriegswirtschaft umgestellt wurde. David Ben Gurion, eine der führenden politischen Persönlichkeiten des jüdischen Palästina, formulierte die neue Haltung des *Jischuw* folgendermaßen: «Wir werden gemeinsam mit England gegen Hitler kämpfen, als ob es kein Weißbuch gäbe, und wir werden gegen das Weißbuch kämpfen, als ob es keinen Hitler gäbe.» Und Weizmann verkündete auf einer Pressekonferenz demonstrativ: «Jeder Jude hat das Recht, nach Palästina zu gehen.» Die Briten reagierten auf derartige Auftritte reichlich verärgert und zeigten daher nur sehr widerwillig ein Interesse an Juden aus Palästina, die gemeinsam mit ihnen gegen Hitler-Deutschland kämpfen wollten. Der britische High Commissioner für Palästina, Harold MacMichael, witterte dahinter eine klare Absicht. Wenn sich Juden aus Palästina am Krieg beteiligten, so der oberste Chef der Mandatsbehörden, dann peilten sie damit automatisch auch ein Mitspracherecht in einer Friedenskonferenz für die Zeit nach dem Krieg an, «und nichts außer einem jüdischen Staat in Palästina wird sie zufriedenstellen».

Mit dem Kriegseintritt Italiens und dem Vormarsch Rommels in Nordafrika war jedoch bald die Gefahr entstanden, dass Palästina selbst zum Kriegsschauplatz würde. Mehrfach bombardierten die italienische und die deutsche Luftwaffe im Sommer 1940 und 1941 Tel Aviv und Haifa, da Palästina zu einem wichtigen Aufmarschgebiet der Engländer ausgebaut wurde und sich hier zahlreiche militärlogistische Einrichtungen befanden. 1942 entwickelten Briten und *Haganah* gemeinsam den sogenannten Carmel-Plan für den Fall, dass die Truppen Rommels den Suezkanal überschreiten und in Richtung Palästina vorstoßen würden. Der *Jischuw* in der Hand der Nazitruppen, das war angesichts der auch in Palästina publik gewordenen Greueltaten der Deutschen an den Juden in Europa eine Horrorvision. Man plante deshalb eine Evakuierung Tel Avivs und des Südens sowie den Aufbau eines gemeinsam von der *Haganah* und den Briten verteidigten befestigten Korridors zwischen Haifa und dem See Genezareth. Doch die Niederlage Rommels in El-Alamein ließ diesen Plan obsolet werden.

Als die Jüdische Brigade nach Kriegsende die illegale Einwanderung jüdischer Überlebender des Holocaust nach Palästina organisierte, ordnete London 1946 ihre Auflösung an.

Juden aus Palästina gegen Hitler
Jüdische Freiwillige kämpften in eigenen palästinensischen Bataillonen seit 1942 unter britischem Oberbefehl in Nordafrika, doch erst im Jahr 1944, nach zahlreichen Interventionen jüdischer Politiker aus Palästina, genehmigte London die Gründung einer Jüdischen Brigade, die schließlich in Italien, Österreich, Belgien und zuletzt auch in Deutschland zum Einsatz kam. Ihre Soldaten trugen britische Uniformen, jüdische Fallschirmspringer sprangen von britischen Flugzeugen hinter den feindlichen Linien ab und organisierten im von Deutschland besetzten Europa Sabotageakte oder versuchten, dem jüdischen Widerstand zur Seite zu stehen. Kaum einer von ihnen überlebte diese Kommandos.

Das vor Kriegsausbruch von London beschlossene Weißbuch hatte die Basis einer britisch-zionistischen Zusammenarbeit nachhaltig zerstört. Die politische Führung des *Jischuw* argumentierte, die Reglementierung der jüdischen Immigration und des Landerwerbs verstoße eindeutig gegen Artikel 6 der Mandatsbestimmungen, dem zufolge Großbritannien verpflichtet war, die «jüdische Einwanderung unter angemessenen Bedingungen zu ermöglichen» und die «geschlossene Ansiedlung von Juden auf dem Land» zu fördern. Andererseits war nun ein breiter Konsens entstanden, die Teilungsidee zu akzeptieren, da man so die Chance erhalten könnte, wenigstens über bestimmte Gebiete Palästinas die Souveränität zu erlangen. Aber die Perspektive, als jüdische Minderheit in einem arabischen Staat zu leben, wurde rundweg abgelehnt. David Ben Gurion und Chaim Weizmann beschlossen, eine Politik auf den Weg zu bringen, die das Weißbuch ignorieren sollte. Es kam zu Protesten und Streiks im ganzen Land, und die *Jewish Agency* diskutierte geeignete militärische Schritte, die sich gegen britische und arabische Einrichtungen gleichermaßen richten sollten. Damit kristallisierte sich im *Jischuw* eine völlig neue Position heraus, nämlich dass das britische Mandat fortan nicht mehr wünschenswert war.

Angesichts der akuten Bedrohung der Juden in Europa wurde die beschlossene Ignorierung des Weißbuches radikal umgesetzt: durch die illegale Einwanderung, die sogenannte *Alijah Beit*. Die *Haganah* begann in Zusammenarbeit mit allen wichtigen Institutionen des *Jischuw* damit, zumeist im Schutze der Dunkelheit die Landung illegaler Einwanderer an der Küste zu organisieren. Deren Schiffe waren oft kaum seetüchtige Seelenverkäufer, die nur mit Müh und Not Palästina erreichen konnten. Am 12. August 1939 landeten 400 polnische Juden mit dem panamaischen Frachter «Dora» am Strand von Herzlija, ihre Ankunft war gut vorbereitet, und die Flüchtlinge konnten ungehindert in den Siedlungen des *Jischuw* Unterschlupf finden. Aber selten verliefen diese Aktionen so reibungslos. Als die Mandatsbehörden davon Wind bekamen, dass sich auf der Donau und dem Schwarzen Meer zahlreiche mit Flüchtlingen überfüllte Schiffe auf dem Weg nach Palästina befanden, reagierte die britische Marine nämlich mit verstärkten Kontrollen und brachte mehrere von ihnen auf. Vielfach spielten sich Tragödien ab, so sank 1941 der Dampfer «Struma» mit 769 jüdischen Flüchtlingen an Bord, weil die Briten eine Landung in Palästina verhindert und die türkische Regierung dazu veranlasst hatten, das Schiff wieder zurück ins Schwarze Meer zu schicken. Das Thema *«Alijah Beit»* nimmt aufgrund solcher Katastrophen einen ganz besonderen Platz in der historischen Erinnerung vieler Israelis ein.

Der Regierungswechsel in London im Mai 1940 – das Kabinett Neville Chamberlains musste zurücktreten und mit ihm Kolonialminister Malcolm MacDonald – hatte ursprünglich neue Hoffnung geweckt. Doch die Churchillregierung leitete keine Kurskorrektur ein. Als im November 1940 die Briten begannen, rund 3600 Flüchtlinge und Internierte auf das Schiff «Patria» zu schaffen, um sie aus Palästina abzutransportieren, kam es zu einer blutigen Tragödie: Die *Haganah* wollte die Abfahrt des Schiffes aus Haifa verhindern und brachte deshalb am Rumpf eine Bombe an, um es fahruntüchtig zu machen. Doch

Auch das Flüchtlingsschiff «Exodus» mit 4500 KZ-Überlebenden an Bord wurde 1947 von den Briten verfolgt und geentert. Foto: Central Zionist Archives, Jerusalem

hatte man die Sprengstoffmenge falsch berechnet, sodass das Schiff kenterte und 200 Flüchtlinge mit sich in die Tiefe riss.

Das Verhältnis zwischen britischer Mandatsmacht und *Jischuw* verschlechterte sich zusehends. In den Augen der Juden Palästinas war London für die Toten des Flüchtlingsdampfers «Struma» genauso verantwortlich wie für die Tatsache, dass viele Menschen in Europa nicht der Vernichtung entkommen konnten. «Großbritannien hatte die Tore Palästinas zugeschlagen», lautete gemeinhin der Vorwurf. Auch für Großbritannien taten sich neue Konfliktfelder auf, und dies zu einem Zeitpunkt, als die militärische Lage für London alles andere als rosig aussah. «Möglicherweise stehen wir bald vor der Wahl, die jüdische

Weltmeinung gegen uns aufzubringen oder Schwierigkeiten mit den Arabern zu bekommen», brachte das britische Außenministerium das Dilemma auf den Punkt. Im Oktober 1941 kamen britische Beamte in einem Resümee zur Stimmung in Palästina zu dem Ergebnis, dass der *Jischuw* zwar offiziell der britischen Herrschaft unterstand, sich aber so verhielt, als wäre er eine unabhängige Nation.

Nach dem Ende des Zweiten Weltkriegs sollte die Lage weiter eskalieren. Rund 250000 überlebende Juden saßen nach 1945 in sogenannten *Displaced Persons (DP) Camps* in Deutschland und Österreich fest. An eine Repatriierung war meist nicht zu denken, da ihre Heimat zerstört war oder, wie 1946 in Polen, neue Pogrome drohten. Die Flüchtlingsorganisation *Bricha*, Soldaten der Jüdischen Brigade und amerikanische Hilfsorganisationen wie das *American Jewish Joint Committee* begannen, sich um diese Menschen, die durch die Hölle der Konzentrationslager gegangen waren oder im Untergrund überlebt hatten, zu kümmern. Diese Menschen suchten eine neue Heimat. Doch die restriktive Einwanderungspolitik potenzieller Aufnahmeländer wie der USA, Kanadas oder Australiens machte eine rasche Auflösung

Die «Exodus»

Spektakulärstes Ereignis im Rahmen der *Alijah Beit* war 1947 die Passage der «Exodus», eines Dampfers mit 4500 KZ-Überlebenden an Bord, der Marseille in Richtung Palästina verließ. Tagelang hatten britische Zerstörer die «Exodus» verfolgt, bis sie in einer dramatischen Aktion geentert wurde, wobei einige Juden den Tod fanden. Ausgerechnet nach Deutschland deportierte Großbritannien diese Flüchtlinge. Die Weltöffentlichkeit zeigte sich von Londons Vorgehensweise schockiert. Die Folge waren ein Imageverlust Großbritanniens und die moralische Aufwertung der zionistischen Sache. Der Fall «Exodus» sorgte dafür, dass das Palästinaproblem mehr denn je auf der internationalen politischen Tagesordnung stand, und beeinflusste zahlreiche Entscheidungsträger bei den Vereinten Nationen zugunsten der Schaffung eines jüdischen Staates.

der *DP-Camps* unmöglich und verlängerte das Leiden der Betroffenen. Und Großbritannien betonte, dass das Weißbuch auch jetzt, nach Kriegsende, offiziell Bestandteil seiner Palästinapolitik bleibe.

Die *Jewish Agency* und andere zionistische Organisationen sahen sich in die Verantwortung genommen. Über 70 000 Flüchtlinge zogen zwischen 1945 und 1947 in einer weiteren Welle der *Alijah Beit* über ein geheimes Netz von Fluchtwegen aus ganz Europa an das Mittelmeer, wo sie eingeschifft und nach Palästina gebracht wurden. Natürlich reagierte Großbritannien wieder mit einer Blockade und fing zahlreiche Schiffe ab. Weitere 16 000 Personen wanderten über andere Wege illegal ein. Insgesamt 11 000 Flüchtlinge wurden dabei von britischen Soldaten aufgegriffen und in ein Internierungslager nach Zypern gebracht.

In Palästina sahen sich die Briten nun mit einem wachsenden Widerstand des *Jischuw* konfrontiert. In der «Nacht der Brücken» zerstörten im Juni 1946 jüdische Freischärler alle Brücken, die Palästina mit den Nachbarländern verbanden. Und in einer einzigen Nacht errichtete die *Haganah* elf neue Siedlungen im Negev, um die jüdische Präsenz auf diesem Gebiet zu verstärken. Die Briten reagierten mit der Verhaftung selbst der gemäßigtesten jüdischen Politiker im Land. Trauriger Höhepunkt der Auseinandersetzungen war der Anschlag von extremistischen Aktivisten der jüdischen Widerstandsbewegung auf das King-David-Hotel im Juli 1946, bei dem 91 Menschen den Tod fanden. Kurzum, Großbritannien war nicht mehr Herr der Lage in Palästina. Die Kosten der Stationierung von immer mehr Truppen vor Ort stiegen in astronomische Höhen. Hinzu kam, dass das Land infolge der Unabhängigkeit Indiens nicht mehr die gleiche strategische Bedeutung hatte wie zuvor. Und so plante London den Rückzug. «Wir sind an einem Punkt angelangt, wo die Mandatsherrschaft nicht weiter andauern kann», verkündete Außenminister Ernest Bevin am 30. März 1947.

15. Mai 1948:
David Ben Gurion verliest die Unabhängigkeitserklärung
des Staates Israel. Foto: Chronik 50 Jahre Israel

Der UN-Teilungsplan: Der Staat Israel wird geboren

Am 2. April 1947 bat Großbritannien Trygve Lie, den damaligen
Generalsekretär der Vereinten Nationen, eine Sondersitzung
der UN-Vollversammlung einzuberufen, die sich mit der Paläs-
tinaproblematik beschäftigen sollte. Als diese am 14. Mai 1947
tagte, platzte eine politische Bombe. Der sowjetische Außenminister Andrej Gromyko hielt eine Rede, die jedem Vorsitzenden der zionistischen Bewegung zur Ehre gereicht hätte, und
plädierte für die Schaffung eines jüdischen Staates: «Insbeson-

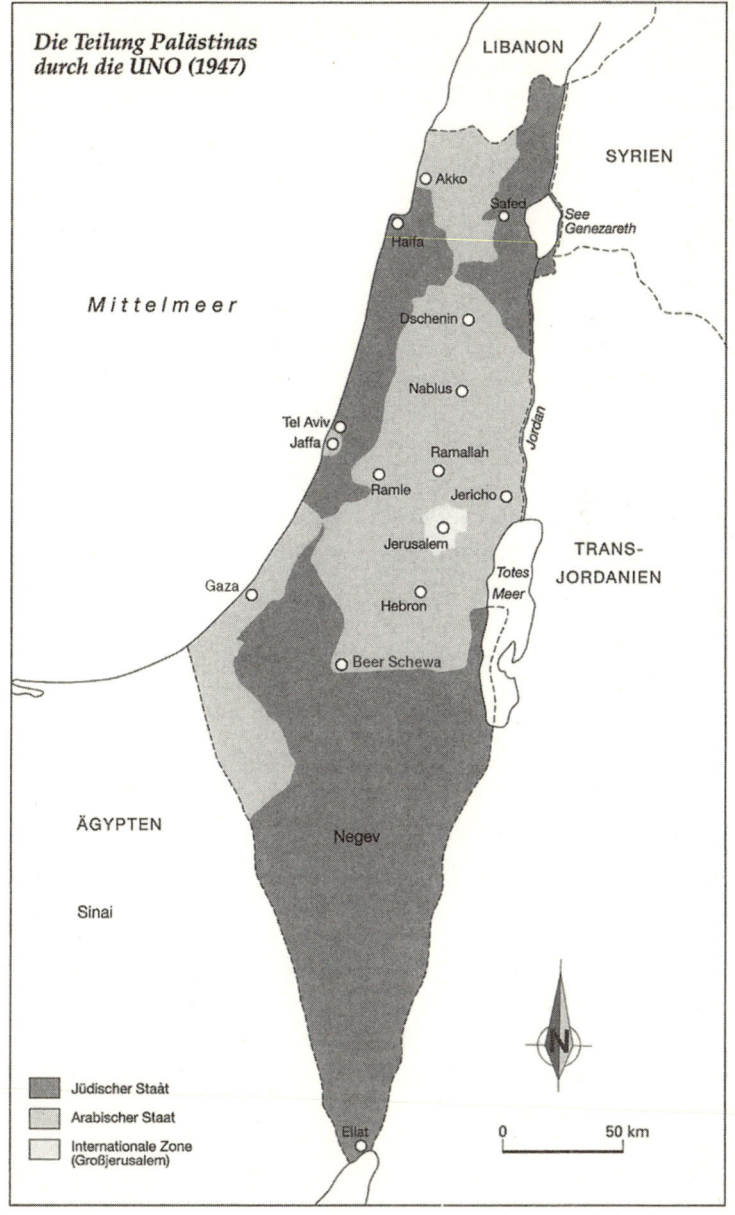

Die Teilung Palästinas
durch die UNO (1947)

LIBANON

SYRIEN

Akko

Safed

*See
Genezareth*

Haifa

Mittelmeer

Dschenin

Nablus

Tel Aviv

Jaffa

Ramallah

Ramle

Jericho

Jordan

Jerusalem

TRANS-
JORDANIEN

Gaza

*Totes
Meer*

Hebron

Beer Schewa

ÄGYPTEN

Negev

Sinai

N

Jüdischer Staat

Arabischer Staat

Internationale Zone
(Großjerusalem)

0   50 km

Eliat

dere angesichts dessen, was das jüdische Volk während des Zweiten Weltkriegs zu erleiden hatte», so Gromyko, «wäre es ungerecht, ihm dieses Recht zu verwehren.» Der Richtungswechsel der sowjetischen Politik basierte nicht etwa auf einer neuentdeckten Zuneigung zum Zionismus und zu den Juden. Schließlich war die Situation der Juden in der UdSSR selbst unter Stalins Herrschaft alles andere als rosig. Vielmehr hatte diese Haltung allein die Schwächung Großbritanniens als traditioneller Vormacht in der Region Naher und Mittlerer Osten zum Ziel.

Die UN-Vollversammlung beschloss die Einrichtung des *United Nations Special Committee for Palestine,* kurz UNSCOP. Es sollte Pläne für eine Teilung Palästinas ausarbeiten, wobei es an die Teilungspläne der Peel-Kommission von 1937 anknüpfte. Sie wurden dann der UN am 27. November 1947 zur Abstimmung vorgelegt. Notwendig war eine Zweidrittelmehrheit. Die Abstimmung selbst besaß eine enorme Dramatik. Der gesamte *Jischuw* saß gespannt vor den Radios, um das Prozedere im fernen Amerika zu verfolgen. Noch nie war die Aussicht auf einen eigenen Staat so nah wie an diesem Tag. 33 Staaten stimmten für die Teilung Palästinas in einen jüdischen und einen arabischen Staat, darunter die USA, die UdSSR und Frankreich. Die 13 Gegenstimmen kamen aus der islamischen Welt, Kuba und Griechenland, 10 Länder, darunter Großbritannien, enthielten sich. London verkündete, bis zum 15. Mai 1948 seine Streitkräfte aus Palästina zurückziehen zu wollen, merkte aber an, bei der Durchführung der Teilung nicht kooperieren zu wollen.

Am 14. Mai 1948, am Tag der Beendigung des britischen Mandats, verkündete David Ben Gurion im Museum von Tel Aviv die Gründung des Staates Israel. Erstmals seit mehr als 2000 Jahren besaßen Juden wieder einen eigenen Staat. Noch am selben Abend erkannten die USA den neuen Staat an, drei Tage später folgte die UdSSR. Voller Euphorie tanzten die Menschen auf den Straßen Tel Avivs und anderer Städte. Doch die

Freude währte nur kurze Zeit, denn die Feierlichkeiten waren überschattet vom längst ausgebrochenen Unabhängigkeitskrieg, der ersten großen militärischen Bewährungsprobe des jungen Staates Israel.

1967: Die Generäle Uzi Narkiss,
Mosche Dajan und Jitzchak Rabin

Krieg um das Land

Der Unabhängigkeitskrieg

Israels militärischer Kampf ums Überleben begann nicht erst am 14. Mai 1948. Bereits im Herbst 1947, direkt im Anschluss an die Teilungsresolution der UN-Vollversammlung, brachen erste Unruhen aus. Wie zuvor schon in den 1930er-Jahren rief das *Arab Higher Committee* zum Generalstreik auf und forderte eine Revision der UN-Entscheidung. In den Städten mit sowohl arabischer als auch jüdischer Bevölkerung eskalierte die Situation und glich einem Bürgerkrieg. Fast täglich kam es zu Anschlägen gegen die Zivilbevölkerung, das Land versank im Chaos. Wie angekündigt, unternahm Großbritannien, de jure schließlich immer noch die Ordnungsmacht in Palästina, kaum etwas, um die Situation unter Kontrolle zu bringen.

Ab Januar 1948 nahm der Konflikt in Palästina endgültig eine panarabische Dimension an. Syrische und ägyptische Freiwillige der «Arabischen Befreiungsarmee» unterstützten die lokalen arabischen Kämpfer direkt vor Ort und beteiligten sich daran, isoliert liegende jüdische Siedlungen oder Konvois der *Haganah* und ihrer Spezialeinheiten, der *Palmach,* anzugreifen. Ferner mischten die «Heilsarmee» des Muftis von Jerusalem sowie Angehörige diverser Muslimbruderschaften im Kampfgeschehen mit. Hauptziel der arabischen Angriffe wurde bald die Verbindungsstraße zwischen der Küstenebene und Jerusalem, sodass die Stadt wochenlang abgeschnitten blieb.

Haganah und *Palmach* begannen gleichfalls schon vor dem Mai 1948, ihre Strategie zu revidieren und in die Offensive zu gehen. Neben der Verteidigung jüdischer Siedlungen unternahmen ihre Einheiten Angriffe auf arabische Ortschaften und schafften in der «Operation Nachschon» im April 1948 sogar den Durchbruch nach Jerusalem, sodass die Versorgung der Stadt mit Nahrungsmitteln wieder aufgenommen werden konnte. Ferner gingen jüdische Kampfeinheiten im sogenannten Plan D dazu über, die Kontrolle über Haifa an der Küste sowie Tiberias am See Genezareth und das strategisch wichtige Nordostgaliläa zu sichern, allesamt Gebiete, die durch die UN-Resolution dem zukünftigen jüdischen Staat zugesprochen worden waren.

Am 15. Mai 1948 verschärfte sich die Lage jedoch dramatisch, da die Truppen des Libanon, Syriens, Jordaniens, des Irak und Ägyptens den gerade ausgerufenen Staat angriffen. Israel wurde damit von drei Seiten in die Zange genommen und musste einen langen und verlustreichen Verteidigungskrieg führen. Die Ägypter drangen bis zum Kibbuz Jad Mordechai 50 km südlich von Tel Aviv vor, während jordanische und andere arabische Streitkräfte Jerusalem erneut einkesseln konnten. Letztere wurden übrigens teilweise von britischen Kommandeuren befehligt, darunter der legendäre Kommandeur der «Arabischen Legion» John

David gegen Goliath

Quantitativ war Israel den angreifenden Truppen weit unterlegen. Mit nur 650 000 jüdischen Einwohnern sah man sich einer vielfachen Übermacht ausgesetzt. Zudem gestaltete sich die Versorgung mit militärischer Ausrüstung äußerst schwierig, da die jüdischen Einheiten nur über die in den Jahren zuvor angesammelten Vorräte an Waffen und Munition verfügten und der militärisch-industrielle Komplex sich noch in den Kinderschuhen befand. Zwar konnte die *Haganah* auf nicht immer ganz legale Weise militärisches Gerät beschaffen, das nach dem Zweiten Weltkrieg zuhauf vorhanden war, doch dies war anfangs noch sehr problematisch, da kaum eine Regierung bereit war, Israel mit Kriegsgerät zu unterstützen, und die Transportkapazitäten bei Weitem nicht ausreichten. Nur die Tschechoslowakei trat damals offiziell als Lieferant in Erscheinung.

Glubb, genannt Glubb Pascha. Die Iraker, die die Küstenebene angriffen, erreichten einen nur 15 km vom Meer entfernten Punkt und schafften es beinahe, das Land in zwei Teile aufzuspalten. Und am 28. Mai 1948 mussten die jüdischen Verteidiger des belagerten jüdischen Altstadtviertels von Jerusalem kapitulieren, wodurch die bis 1967 andauernde Teilung der Stadt besiegelt wurde.

Aber den arabischen Staaten gelang es nicht, ihre Überlegenheit an Soldaten und Ausrüstung richtig einzusetzen. Die arabischen Führer misstrauten einander zutiefst, sodass keine koordinierte strategische Vorgehensweise entwickelt, geschweige denn in die Tat umgesetzt werden konnte. Zudem kämpften die Einheiten von *Haganah* und *Palmach* mit dem Mut der Verzweiflung, da ihnen nur allzu bewusst war, dass es um das Überleben aller Juden im gerade ausgerufenen Staat Israel ging. Die zumeist schlecht ausgebildeten und unter unqualifizierter Führung stehenden arabischen Soldaten, nicht selten zum Armeedienst gezwungen, standen ihnen zum Teil äußerst unmotiviert gegenüber.

Im Juni 1948 konnten die Streitkräfte Israels nach einer Serie von sechs fehlgeschlagenen Gegenangriffen schließlich einen ersten großen Erfolg verbuchen: Die *Haganah* hatte es geschafft, abseits der alten Straße eine neue Verbindungsroute nach Jerusalem aufzubauen, die «Burma-Road», sodass der Belagerungsring um die Stadt durchbrochen werden konnte. Als der UN-Bevollmächtigte, der schwedische Graf Folke Bernadotte, einen vierwöchigen Waffenstillstand durchsetzte, der ab dem 11. Juni 1948 galt, hatten israelische Einheiten in allen Gebieten mit jüdischen Siedlungen, einschließlich dem Westteil Jerusalems, die militärische Oberhand. Doch beide Seiten nutzten die Feuerpause, um ihre militärischen Reserven aufzufrischen und umzuorganisieren. So wurden auf israelischer Seite die *Haganah*, *Palmach* und andere Milizen zu *Zahal* (Abkürzung für: *Zava Haganah LeIsrael*, dt.: Verteidigungsstreitkräfte für Israel) zusammengelegt, der nun

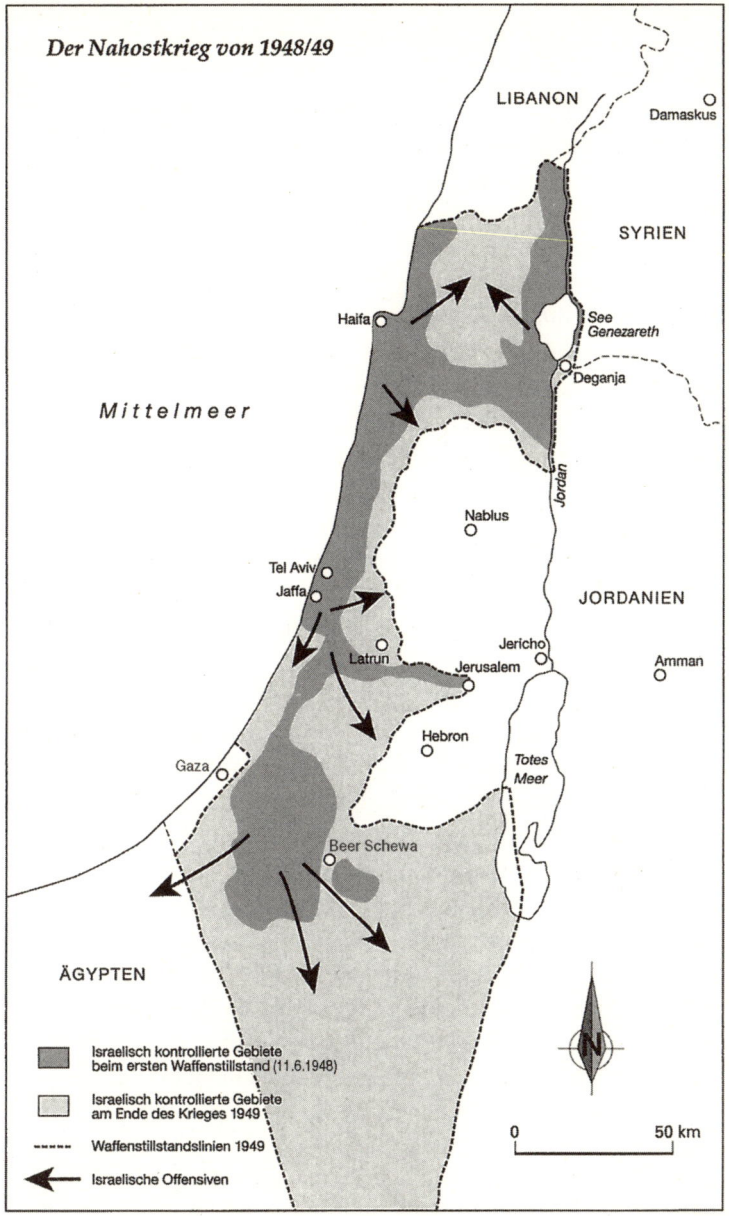

Der Nahostkrieg von 1948/49

LIBANON

Damaskus

SYRIEN

Haifa

See
Genezareth

Deganja

Mittelmeer

Jordan

Nablus

Tel Aviv

Jaffa

JORDANIEN

Latrun

Jericho

Jerusalem

Amman

Hebron

*Totes
Meer*

Gaza

Beer Schewa

ÄGYPTEN

N

▨ Israelisch kontrollierte Gebiete
beim ersten Waffenstillstand (11.6.1948)

▨ Israelisch kontrollierte Gebiete
am Ende des Krieges 1949

---- Waffenstillstandslinien 1949

◄— Israelische Offensiven

0   50 km

regulären Armee des Staates Israel. Ihre personelle Stärke: 90 000 Soldaten.

Am 9. Juli 1948 eröffnete Ägypten die nächste Phase des Krieges und rückte in den Negev vor. In den folgenden zehn Tagen bis zum zweiten Waffenstillstand eroberten israelische Verbände die Städte Ramle und Lod, verbreiterten den Korridor nach Jerusalem und konnten Nazareth in Galiläa einnehmen. Eine zweite Feuerpause brachte kein endgültiges Ergebnis, da das siegesbewusste Israel nun eine territoriale Absicherung der Siedlungen im Negev anvisierte. Am 15. Oktober 1948 brachen die Ägypter den Waffenstillstand und boten damit Israel die Gelegenheit, durch eine Offensive Richtung Süden den gesamten Negev bis zum Hafen von Eilat unter ihre Kontrolle zu bringen. Und im Norden konnte *Zahal* endlich die «Arabische Befreiungsarmee», die offiziell keiner Regierung unterstanden hatte und sich deshalb an keine UN-Resolutionen gebunden fühlte, über die libanesische Grenze zurückdrängen.

Am 7. Januar 1949 war der Unabhängigkeitskrieg de facto beendet. Aus eigener Kraft hatte Israel sein Überleben meistern können und zudem Territorien hinzugewonnen, die ihm durch den UN-Teilungsplan nicht zugesprochen worden waren. Der von den Vereinten Nationen ursprünglich vorgesehene arabische Staat der Palästinenser konnte gar nicht erst ausgerufen werden, da sich König Abdallah von Jordanien das Westjordanland und Ostjerusalem einverleibt hatte und Ägypten die Kontrolle über den Gazastreifen übernahm. Im Zeitraum vom 24. Februar bis zum 20. Juli 1949 wurden Waffenstillstandsabkommen zwischen Israel und den arabischen Staaten abgeschlossen. Der Preis des Sieges: 6000 Israelis waren im Unabhängigkeitskrieg umgekommen, das war rund 1 % der damaligen jüdischen Bevölkerung. Auf arabischer Seite fielen über 2000 reguläre Soldaten und eine nicht näher bekannte Anzahl anderer arabischer Kämpfer. Und etwa 750 000 Palästinenser wurden zu Flüchtlingen (dazu mehr im Kapitel *Die palästinensischen Flüchtlinge*).

Die Suezkrise

Der Sieg Israels im Jahr 1948/49 bedeutete keinesfalls, dass nun Ruhe in den jungen Staat einkehren konnte, denn das Resultat des Unabhängigkeitskriegs war nur ein Waffenstillstand, kein umfassender Friede. Die Verträge zwischen Israel und seinen arabischen Nachbarn legten lediglich Feuerstillstandslinien fest, keine zwischenstaatlichen Grenzen. Gewalt prägte deshalb auch weiterhin das Bild. Allein zwischen 1951 und 1956 gab es rund 3000 bewaffnete Zusammenstöße und etwa 6000 Sabotageakte. Dabei starben über 400 Israelis, 900 wurden verwundet. Es war also nur eine Frage der Zeit, bis es zu einer zweiten Runde im israelisch-arabischen Konflikt kommen sollte.

Wiederum war es Ägypten, das dazu den Anlass bot. Die ägyptische Blockade der Wasserstraße von Tiran am Roten Meer, die den Hafen Eilat von der Außenwelt abschnitt und damit Israels Asien- und Afrikahandel behinderte, sowie die immer wieder von ägyptischem Territorium ausgehenden Überfälle auf Israelis und die Aufrüstung des Landes durch die UdSSR stellten für die israelische Seite eine wachsende Bedrohung dar. Als am 26. Juli 1956 Ägyptens Staatspräsident Gamal Abdel Nasser den Suezkanal verstaatlichte und sich dadurch Großbritannien und Frankreich auf den Plan gerufen fühlten, militärisch einzugreifen, sah Israel eine willkommene Gelegenheit, ebenfalls zum Gegenschlag auszuholen. Auf einer Geheimkonferenz in Paris wurde zwischen Israel und Frankreich sowie Großbritannien vereinbart, dass Israel im Rahmen einer größeren Vergeltungsaktion gegen Ägypten losschlagen und bis zum Suezkanal vorrücken sollte. Paris und London würden daraufhin Appelle an Ägypten und Israel richten, die Kampfhandlungen einzustellen und die Truppen beider Länder jeweils 15 km westlich bzw. östlich der Wasserstraße zurückzuziehen. Gleichzeitig sollte Ägypten der Besetzung der Kanalzone durch anglo-französische Verbände zustimmen, was Kairo natürlich als Eingriff in seine Souveränität auslegen und ablehnen würde. Als Reaktion auf das zu erwartende ägyptische Nein sollte ein gemeinsamer britisch-französischer Angriff auf den Suezkanal erfolgen, mit der Begründung, die freie Schiffahrt gewährleisten zu wollen. Israel seinerseits plante, die Sinai-Halbinsel zu besetzen, um damit den Zugang zum Hafen von Eilat wieder zu ermöglichen.

Am 29. Oktober 1956 besetzten in einer Überraschungsaktion israelische Fallschirmspringer den nur 72 km vom Suezkanal entfernten strategisch wichtigen Mitlapass. Innerhalb weniger Tage standen israelische Panzereinheiten 15 km vor dem Suezkanal. Die ägyptischen Truppen hatten fluchtartig den Rückzug angetreten, aber Kairo wollte, wie erwartet, die britisch-französischen Forderungen nach einem vollständigen Rückzug aus der Kanalzone nicht erfüllen. Am 31. Oktober begannen Großbritannien und Frankreich mit Luftangriffen auf ägyptische Stellungen am Suezkanal. Um noch rechtzeitig vor einem drohenden Befehl der Vereinten Nationen zur Feuereinstellung den Zugang zum Hafen von Eilat zu sichern, stießen israelische Truppen bis zum 5. November nach Scharm el-Scheich an der Südspitze der Sinai-Halbinsel vor.

Am 6. November beendeten Israel, Großbritannien und Frankreich ihre Angriffe. Zum einen, weil sie von den Vereinten Nationen dazu aufgefordert wurden, zum anderen, weil die USA und die UdSSR in seltener Einmütigkeit vehement Druck auf die Angreifer ausgeübt und sogar mit militärischem Eingreifen gedroht hatten, falls die Kampfhandlungen nicht unverzüglich eingestellt würden. Ferner verlangte am 7. November die UN-Vollversammlung den Rückzug aller israelischen Truppen auf die alte Waffenstillstandslinie. Golda Meir, damals Israels Außenministerin, sagte daraufhin, dass ihr Land dieser Aufforderung nur dann Folge leisten werde, wenn Ägypten seinerseits einem Friedensvertrag zustimme. Doch dazu sollte es nicht kommen. Bis zum 7. März 1957 zog sich Israel aus dem Gazastreifen und der Sinai-

Halbinsel vollständig zurück, und UN-Friedenstruppen übernahmen die Sicherung der ägyptisch-israelischen Grenze. Ferner
gaben die Großmächte Israel Garantien, was die freie Schiff-
fahrt im Roten Meer anging. Zwar war nach der Suezkrise das
Problem der von ägyptischem Boden ausgehenden Terrorangriffe
auf die israelische Bevölkerung erst einmal gebannt, auch der
Hafen von Eilat konnte wieder ungehindert angelaufen werden,
doch ein Friedensvertrag mit Kairo lag immer noch in weiter
Ferne.

Die politischen Auswirkungen des Suezfeldzuges waren in jeder Hinsicht dramatisch: Die alten Kolonialmächte Großbritannien und Frankreich mussten sich endgültig aus der Region ver-
abschieden, fortan sollten die neuen Supermächte USA und
UdSSR im Nahen und Mittleren Osten das Sagen haben. Israel
kostete der Krieg 181 Gefallene, doch der junge Staat hatte in
dieser zweiten Runde des Nahostkonflikts sehr eindrucksvoll
seine militärische Schlagkraft unter Beweis gestellt. Aber weil das
Land in einer konzertierten Aktion mit Großbritannien und
Frankreich vorgegangen war, handelte es sich zugleich den Ruf
ein, nur ein Handlanger und Bundesgenosse des Imperialismus
zu sein. Und Ägypten? Gewiss, das Land am Nil war militärisch
vernichtend geschlagen worden, konnte den Suezkrieg aber in
einen politischen Sieg ummünzen: Das Nasser-Regime hatte den
alten Kolonialmächten die Stirn geboten und ging gestärkt aus
der Krise hervor. Fortan konnte sich Ägypten mithilfe der UdSSR
an die Spitze der antikolonialen Befreiungsbewegung stellen.

Der Sechstagekrieg

In den 1950er- und 1960er-Jahren warf der Kalte Krieg verstärkt
seine Schatten auch auf den Nahen Osten. Während die Sowjetunion ihre Verbündeten am Nil massiv mit neuester Waffentechnologie ausrüstete, erklärte Washington, dass es keine Verlet-

zung der territorialen Souveränität Israels akzeptieren würde. Zwar lehnten die USA mit Rücksicht auf arabische Befindlichkeiten eine formelle Militärallianz mit Israel ab, lieferten aber ab den 1960er-Jahren den Löwenanteil an militärischer Ausrüstung für *Zahal*. Sie lösten damit Frankreich ab, das nach der Suezkrise eine sehr enge militärtechnische Zusammenarbeit mit Israel entwickelt hatte, da die israelische Armee mit französischen Rüstungsgütern gute Erfahrungen gemacht hatte und Kampfflugzeuge wie die «Mirage» in Eigenregie weiterentwickelte. Aber das Ende des Algerienkriegs 1962 sowie die Wiederaufnahme diplomatischer Beziehungen Frankreichs zu Ägypten signalisierten der israelischen Regierung, dass sich diese enge Liaison ihrem Ende zuneigte. Ganz deutlich wurde dies am Vorabend des Sechstagekriegs. Während die USA und Großbritannien ihre Bereitschaft verkündeten, Israel zu unterstützen, verhängte Frankreich ein Waffenembargo.

Staatsgeheimnis Nummer 1

In den 1950er-Jahren begann Israel mit dem Bau eines Atomreaktors in Dimona inmitten der Negevwüste. Frankreich lieferte damals technisches Know-how und Uran. Obwohl es offiziell nur ein Forschungsreaktor war, darf davon ausgegangen werden, dass hier Material zur Herstellung von Atomwaffen produziert wurde. Zwar haben bisher alle israelischen Regierungen die Existenz eigener Nuklearwaffen bestritten, doch ist es ein offenes Geheimnis, dass Israel über ein Potenzial von etwa 200 atomaren Sprengköpfen verfügt. Bis heute weigert sich Jerusalem, seine Atomanlagen von internationalen Kontrollbehörden inspizieren zu lassen oder den Atomwaffensperrvertrag zu unterzeichnen. 1986 veröffentlichte die Londoner «Sunday Times» einen aufsehenerregenden Bericht über Dimona. Ihre Quelle: Mordechai Vanunu, ein ehemaliger Mitarbeiter der Nuklearanlage, der daraufhin vom Geheimdienst *Mossad* nach Israel entführt und zu 18 Jahren Gefängnis verurteilt wurde. Mittlerweile ist die Anlage von Dimona in die Jahre gekommen und stellt ein nicht zu unterschätzendes Risiko für die Umwelt dar.

Da sich das Regime Nasser seit 1962 militärisch im Jemen engagierte, kam es in der ägyptisch-israelischen Grenzregion nur noch zu relativ wenigen Zusammenstößen. Viel größere Probleme bereiteten Israel die Infiltration von Terroristen aus der jordanisch kontrollierten Westbank sowie der permanente Beschuss israelischer Siedlungen im Norden aus syrischen Stellungen auf dem Golan.

Im Februar 1966 veränderte sich die Lage jedoch schlagartig: In Damaskus übernahm eine neue Führungsriege die Macht und schloss am 4. November desselben Jahres einen Verteidigungspakt mit Ägypten. Gleichzeitig nahm der Propagandakrieg des ägyptischen Staatschefs gegen Israel an Schärfe zu. Ermuntert durch russische Waffenlieferungen, verkündete Nasser bei jeder sich bietenden Gelegenheit, dass er Israel in naher Zukunft zu zerstören gedenke. Im April 1967 eskalierte die Situation weiter, als es zwischen israelischen und syrischen Jagdflugzeugen zu zahlreichen Luftkämpfen kam. Am 18. Mai 1967 forderte Ägypten die Vereinten Nationen dazu auf, ihre Truppen entlang der israelisch-ägyptischen Grenze abzuziehen, und sperrte nur wenige Tage später erneut die Wasserstraße von Tiran. Damit war für Israel das Fass zum Überlaufen gebracht, denn immer wieder hatte Jerusalem unmissverständlich zu verstehen gegeben, dass es jegliche Blockade seines Hafens Eilat am Roten Meer als Casus Belli bewerten würde. Schließlich flog Jordaniens König Hussein am 30. Mai nach Kairo und ratifizierte dort eine ägyptisch-jordanische Militärallianz. Ein ägyptisch-irakischer Verteidigungsvertrag sollte am 4. Juni folgen.

Israel sah sich nun von drei Seiten eingekreist. Die geradezu blutrünstige Rhetorik der arabischen Staatschefs weckte in Israel die Erinnerung an den Versuch der Nationalsozialisten, das jüdische Volk physisch zu vernichten, und sorgte für große Unruhe. Neben einer Generalmobilmachung kam es am 1. Juni zur Bildung einer Regierung der «nationalen Einheit» aus allen großen Parteien des Landes. Mosche Dajan wurde zum Verteidigungsminister ernannt, Stabschef der Armee war bereits seit 1964 Jitzchak Rabin. Trotzdem verhielt sich Israel noch ruhig, denn US-Präsident Lyndon B. Johnson hatte um eine «Wartezeit» gebeten, um noch eine Lösung auf dem Verhandlungsweg zu erzielen. Doch alle Vermittlungsversuche des amerikanischen Präsidenten sowie des UN-Generalsekretärs U Thant blieben erfolglos.

Am 5. Juni 1967, morgens um 7.45 Uhr, holte Israel dann zum Präventivschlag aus: In mehreren Angriffswellen zerstörten israelische Kampfjets binnen weniger Stunden fast die gesamte ägyptische Luftwaffe am Boden und vernichteten alle Radaranlagen des Gegners. Gegen Mittag war ebenfalls die jordanische und fast die Hälfte der syrischen Luftwaffe ausgeschaltet, sodass Israel ziemlich uneingeschränkt den gesamten Luftraum beherrschen konnte. Am 9. Juni standen israelische Panzerverbände bereits am Suezkanal, und nur einen Tag später war die gesamte Sinai-Halbinsel in der Hand der *Zahal*. Auch hatte Israel am 7. Juni nach schwierigen Straßenkämpfen Ostjerusalem eingenommen und bis zum 8. Juni die gesamte Westbank mit den Städten Nablus, Bethlehem und Ramallah besetzt. König Hussein hatte damit genau das Territorium wieder verloren, auf dem laut UN-Teilungsplan ein palästinensischer Staat hätte entstehen sollen und das sein Großvater Abdallah nach dem Krieg von 1948 dem haschemitischen Königreich einverleibt hatte. In den beiden Tagen bis zum 10. Juni entriss Israel in verlustreichen Kämpfen Syrien die strategisch bedeutsamen Golanhöhen und brachte damit seiner Bevölkerung im Norden Schutz vor weiteren syrischen Bombardements.

Schon am 6. Juni hatte der UN-Sicherheitsrat eine sofortige Einstellung der Kampfhandlungen gefordert. Die arabischen Staaten erklärten sich erst dazu bereit, als sie merkten, dass der Krieg für sie ganz offensichtlich verlorenging. Jordanien machte am 7. Juni den Anfang, dann folgten Ägypten am 8. und Syrien am 9. Juni. Israel akzeptierte die Forderung des Sicherheitsrates

Juni 1967: Israelische Truppen stürmen den Golan.
Foto: Chronik 50 Jahre Israel

erst am Abend des 10. Juni. Die als Sechstagekrieg in die Geschichte eingegangene «Dritte Runde» im Nahostkonflikt war damit beendet.

Etwa 11 500 Ägypter, 6000 Jordanier, 1000 Syrer und knapp 700 Israelis hatten in diesem erneuten Kräftemessen ihr Leben verloren. Fast eine halbe Million Palästinenser floh aus der Westbank, wodurch sich das ohnehin seit knapp zwei Jahrzehnten bestehende palästinensische Flüchtlingsproblem noch verschärfte.

Israel hatte nunmehr das Dreifache seines bisherigen Staatsgebietes dazugewonnen. Die Erfolge seiner Soldaten handelten ihm zudem den Nimbus der Unbesiegbarkeit ein und kamen einer Bankrotterklärung der arabischen Regime gleich. Und im Kontext des Kalten Krieges hatte sich die Überlegenheit der westlichen Waffentechnologie gegenüber der des Ostblocks erwiesen, sodass der Sechstagekrieg auch für die UdSSR eine Niederlage bedeutete. Aber viel wichtiger für Israel war die Tatsache, dass es nun über jene Territorien herrschte, die das eigentliche «Heilige Land» darstellten: Judäa und Samaria, also die Westbank.

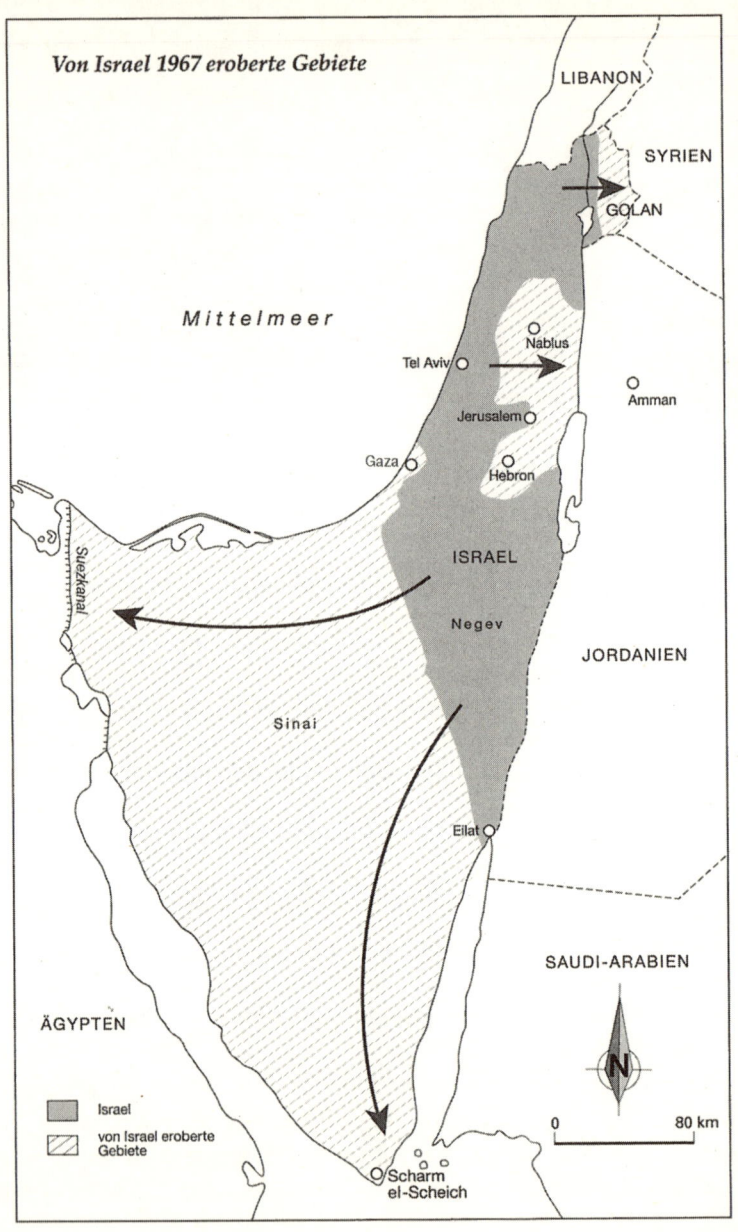

Von Israel 1967 eroberte Gebiete

LIBANON

SYRIEN

GOLAN

Mittelmeer

Nablus

Tel Aviv

Amman

Jerusalem

Gaza

Hebron

ISRAEL

Suezkanal

Negev

JORDANIEN

Sinai

Eilat

SAUDI-ARABIEN

ÄGYPTEN

N

Israel

von Israel eroberte
Gebiete

0   80 km

Scharm
el-Scheich

Der Sechstagekrieg 1967 bedeutete daher eine tiefgreifende Zäsur in der Geschichte des jungen Staates, die bis heute nachwirkt: Zum einen trat Israel von nun an als Besatzungsmacht über Hunderttausende weiterer Araber auf, die sich anfangs zwar noch recht passiv verhielten, aber spätestens in den 1980er-Jahren ein neues Selbstbewusstsein zu entwickeln begannen und alles unternahmen, um die israelische Herrschaft herauszufordern. Die Palästinenser in den besetzten Gebieten zeigten sich immer weniger bereit, Landenteignungen, politische Repressalien oder die permanente Einschränkung ihrer Bewegungsfreiheit zu akzeptieren. Zum anderen entstand im Anschluss an den Sechstagekrieg eine mächtige Siedlerbewegung, die den Zionismus aus seinem rein politischen Kontext löste und mit einer gehörigen Portion Messianismus anreicherte. Ihre Anhängerschaft meinte, im Auftrag Gottes zu handeln, und schrieb sich die Besiedelung des biblischen Stammlandes Judäa und Samaria auf die Fahnen. Mehr oder minder von den verschiedenen Regierungen unterstützt, wurden seither fast 160 000 jüdische Israelis in den besetzten Gebieten angesiedelt.

Der Jom-Kippur-Krieg

Die arabische Welt reagierte auf den Sieg Israels im Sommer 1967 mit einem vierfachen Nein. Kein Frieden mit Israel, keine Anerkennung Israels, keine Verhandlungen mit Israel und kein Kompromiss auf Kosten der Palästinenser – so lautete das Ergebnis der arabischen Gipfelkonferenz, die im Anschluss an den Sechstagekrieg Ende August 1967 im sudanesischen Khartum abgehalten wurde. Israel blieb für sie das «zionistische Gebilde», das es von der Landkarte auszuradieren galt. Zudem brach der gesamte Ostblock, mit Ausnahme Rumäniens, im Sommer 1967 die diplomatischen Beziehungen zu Jerusalem ab. Israels Hoffnungen, die eroberten Gebiete als Faustpfand und

Tauschobjekt für zukünftige Friedensverhandlungen ins Spiel bringen zu können, wurden arg enttäuscht. Auch die Vereinten Nationen schalteten sich erneut ein und forderten in der UN-Resolution 242 Israel dazu auf, sich aus den eroberten Gebieten zurückzuziehen.

Im April 1968 nahmen die Spannungen in der Region abermals zu, als Ägyptens Präsident Nasser verkündete, Israel aus den besetzten Gebieten wieder gewaltsam vertreiben zu wollen. Durch neue sowjetische Rüstungslieferungen ermutigt, kündigte Kairo im März 1969 an, dass es sich nicht länger an die Waffenstillstandsvereinbarungen gebunden fühle, und begann einen Zermürbungskrieg gegen israelische Stellungen entlang der Kanalzone, der auf beiden Seiten fast täglich zu schweren Verlusten führte. Israel verlor an der sogenannten Bar-Lev-Linie, einer befestigten Verteidigungslinie am Ostufer des Suezkanals, mehr Soldaten als während des ganzen Sechstagekriegs. Wie stark damals die UdSSR in den Konflikt eingebunden war, zeigte sich, als Israel im Juli 1970 mehrere ägyptische MiG-Jets abschoss, die von sowjetischen Kampfpiloten geflogen wurden. Der

Die UN-Resolution 242 vom 22. November 1967

«[…] betont die Unzulässigkeit, Territorien durch Kriege zu erobern, und die Notwendigkeit, für einen gerechten und dauerhaften Frieden zu wirken, der es jedem Staat in der Region erlaubt, in Sicherheit zu leben». Israel wurde in der UN-Resolution 242 zum Verlassen von Territorien (in der englischsprachigen Version)/«der» Territorien (in der französischsprachigen Version) aufgefordert, die es im Sechstagekrieg erobert hatte. Ferner sollten alle Beteiligten ein Ende des Kriegszustandes anstreben, die Souveränität aller Staaten – also auch die von Israel – sollte anerkannt werden sowie das Recht, in sicheren Grenzen zu leben. Obwohl die UN-Resolution 242 aufgrund der erwähnten sprachlichen Unklarheit unterschiedlich interpretiert wurde, stellte sie durch ihren Kompromisscharakter einen Meilenstein auf dem Weg zu einer politischen Lösung des Nahostkonflikts dar.

Suezkanal war damit einer der heißesten Brennpunkte im Ost-West-Konflikt.

Erst im August 1970 konnte auf amerikanische Initiative hin zwischen Israel und Ägypten ein neuerlicher Waffenstillstand vermittelt werden, der zu einer Truppenentflechtung und damit zum Ende des mörderischen Abnutzungskriegs führte. Im September 1970 starb Ägyptens langjähriger Staatsführer Gamal Abdel Nasser, sein Nachfolger wurde Anwar as-Sadat. Israel zeigte sich in gewisser Hinsicht erleichtert über den Machtwechsel am Nil, schließlich galt Nasser als unversöhnlicher Hardliner. Doch die Israelis, allen voran die Regierung von Ministerpräsidentin Golda Meir, wähnten sich in trügerischer Sicherheit. Zu sehr ignorierte man in Jerusalem die Gefahren, die weiterhin von den arabischen Staaten ausgingen, zu stark war der Glaube an die eigene Überlegenheit.

Diese Haltung sollte sich im Oktober 1973 bitter rächen. Bereits im August begann Ägypten, neue Zufahrtswege zum Suezkanal zu bauen und Manöver abzuhalten, die ganz eindeutig darauf abzielten, die Überquerung einer Wasserstraße zu üben. Und all das geschah vor den Augen der Israelis an der Bar-Lev-Linie. Auch die allgemeine Mobilmachung in Syrien und Warnungen amerikanischer Geheimdienste wurden mit der Antwort «kein Anlass zur Sorge» kommentiert. Allenfalls auf den Golan schickte *Zahal* Verstärkung. «Die Lage ist völlig normal und wird sich nicht zu einem Krieg ausweiten», hieß es selbst noch am 1. Oktober in israelischen Militärgeheimdienstkreisen – eine katastrophale Fehleinschätzung.

Am 6. Oktober 1973, dem Tag des jüdischen Versöhnungsfestes Jom Kippur, begann um 13.55 Uhr der Angriff der arabischen Truppen. Die Syrer schickten fünf Divisionen mit 1400 Panzern und mehr als 1000 Artilleriegeschützen ins Feld, die Ägypter neun Divisionen mit 1700 Panzern und 2000 Artilleriegeschützen. Sowohl bei der Einschätzung des Angriffszeitpunkts als auch bei der Bewertung der ägyptischen und syrischen Truppenbewegungen in den Tagen zuvor hatten alle israelischen Geheimdienstquellen restlos versagt. Erstmals hatten die arabischen Armeen das Überraschungsmoment auf ihrer Seite.

Die Ägypter konnten den Suezkanal überqueren, die vermeintlich «undurchdringliche» Bar-Lev-Linie durchbrechen und den israelischen Panzerverbänden empfindliche Verluste bereiten. Neue Panzerabwehrraketen sowjetischer Bauart vom Typ Sagger und ein modernes SAM-Flugabwehrraketensystem führten zu schweren israelischen Verlusten, insbesondere am 8. Oktober 1973, als die Panzerdivisionen der Generäle Awraham Adan und Ariel Scharon versuchten, in die Gegenoffensive zu gehen. Auch auf dem Golan bahnte sich eine Katastrophe an, als unvorhergesehen irakische Verbände die Syrer unterstützten. Doch das Blatt wendete sich, als am 12. Oktober der Geheimdienst die weiteren ägyptischen Offensiven korrekt vorhersagen konnte und General Scharon den vorrückenden ägyptischen Einheiten eine Falle stellte. Auch verhielt sich Jordanien anders als 1967 ruhig, sodass israelische Verbände von der Ostgrenze abgezogen und an die beiden Fronten geschickt wurden. Am 15. Oktober konnten die ägyptischen Linien durchbrochen und tags darauf der Suezkanal überquert werden. Bis zum Inkrafttreten des von den USA und der UdSSR gemeinsam geforderten Waffenstillstands am 24. Oktober hatten israelische Einheiten alle wichtigen ägyptischen Divisionen eingekreist und von ihrem Nachschub abgeschnitten.

Auch auf dem Golan schaffte es *Zahal* wieder, in die Offensive zu gehen, und rückte bis zur Feuerpause an der Nordfront am 22. Oktober bis auf 30 Kilometer vor Damaskus vor. Militärisch hatte Israel zwar damit auf ganzer Linie gesiegt, doch die Verluste waren dramatisch. Und infolge des gegnerischen Überraschungserfolges entwickelte sich auf israelischer Seite so etwas wie ein «Pearl-Harbor-Komplex», der noch lange anhalten und zu einer eklatanten Vertrauenskrise in der israelischen Gesellschaft führen sollte. Regierung und führende Geheimdienstkreise wurden für das Desaster verantwortlich gemacht. Im April 1974 zog Ministerpräsidentin Golda Meir die Konsequenzen und trat zurück. Ihr Nachfolger wurde Jitzchak Rabin.

Trotz der erneuten militärischen Niederlage verbuchte Ägypten den Jom-Kippur-Krieg als einen politischen Sieg, obwohl das anvisierte Ziel, Israel aus den 1967 eroberten Gebieten zu vertreiben, nicht erreicht worden war. Die «arabische Ehre» war durch den erfolgreichen Durchbruch der ägyptischen Truppen am Suezkanal wiederhergestellt und Israel der Nimbus der Unbesiegbarkeit genommen worden. Aus dieser neu gewonnenen Position der Stärke heraus konnte ein Kapitel in der Geschichte eröffnet werden, das bis heute noch nicht abgeschlossen ist: der Nahostfriedensprozess.

Sadat in Jerusalem und Camp David

Am 11. November 1973 unterzeichneten Israel und Ägypten am Kilometerstein 101 der Straße von Kairo nach Suez ein Sechs-Punkte-Programm zur Truppenentflechtung. Was wie eines unter vielen Abkommen nach einer erneuten Runde im nahöstlichen Kräftemessen aussah, entwickelte sich zum Ausgangspunkt eines neuen Verhältnisses zwischen beiden Ländern, an dessen Ende der historische Besuch des ägyptischen Staatspräsidenten Anwar as-Sadat in Jerusalem stand. Gleichzeitig bedeutete diese Annäherung einen deutlichen Punktsieg Washingtons im Ost-West-Konflikt, da die ägyptisch-israelischen Verhandlungen fast ausschließlich aufgrund amerikanischer diplomatischer Bemühungen zustande gekommen waren und die USA spätestens mit dem Hinauswurf aller sowjetischen Berater aus Ägypten im Jahr 1976 allein den Ton bei Friedensgesprächen in der Region angaben.

Nachdem am 4. März 1974 die letzten israelischen Soldaten den Suezkanal in Richtung Osten überquert hatten und weitere

Im September 1978 unterzeichneten Begin, Sadat und Carter das Friedensabkommen von Camp David. Foto: Chronik 50 Jahre Israel

Vereinbarungen über Gefangenenaustausch und Truppenentflechtung erfolgreich ausgehandelt wurden, kam es im September 1975 zum sogenannten Sinai-Abkommen, in dem beide Konfliktparteien erklärten, etwaige Kontroversen in Zukunft nicht mehr gewaltsam austragen zu wollen, sondern am Verhandlungstisch. Damit war mithilfe des amerikanischen Außenministers Henry Kissinger und seiner «Politik der kleinen Schritte» der Grundstein für das erste israelisch-arabische Friedensabkommen gelegt, unterzeichnet im amerikanischen Camp David im September 1978.

Doch zuvor galt es noch einige psychologische Hürden zu überwinden. Die Initiative dazu ergriff Sadat, indem er im November 1977 als erster arabischer Staatschef nach Jerusalem flog und vor der Knesset, dem israelischen Parlament, seine historische Versöhnungsrede hielt. Die arabische Welt zeigte sich entsetzt, war doch ihre führende Macht aus der Ablehnungsfront ausgebrochen. In Israel dagegen brach Jubel aus. Fast jeder glaubte, dass nun das Zeitalter des Friedens beginne. Aber es sollte noch eine Weile dauern, bis das Eis endgültig taute. Nach zähen Verhandlungen erreichte Sadat durch den Vertrag von Camp David genau das, was Ägypten mit Waffen nie geschafft hatte: Bis zum April 1982 zog sich Israel aus der gesamten Sinai-Halbinsel zurück und übergab Kairo die Kontrolle. Der Sinai wurde entmilitarisiert, einziger Zankapfel blieb für die nächsten Jahre die Frage, wem ein bestimmtes Hotelgrundstück in Taba, nahe Eilat, gehören sollte. Und ausgehandelt wurde der erste Friedensvertrag zwischen Israel und einem arabischen Land ausgerechnet von dem nationalistischen Hardliner Menachem Begin. Israelis reisten in den Jahren nach Abschluss des Camp-David-Abkommens zu Tausenden nach Ägypten, doch umgekehrt machten sich nur sehr wenige Ägypter auf, um ihre israelischen Nachbarn kennenzulernen. Die israelische Siedlungspolitik, dazu die Furcht, vor den eigenen Landsleuten als Verräter zu gelten, lässt sie bis heute davon Abstand nehmen, Tel Aviv oder Jerusalem zu besuchen. Zu tief sitzt das Misstrauen. Der Kriegszustand mit der wichtigsten arabischen Nation war also beendet, doch weitergehende hohe Erwartungen blieben unerfüllt. Beide Seiten sprechen daher von einem «kalten Frieden» zwischen Israel und Ägypten.

Aber nicht nur das ägyptisch-israelische Verhältnis, sondern auch die Palästinenserproblematik stand in Camp David auf der Tagesordnung. Beide Seiten sprachen sich für eine friedliche Beilegung des Nahostkonflikts aus und befürworteten weitere Verhandlungsrunden, an denen auch Jordanien und Vertreter der Palästinenser teilnehmen sollten. Bereits im Dezember 1977 hatte Begin einen Plan vorgestellt, der zwar eine Autonomie der palästinensischen Bevölkerung in der Westbank und im Gazastreifen vorsah, gleichzeitig aber Israelis weiterhin das Recht auf die Gründung von Siedlungen in den besetzten Gebieten versprach. Eine solche Grundhaltung musste zwangsläufig zu einer

Blockade der Gespräche führen, denn für die Palästinenser war sie unannehmbar. Genau das bezweckte Begin wohl auch mit seinen Vorschlägen. Und weil er eine Teilnahme der PLO an Gesprächen ablehnte, fand sich auf palästinensischer Seite sowieso niemand, der mit Israel über eine mögliche Autonomie hätte reden können. Die Autonomiegespräche verliefen daher im Sande und wurden im Frühjahr 1982 abgebrochen.

«Nach zwei oder drei Jahren palästinensischer Autonomie wird die Idee eines palästinensischen Staates den Israelis nicht mehr so schrecklich erscheinen», hatte Abba Eban, Israels ehemaliger Außenminister, 1978 während einer Diskussion über die Palästinenserfrage gesagt. Damit war er seiner Zeit fast 20 Jahre voraus, denn erst der Libanonkrieg und der langjährige Aufstand der Palästinenser in den besetzten Gebieten, der unter dem Namen *Intifada* in die Geschichte einging, sollten den Weg zu einer gegenseitigen Anerkennung zwischen Israelis und Palästinensern ebnen. Aber die Option einer Autonomie war damit schon seit den späten 1970er-Jahren auf dem Tisch und wurde zum Ausgangspunkt vieler offizieller und geheimer Verhandlungen, an deren Ende das Vertragswerk von Oslo stehen sollte.

Kampf um den Frieden

Israel und die PLO: Libanonfeldzug und *Intifada*

Hatte Israels Ministerpräsidentin Golda Meir die Existenz des palästinensischen Volkes noch schlichtweg verleugnet, so mussten selbst ihre Nachfolger aus dem nationalistischen *Likud*-Block irgendwann anerkennen, dass parallel zum Zionismus so etwas wie eine palästinensische Nationalbewegung entstanden war, die sich nicht mehr aus der Welt schaffen ließ. Auch nicht mit Gewalt. Immerhin hatten die arabischen Staaten im Oktober 1974 die *Palestine Liberation Organisation* als alleinige legitime Vertretung des palästinensischen Volkes anerkannt.

Menachem Begin und sein Verteidigungsminister Ariel Scharon, der Held des Jom-Kippur-Kriegs, glaubten zu Beginn der 1980er-Jahre, dass nun die Zeit gekommen sei, mit dem Erzfeind Jassir Arafat und seiner PLO abzurechnen. Auf das Konto Arafats und der verschiedenen Organisationen der PLO ging eine ganze Serie von Anschlägen nicht nur auf israelische Militäreinrichtungen, sondern auch zahlreiche Überfälle auf israelische Zivilisten. Und nach der Vertreibung der PLO aus Jordanien hatten die Palästinenser ihre politische und militärische Zentrale in den Libanon verlegt, von wo aus ihre Einheiten immer wieder Ziele in Israel angriffen. Aufgrund der Spaltung der arabischen Welt – Ägypten hatte einen Friedensvertrag mit Jerusalem abgeschlossen, und zwischen dem Irak und dem Iran herrschte blutiger Krieg – schätzte die israelische Regierung den Zeitpunkt für einen Einmarsch in den bürgerkriegsgeschüttelten Libanon im Sommer 1982 als günstig ein. «Wir werden die Terrororganisation zerschmettern, ihre Köpfe, ihre Führer, ihre Hauptquartiere und ihre Stützpunkte, wo immer wir sie finden», so Begins Au-

Jassir Arafat und die PLO

1964 gründete in Ägypten eine Gruppe palästinensischer Aktivisten unter der Schirmherrschaft Ägyptens die Befreiungsorganisation PLO. Schon 1969 wurde Jassir Arafat, der Chef der 1957 ins Leben gerufenen *al-Fatah*, die bereits zahlreiche Anschläge auf zivile und militärische Einrichtungen in Israel verübt hatte, ihr Vorsitzender. Arafat, 1929 geboren, durchlebte alle Höhen und Tiefen des Lebens eines Revolutionärs und Politikers im Nahen Osten. Im Sommer 1970 aus Jordanien vertrieben, verlegte die PLO ihren Sitz in den Libanon, nach der israelischen Invasion 1982 nach Tunis. 1988 entschied sich die PLO

Arafat
Foto: Karin Eglau

für die Annahme einer Resolution, die das Existenzrecht Israels und die Abkehr vom Terrorismus forderte. Jassir Arafat wurde gehasst oder verehrt. Die einen sahen den einstigen Guerillakämpfer lieber tot als lebendig und erkannten in ihm noch immer den gefährlichen Terroristen. Die anderen verliehen «Mr. Palestine», wie er sich gerne nennen ließ, den Friedensnobelpreis. Fakt ist, dass er es war, der den Palästinensern eine Stimme gab und die Anerkennung als Nation erkämpfte. Fakt ist aber auch, dass er in den palästinensischen Autonomiegebieten ein Regime durchsetzte, das für seine mangelnde Transparenz und Despotie berüchtigt war. So verschwanden laut einer Dokumentation des Internationalen Währungsfonds (IWF) allein in den Jahren zwischen 1995 und 2000 rund 750 Millionen Euro aus den öffentlichen Kassen der Palästinensischen Autonomiebehörde. Als Arafat am 11. November 2004 nach kurzer Krankheit in Paris starb, hinterließ er nicht nur ein politisches Vakuum, sondern auch die Frage, wo und auf welchen Konten ein Großteil dieser Gelder geblieben war.

ßenminister Jitzchak Schamir schon im April 1982. Jassir Arafat wurde zu einem zweiten Adolf Hitler dämonisiert, der in seinem Bunker in Beirut die Vernichtung Israels plante.

Das Attentat auf einen israelischen Diplomaten in London am 3. Juni 1982 wurde von Begin und Scharon zum Anlass genommen, kurz darauf unter der Bezeichnung «Frieden für Galiläa» einen Feldzug gegen die PLO im Libanon zu initiieren. Anfangs lautete das Ziel, lediglich eine 40 km breite Sicherheitszone zu schaffen, um auf diese Weise den ständigen Beschuss israelischer Ortschaften im Norden des Landes durch die Palästinenser zu unterbinden. Längst war dort angesichts der Schwäche der Zentralregierung in Beirut die PLO so etwas wie ein Staat im Staate geworden und agierte auf eigene Faust. Doch anders als offiziell zu Beginn der Kampfhandlungen verkündet, stieß die israelische Armee weiter nach Norden vor und besetzte mit Beirut erstmals in der gesamten Geschichte des Nahostkonflikts eine arabische Hauptstadt. Die Operation «Frieden für Galiläa» war zudem Israels erster reiner Angriffskrieg. Und er sollte Jerusalem teuer zu stehen kommen, denn Begin und Scharon machten damit ihr Land zu einem Akteur in dem libanesischen Bürgerkrieg. So kam es im Verlauf der Kampfhandlungen zu zahlreichen Konfrontationen mit Syrien, das dort ebenfalls versuchte, seine Interessen durchzusetzen. Dabei bewies sich einmal mehr die Überlegenheit der israelischen Luftwaffe, die mehr als achtzig syrische Flugzeuge abzuschießen vermochte. Zwar gelang es, die Infrastruktur der PLO zu zerstören, aber der Versuch, einen israelfreundlich eingestellten Präsidenten in Gestalt des christlich-maronitischen Phalangisten-Milizenführers Bachir Gemayel zu installieren, scheiterte kläglich mit dessen Ermordung am 22. September 1982. Aufgrund all dieser Umstände fiel es nicht wenigen israelischen Soldaten schwer, sich mit den Kriegszielen ihrer Regierung zu identifizieren. Schließlich ging es im Unterschied zu allen vorherigen Waffengängen im Nahen Osten diesmal nicht um das Überleben des jüdischen Staates. Zudem waren nicht reguläre

Armeen die Gegner, sondern zahlreiche Milizen, Guerillakämpfer und Zivilisten, die sich darüber hinaus auch noch gegenseitig selbst bekämpften. Die Folgen für die Moral von *Zahal* waren verheerend.

Bis heute ist das Kapitel Libanon noch nicht ganz abgeschlossen und lastet wie ein Trauma auf dem Land. Rund 1400 israelische Soldaten verloren dort ihr Leben. Über 600 davon starben unmittelbar bei den Kampfhandlungen während der Invasion, die Mehrheit aber fiel den unzähligen Selbstmordattentaten oder Sprengfallen der *Hisbollah* zum Opfer. Die auf Initiative Teherans gegründete Schiiten-Miliz griff die israelische Armee immer wieder in der 1985 eingerichteten, rund 14 km breiten «Sicherheitszone» im Südlibanon an. Die Zahl der libanesischen Opfer dieses Krieges wird auf ca. 13 000 geschätzt. Angesichts der hohen Verluste und Kosten beschloss die Regierung Barak, sich bis zum Juli 2000 ohne Vorbedingungen vollständig aus dem Nachbarland zurückzuziehen. Überraschend räumte *Zahal* das Gebiet aber schon Ende Mai 2000 innerhalb weniger Stunden. In Filmen wie «Waltz with Bashir» des Regisseurs Ari Folman oder «Lebanon» von Samuel Maoz wurden die Erlebnisse der Solda-

Die Massaker von Sabra und Schatila
Trauriger Höhepunkt des Libanonkriegs war das Massaker in den beiden Beiruter Flüchtlingslagern Sabra und Schatila. Vor den Augen der israelischen Armee ermordeten die mit Israel verbündeten libanesisch-christlichen Falange-Milizen weit über 1000 Zivilisten. Die Konsequenzen für Israel waren dramatisch: massive Kritik und Imageverlust in der ganzen Welt sowie Massenproteste im eigenen Land. Über 300 000 Menschen kamen am 25. September 1982 auf einer Demonstration in Tel Aviv zusammen, um ein Ende des Libanonkriegs sowie die Bestrafung der Verantwortlichen zu fordern. Verteidigungsminister Ariel Scharon musste zwar zurücktreten, doch nach einer kurzen Pause hatte er wieder Ministerposten inne und war von 2001 bis zu seinem Schlaganfall im Januar 2006 Ministerpräsident.

ten während des Libanonkriegs sowie der Umgang mit ihnen im kollektiven Gedächtnis des Landes gerade in jüngster Zeit eindrucksvoll thematisiert.

Militärisch, wirtschaftlich und politisch war der Libanonfeldzug in jeder Hinsicht ein Fehlschlag: Weder konnte die PLO zerschlagen werden, noch hörte der Artilleriebeschuss auf israelische Siedlungen im Norden des Landes auf. Auf Druck der USA musste Israel im Spätsommer 1982 sogar den Abzug von Arafat und rund 130 000 Kämpfern der PLO auf dem Seeweg in Richtung Tunis gestatten. Die Kosten des Libanonkriegs wuchsen bis zum Frühjahr 1985 auf rund 3,5 Milliarden Dollar an und trugen mit dazu bei, dass eine atemberaubende Inflation die Wirtschaft Israels fast strangulierte. Das Vertrauen der israelischen Bevölkerung in ihre politische Führung war zutiefst erschüttert worden. Zudem hatte sich Jerusalem durch das Libanondebakel außenpolitisch in die Isolation manövriert. Erst der unter Ministerpräsident Schimon Peres 1985 eingeleitete Rückzug auf die «Sicherheitszone» leitete eine Wende ein.

Die *Intifada* war das zweite große Ereignis, das das israelisch-palästinensische Verhältnis nachhaltig beeinflussen sollte. Am 8. Dezember 1987 stieß ein israelisches Militärfahrzeug mit einem palästinensischen PKW zusammen. Vier der zumeist aus dem Flüchtlingslager Jabalia in Gaza stammenden Insassen wurden dabei getötet. Deren Beerdigung in Jabalia am Tag darauf geriet zu einer riesigen Demonstration gegen die israelische Besatzung und entfachte einen mehrjährigen Flächenbrand, der von Gaza aus auf die Städte und Dörfer der Westbank übersprang. Die Ereignisse im Dezember 1987 waren nur der Anlass, der jahrelang angestauten Wut über die repressive sowie demütigende Besatzungspolitik Israels Ausdruck zu geben. Sowohl für die israelischen Behörden als auch für die PLO-Zentrale in Tunis kam die *Intifada* völlig überraschend.

Die Regierung in Jerusalem wusste auf den Volksaufstand der Palästinenser nicht anders zu reagieren als mit Gewalt. «Brecht

ihnen die Knochen», forderte Jitzchak Rabin, damals Verteidigungsminister in der Regierung der nationalen Einheit. Und
israelische Soldaten brachen ihnen die Knochen – vor laufenden
Kameras. Fotos und Videos von bewaffneten israelischen Soldaten, die wahllos auf Kinder und Jugendliche einprügelten oder
schossen, gingen in den Jahren nach 1987 um die Welt. Das Bild
vom israelischen Goliath und palästinensischen David machte
die Runde. Wieder standen *Zahal* nicht eine Armee, sondern
steinewerfende, meist jugendliche Demonstranten gegenüber,
wieder fragten sich israelische Soldaten, ob sie einer gerechten
Sache dienten. Auch regte sich erstmals Widerstand in den Streitkräften: Z. B. organisierten sich Offiziere, die sich weigerten, in
den besetzten Gebieten Militärdienst zu leisten, in der Gruppe
Jesch Gwul (dt.: Es gibt eine Grenze) – ein Novum in *Zahals*
Geschichte. Die *Intifada* mutierte zur größten politischen und
gesellschaftlichen Herausforderung. Und Israel bekam sie nicht
in den Griff.

Für die PLO war die *Intifada* ein klarer Punktsieg im Krieg
der Medien. Zwar kostete der Volksaufstand das Leben von
über 400 Palästinensern, wobei wohl mehr Palästinenser als
vermeintliche oder echte Kollaborateure von den eigenen Leuten
getötet wurden als von Israelis, dafür aber brachte die *Intifada* die Frage nach dem Status der besetzten Gebiete sowie
nach dem Selbstbestimmungsrecht der Palästinenser mit ungeheurer Vehemenz auf die politische Tagesordnung. Sie festigte
die nationale Identität der Palästinenser und hatte den Aufbau eigener politischer Strukturen zur Folge, die dazu dienten, die besetzten Gebiete von Israel abzukoppeln, um unabhängig von der israelischen Administration agieren zu können.
Mit Hanan Aschrawi und Faisal al-Husseini betrat zudem eine
neue Generation palästinensischer Politiker die Bühne, die
ein neues Selbstvertrauen verkörperten und sich anders als
die Riege der alten Kämpfer nicht mehr in der Guerillero-Pose
übten.

Israel förderte diesen Abkopplungsprozess unfreiwillig selbst, indem es die Westbank und den Gazastreifen regelmäßig abriegelte. Und als im Juli 1988 König Hussein von Jordanien seinen Anspruch auf das im Sechstagekrieg verlorene Westjordanland endgültig aufgab, machte er zugleich die jahrelang von Israel anvisierte «Jordanische Option» zunichte, die eine mögliche gemeinsame Kontrolle der Westbank durch Israel und Jordanien unter Ausschluss der PLO angestrebt hatte. Ferner verkündete am 15. November 1988 der in Algier tagende Palästinensische Nationalrat die Errichtung eines unabhängigen palästinensischen Staates und schwor dem Terror als politischem Mittel ab. Indirekt akzeptierte die PLO in Algier sogar das Existenzrecht Israels. Damit war ein neues Kapitel aufgeschlagen worden. Nun waren die Israelis an der Reihe, aber mit einer *Likud*-Regierung konnte kaum eine Veränderung des Status quo erwartet werden.

Erst der Golfkrieg der Jahre 1990/91 sollte den Weg für einen umfassenden Friedensprozess im Nahen Osten freimachen. Dabei waren folgende Faktoren entscheidend: In Israel hatte sich die Erkenntnis durchgesetzt, dass im Zeitalter der Raketentechnik den besetzten Gebieten keinerlei Bedeutung mehr als eine Art militärische Pufferzone gegenüber feindlichen Nachbarn zukam. Die irakischen Scud-Raketen über Tel Aviv hatten dies nur allzu deutlich bewiesen. Und die PLO sah ihre mühsam errungene internationale Akzeptanz wieder in Gefahr, weil sie mit ihrer Parteinahme für Saddam Hussein auf das falsche Pferd gesetzt hatte. Die Golfstaaten antworteten darauf, indem sie den Geldhahn zudrehten und palästinensische Arbeiter zu Tausenden aus ihren Ländern auswiesen. Vielleicht war auch das fortgeschrittene Alter Arafats mit ein Beweggrund dafür, sich für den Moment kompromissbereiter zu zeigen. Die Gründung eines palästinensischen Staates zu seinen Lebzeiten wäre für ihn die Krönung seines Lebenswerks, und daran galt es weiterzuarbeiten. Maximalistische Forderungen konnten nicht mehr durchgesetzt werden. Zudem hatte die PLO in Form der radikalen *Hamas*-Bewegung politische Konkurrenz in den besetzten Gebieten bekommen. Schließlich sorgten der Zusammenbruch der UdSSR als Supermacht und das Ende des Kalten Krieges dafür, dass die alten Frontlinien im Nahostkonflikt ihre Gültigkeit verloren hatten.

Der Vertrag von Oslo

Ende Oktober 1991 gelang es amerikanischen Diplomaten, alle Beteiligten des Nahostkonflikts nach Madrid an den Verhandlungstisch zu bringen. Delegationen aus Israel, Syrien, Libanon und Jordanien, aber auch Palästinenser aus der Westbank und dem Gazastreifen trafen unter der Schirmherrschaft der USA und der UdSSR in der spanischen Hauptstadt zusammen. Im Vorfeld hatte es immer wieder Probleme gegeben, weil Israel sich weigerte, palästinensische Delegierte aus Ostjerusalem zu akzeptieren. Offiziell durfte keiner der palästinensischen Teilnehmer der PLO angehören, aber «virtuell» saß Arafat mit am Verhandlungstisch, denn die palästinensischen Vertreter, die unter dem Dach der jordanischen Delegation auftreten mussten, standen im direkten Kontakt mit Tunis und koordinierten mit der Führung der PLO ihr Vorgehen. Die hochgesteckten Erwartungen wurden rasch enttäuscht. Dieses erste Treffen begann mit einem Schlagabtausch zwischen den syrischen Vertretern und Israels Ministerpräsidenten Jitzchak Schamir, in dessen Verlauf sich beide Seiten als Terroristen beschimpften.

Bis zum Sommer 1993 sollten noch zehn Folgekonferenzen stattfinden, doch sie alle endeten ohne irgendein greifbares Ergebnis. Schamir erklärte dazu später, dass er noch zehn Jahre weiter verhandelt hätte, nur um keine Kompromisse machen zu müssen. Der Friedensprozess schien in der Sackgasse zu stecken, und das, obwohl die USA angesichts der israelischen Siedlungs-

Die Flüchtlingsfrage

Das Problem der palästinensischen Flüchtlinge wurde erstmals zwischen allen Konfliktparteien in Madrid in der «Multilateralen Arbeitsgruppe für Flüchtlingsfragen» behandelt. Ursprünglich sollten sich Israel, Ägypten, Jordanien, die Palästinenser, Syrien und Libanon treffen, doch die beiden letztgenannten verweigerten die Teilnahme. Israel forderte, dass alle Flüchtlingsfragen der Region aufgegriffen werden sollten, einschließlich die der Kurden und Juden aus arabischen Ländern. Das war Teil der Blockadepolitik Schamirs. Im Rahmen der Oslo-Verträge sollte ein «Viererkomitee», bestehend aus Israel, Ägypten, Jordanien und den Palästinensern, geschaffen werden, das das Problem der 1967 geflohenen Palästinenser behandelte. Es gab jedoch keine ernsthaften Vorschläge dazu. Und in den direkten Verhandlungen zwischen Israel und der PLO kommt es bis heute zu keiner Einigung, weil Jerusalem den Palästinensern im Ausland kein «Recht auf Rückkehr» zusprechen möchte, sondern eine dauerhafte Ansiedlung der palästinensischen Flüchtlinge mit internationaler Hilfe in ihren bisherigen Aufenthaltsländern anstrebt.

politik die von Israel dringend benötigten Milliardenkredite für die Integration der zu Hunderttausenden einwandernden russischen Juden auf Eis gelegt hatten und seit Sommer 1992 mit Jitzchak Rabin wieder ein sozialdemokratischer Ministerpräsident in Jerusalem regierte.

Doch unbemerkt von aller Welt hatten fernab in Oslo dank der Vermittlung norwegischer Politiker von Januar bis August 1993 rund 15 geheime Treffen stattgefunden: zwischen Vertretern der PLO und dem stellvertretenden israelischen Außenminister Jossi Beilin sowie Professor Jair Hirschfeld, einem Historiker aus Haifa. Rabin und Arafat wussten zwar von diesen Gesprächen, nahmen aber erst direkt an ihnen teil, als sich konkrete Ergebnisse abzuzeichnen begannen. Zunächst galt es, noch einige psychologische Barrieren zu überwinden, denn schließlich hatten sich beide Seiten über Jahrzehnte hinweg als die Inkarnation des Bösen verteufelt. Deshalb waren die gegenseitige An-

Arafat an Rabin, 9. September 1993

«Die PLO erkennt das Recht des Staates Israel auf Existenz in Frieden und Sicherheit an. Die PLO nimmt die Resolutionen 242 und 338 des Sicherheitsrates der Vereinten Nationen an. Die PLO verpflichtet sich auf den Nahostfriedensprozess und auf eine friedliche Lösung des Konflikts zwischen den zwei Parteien und erklärt, dass alle ausstehenden Fragen über den dauerhaften Status durch Verhandlungen geregelt werden.»

In seinem Antwortschreiben erklärte Rabin die israelische Bereitschaft, «die PLO als die Vertretung des palästinensischen Volkes anzuerkennen und Verhandlungen mit der PLO im Rahmen des Nahostfriedensprozesses aufzunehmen».

erkennung und die Bejahung eines friedlichen Lösungsweges der erste Schritt. Die PLO musste dabei einige Passagen aus der palästinensischen Nationalcharta streichen, die vom bewaffneten Widerstand gegen Israel sprachen.

Das erste konkrete Ergebnis der Geheimverhandlungen von Oslo war die am 13. September 1993 in Washington unterzeichnete «Prinzipienerklärung über die vorübergehende Selbstverwaltung». Auf dem Rasen vor dem Weißen Haus reichten sich die Gegner von einst, Jitzchak Rabin und Jassir Arafat, die Hände – eine Begegnung, die nur wenige Monate zuvor als Phantasiegespinst gegolten hätte. Das später als «Oslo-I-Abkommen» in die Geschichte eingegangene Vertragswerk umfasste ferner das am 29. April 1994 in Paris unterzeichnete «Protokoll über die wirtschaftlichen Beziehungen» und das «Gaza-Jericho-Abkommen» vom 4. Mai 1994, das in Kairo ratifiziert wurde. Am 1. Juli 1994 zog Arafat mit seinen Mitarbeitern von Tunis nach Palästina, um den Aufbau der Palästinensischen Autonomiebehörde in die Hand zu nehmen.

Eigentlich war «Oslo I» nur ein Fahrplan für die noch folgenden Verhandlungen über den Abzug israelischer Truppen aus Teilen der besetzten Gebiete. Für die Dauer von fünf Jahren sollte eine Palästinensische Interimsbehörde eingerichtet werden, die von den Palästinensern aus der Westbank und dem Gazastreifen gewählt wurde. Zwar durfte diese Interimsbehörde einen eigenen Polizeiapparat aufbauen, doch behielt Israel in Fragen der äußeren Sicherheit das Heft in der Hand. Ausgeklammert und auf die Endverhandlungen vertagt wurden in «Oslo I» die heikelsten Themen, nämlich der Status von Jerusalem, die Flüchtlingsproblematik und die jüdischen Siedlungen in den besetzten Gebieten. Als Stichtag für die Beendigung der Verhandlungen über den Status der palästinensischen Gebiete war der 4. Mai 1999 anvisiert, doch mit der Wahl des rechtskonservativen Ministerpräsidenten Benjamin Netanjahu im Mai 1996 geriet der Zeitplan, der schon zu Zeiten Rabins nie strikt eingehalten worden war, endgültig in Verzug. Arafat drohte deshalb im Frühjahr 1999 in den von ihm verwalteten Autonomiegebieten mit der einseitigen Ausrufung eines Staates Palästina.

Das inoffiziell als «Oslo-II-Abkommen» bezeichnete Vertragswerk, das unter amerikanischer Vermittlung am 28. September 1995 in Washington zwischen Rabin und Arafat unterzeichnet wurde, regelte die Erweiterung der Einflusssphäre der Palästinensischen Autonomiebehörde. Dazu wurde das Westjordanland in drei Zonen aufgeteilt: Zone A, 17,2% des Territoriums der Westbank, sollte vollständig unter palästinensische Kontrolle kommen. In Zone B, 23,6% des Landes, bestand zwar eine palästinensische Verwaltungshoheit, doch blieb die israelische Armee zuständig für die Sicherheitsfragen. Zone C, die übrigen 59% des Westjordanlandes, verblieben unter alleiniger israelischer Kontrolle.

Doch die Anschlagsserie der *Hamas* auf israelische Zivilisten, die schon im Herbst 1994 eingesetzt hatte, sowie der Regierungswechsel im Mai 1996 von Rabins Nachfolger Schimon Peres zu Benjamin Netanjahu sorgten für einen Stillstand im Friedensprozess. Ziel der neuen *Likud*-Regierung war es, durch eine Blockadepolitik jeden Fortschritt zu behindern. Dafür nahm Netanjahu sogar eine dramatische Verschlechterung der Bezie-

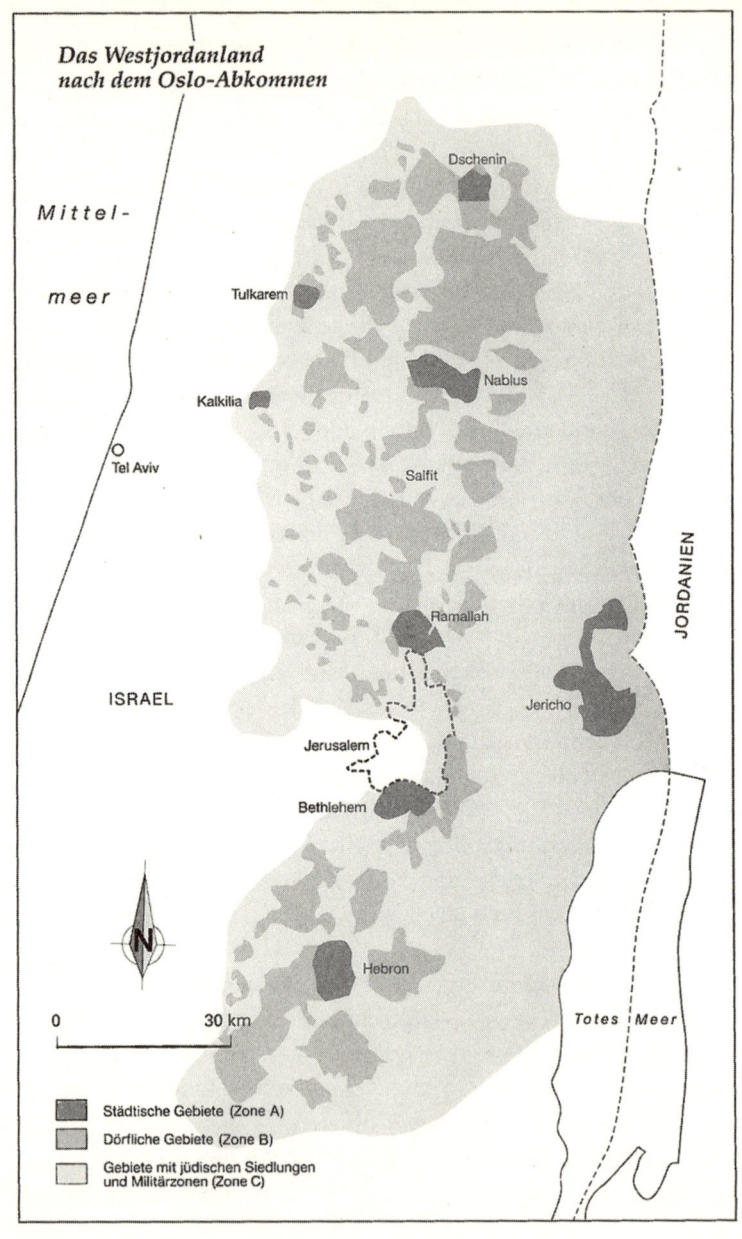

Das Westjordanland nach dem Oslo-Abkommen

Mittel-

meer

Dschenin

Tulkarem

Nablus

Kalkilia

Tel Aviv

Salfit

Ramallah

ISRAEL

Jericho

JORDANIEN

Jerusalem

Bethlehem

N

Hebron

0   30 km

Totes Meer

■ Städtische Gebiete (Zone A)

■ Dörfliche Gebiete (Zone B)

□ Gebiete mit jüdischen Siedlungen
  und Militärzonen (Zone C)

hungen mit den USA in Kauf. Erst mit dem Regierungsantritt Ehud Baraks im Mai 1999 konnten die Verhandlungen neuen Schwung nehmen. Wendepunkt war der Vertrag von Scharm el-Scheich zu Beginn des Jahres 2000, der den von Netanjahu ausgesetzten Rückzug Israels aus weiteren Teilen der Westbank neu regelte. Streitpunkte blieben lange die Eröffnung eines palästinensischen Flughafens in Gaza sowie die Straßenverbindungen zwischen Gaza und den Autonomiegebieten in der Westbank. Im September 2000 hätte gemäß diesem Fahrplan ein umfassender israelisch-palästinensischer Friedensvertrag zur Unterschrift vorliegen sollen. Ziel der Regierung Barak war es dabei, an Israel grenzende Gebiete mit einer hohen jüdischen Bevölkerungsdichte dem israelischen Staatsgebiet anzugliedern und so einen breiteren gesellschaftlichen Konsens für die Friedenspolitik zu erreichen. Israel schien bereit zu sein, die Existenz eines Palästinenserstaates an seiner Seite zu dulden, sofern dessen Souveränität in Bezug auf die Verteidigungspolitik eingeschränkt blieb. Es war also nur eine Frage der Zeit, bis aus den Autonomiegebieten ein Staat Palästina hätte entstehen können.

Aussöhnung mit Jordanien und Syrien

«Oslo I» hatte zur Folge gehabt, dass König Hussein von Jordanien den Kriegszustand mit Israel offiziell beendete und seine lange Zeit geheim gehaltenen Verbindungen zu Israel mit der Unterzeichnung des Friedensvertrags vom 26. Oktober 1994 auf eine normale zwischenstaatliche Basis stellte. Ein israelisch-syrischer Friedensvertrag war somit die letzte große Hürde bei der Verwirklichung einer umfassenden Friedensordnung im Nahen Osten.

Bereits im August 1993 hatte Ministerpräsident Jitzchak Rabin erklärt, dass Israel grundsätzlich zur Rückgabe des Golan, des zentralen Streitobjekts zwischen beiden Ländern, bereit sei.

Das Hochplateau im Nordosten Israels, 1967 von der israelischen Armee mühsam erobert, hatte nicht mehr die gleiche strategische Bedeutung wie 30 Jahre zuvor. Allerdings gab es zwei große Hindernisse: die 17 000 dort lebenden Israelis, die im Unterschied zu den jüdischen Siedlern im Westjordanland politisch der Arbeiterpartei nahestehen und sich nicht als Erfüllungsgehilfen eines göttlichen Auftrags verstehen, sowie die Frage nach der Kontrolle der Wasservorkommen.

Doch mit der Übernahme der Amtsgeschäfte durch Ministerpräsident Benjamin Netanjahu wurden auch die israelisch-syrischen Verhandlungen auf Eis gelegt. Seine Regierung zeigte sich nicht bereit, da weiterzumachen, wo Rabin bereits Kompromisse angedeutet hatte. Erst im Frühjahr 2000 konnten die Gespräche wieder aufgenommen werden. Als am 11. Juni 2000 Syriens Staatspräsident Hafis al-Assad überraschend starb und sein Sohn

Streitobjekt Wasser

Wasser ist knapp im Nahen Osten. Neben der Aufteilung des Landes ist es deshalb das beherrschende Thema im Friedensprozess. Die Kontrolle über den Hasbani, Dan oder Banyas auf dem Golan, alles Quellflüsse des Jordan, der Zugang zum See Genezareth, dem größten Süßwasserreservoir der Region, und die Verteilung der Wassermengen aus den Flüssen Jarmuk und Jordan sind ständige Streitobjekte. Die Entnahme von Wasser aus unterirdischen Vorkommen aus dem Westjordanland durch Israels staatliche Wassergesellschaft *Mekorot* hat schon für viel böses Blut gesorgt. Laut Weltbank können die Palästinenser dort nur über 10% des Wassers verfügen, der Löwenanteil wird von Israel genutzt, obwohl laut Artikel 40 des Oslo-II-Abkommens vereinbart wurde, dass «Israel die Wasserrechte der Palästinenser anerkennt». Auch zwischen Jordanien und Israel gibt es im Friedensvertrag Vereinbarungen, die die monatliche Wasserentnahme regeln und Infrastrukturmaßnahmen vorsehen. Nichts davon ist bis heute verwirklicht worden. Wasser kann zur Waffe werden. Wer seinem Nachbarn den Zufluss abdrehen kann, der übt mehr Macht über ihn aus als mit militärischen Mitteln.

Baschar die Regierungsgeschäfte übernahm, machte sich kurzfristig die Hoffnung breit, dass Damaskus seine Blockadepolitik im Friedensprozess beendet. Doch die Tatsache, dass Syrien weiterhin das Politbüro der radikal-islamistischen *Hamas* beherbergte und deren Chef Khaled Maschal unterstützte, ließ schnell wieder Ernüchterung aufkommen. Ministerpräsident Ehud Barak wollte durch einen Friedensschluss mit Damaskus damals gleich mehrere Fliegen mit einer Klappe schlagen: Erstens wäre damit das einzige Land vertraglich eingebunden gewesen, das Israel zu diesem Zeitpunkt mit seinen Mittelstreckenraketen und Chemiewaffen wirklich bedrohen konnte. Zweitens hätte damals ein Abkommen mit Syrien, das im Libanon militärisch und politisch lange das Sagen hatte, für Israel einen Ausweg aus dem libanesischen Sumpf aufzeigen können, und das ohne Gesichtsverlust. Und drittens wäre der Weg zu einer Aussöhnung mit der arabischen Welt durch ein solches Vertragswerk einfacher geworden.

Aber das Regime von Baschar al-Assad zeigte wenig Interesse daran, sein Verhältnis zu Israel zu verbessern oder den jüdischen Staat gar durch die Aufnahme diplomatischer Beziehungen anzuerkennen. Im Gegenteil: Zum einen mutierte Damaskus zum wichtigsten Verbündeten Teherans und ermöglichte auf diese Weise den ungehinderten Nachschub von Waffen jeglicher Art aus dem Iran an die radikale *Hisbollah*-Miliz. Zum anderen hegte das Land nukleare Ambitionen. Heimlich und mit nordkoreanischer Unterstützung hatte man fernab in der Wüste im ostsyrischen al-Kibar mit dem Bau eines Atomreaktors begonnen. Israels Geheimdienste bekamen Wind von der Sache, am 6. September 2007 zerstörte die Luftwaffe in der Operation «Obstgarten» erfolgreich und ohne eigene Verluste die gesamte Anlage. Zwar dementierte Syrien, dass es sich dabei um eine nukleare Produktionsstätte gehandelt hatte, doch die am 24. Mai 2011 veröffentlichten Untersuchungsergebnisse der Internationalen Atomenergie-Organisation IAEO überführten Damaskus der Lüge.

Der Ausbruch des Bürgerkriegs in Syrien sowie die Versuche des Regimes Baschar al-Assads, alle oppositionellen Kräfte mit Waffengewalt zu vernichten, veränderten die Situation erneut. Nun kam es erstmals zu Spannungen auf den ansonsten völlig ruhigen Golanhöhen. So rückten am 3. November 2012 Panzer der syrischen Armee in die entmilitarisierte Zone entlang der Grenze vor und syrische Geschosse schlugen mehrmals auf israelischem Territorium ein. Jerusalem beobachtet die Ereignisse in Syrien mit gemischten Gefühlen. Zwar war Baschar al-Assad alles andere als ein Freund Israels, galt aber als berechenbar. Ebendies lässt sich jedoch aus israelischer Perspektive über Assads Gegner nicht unbedingt sagen. Insbesondere die syrischen Chemiewaffenarsenale bereiten den Politikern und Militärs in Israel große Sorgen. Sarin, Tabun und Senfgas sind nur einige der zahlreichen chemischen Kampfstoffe, über die das Land in Mengen wie kaum ein anderes verfügt, und Israel befürchtet, dass diese womöglich in die Hände islamistischer Gruppierungen oder der *Hisbollah*-Miliz gelangen könnten, sollte der syrische Diktator wie die Machthaber in Tunesien, Ägypten und Libyen ebenfalls zu Fall gebracht werden.

Jerusalem – der «Gordische Knoten»

Jerusalem, Jeruschalaim und al-Quds – drei Namen für eine Stadt, die Christen, Juden und Muslimen gleichermaßen heilig ist. Der «endgültige Status», die Frage, ob ganz Jerusalem die Hauptstadt des Staates Israel bleibt oder ob sich ein Kompromiss finden lässt, mit dem Israelis und Palästinenser gleichermaßen leben können, das ist der «Gordische Knoten», den es auf dem Weg zu einer umfassenden und nachhaltigen Friedensordnung noch zu durchschlagen gilt. «Wenn Ägyptens Präsident Sadat einmal gesagt hat, der israelisch-arabische Konflikt sei zu 90% psychologischer Natur, dann gilt das bei Jerusalem zu 99%»,

Das Jerusalem-Syndrom

1998 bekam das amerikanische Konsulat in Jerusalem überraschend Besuch von Jesus Christus. So jedenfalls nannte sich der Mann, der in weißen Gewändern und Sandalen die Amtsräume betrat und sagte: «Ich wollte Ihnen nur mitteilen, dass ich hier bin. Wenn Sie mich brauchen, rufen Sie mich über Handy an!» Die Psychologen nennen so etwas «Jerusalem-Syndrom». Im wahrsten Sinne des Wortes berauscht durch die Intensität ihrer Eindrücke, legen Menschen, die nie zuvor psychiatrisch auffällig geworden sind, plötzlich die merkwürdigsten Verhaltensweisen an den Tag. Sie verkünden Visionen, rezitieren öffentlich selbstverfasste Gebete oder erklären, dass sie niemand Geringeres als der neue Messias seien. «Das Jerusalem-Syndrom kommt meist am zweiten Tag des Aufenthalts in der Stadt zum Ausbruch», so Dr. Jair Bar El, der ehemalige Direktor des Kfar Schaul Psychiatric Hospital.

470 Fälle dieser Art hat Bar El zwischen 1979 und 1993 behandelt. Hauptsaison sind die hohen christlichen und jüdischen Feiertage. Ostern 1996 beherbergte Kfar Schaul allein drei Jungfrauen Maria. «Gerade Touristen aus dem *Bible Belt* der USA», erklärt Bar El, «haben ein idealisiertes Bild von Jerusalem. Wenn sie dann mit dem irdischen, dem realen Jerusalem konfrontiert werden, das gar nicht zu ihrer Traumstadt passt, erleiden sie oft einen Schock, der das Jerusalem-Syndrom auslösen kann.»

umschreibt Chaim Ramon, Minister für Jerusalemfragen im Kabinett von Ministerpräsident Ehud Barak, das Problem.

Rund 800 000 Menschen leben in ganz Jerusalem, davon sind ca. 70% Juden und 30% Palästinenser. Ohne kirchliche Würdenträger oder Klosterbewohner mitzuzählen, leben hier etwas über 10 000 Christen, in der Mehrzahl Araber. 1944 waren es noch 30 000. Das 20. Jahrhundert brachte so manchen Zuzug und Exodus. Juden aus aller Welt und deutsche Templer, Armenier und christliche Syrer, die Schutz vor der Verfolgung durch die Osmanen suchten, kamen schon vor dem Ersten Weltkrieg nach Jerusalem. Nach 1948 setzte eine Abwanderung vieler muslimischer und christlicher Palästinenser ein, teils aus ökonomischen Gründen, teils aufgrund israelischer Repressalien. Dafür erfolgte die massive Ansiedlung von Juden. Und über ein Jahr nach der Staatsgründung verlegte Israels erster Ministerpräsident David Ben Gurion den Regierungssitz von Tel Aviv nach Jerusalem, wo seither die Knesset und alle Ministerien beheimatet sind. Der Plan der Vereinten Nationen, Jerusalem nach der Teilung Palästinas in einen jüdischen und einen arabischen Staat zu internationalisieren, war damit vom Tisch.

Heilig ist Jerusalem für alle: Für die Juden ist es die Stadt des Tempels und der Klagemauer, trotz 2000 Jahren Exils blieb die Stadt der religiöse Bezugspunkt. Für die Christen ist es der Ort, wo Jesus Christus gekreuzigt wurde und auferstand. Und für die Muslime ist es der drittheiligste Ort, weil zu der Zeit des Propheten Mohammed, als Mekka und Medina kurz in der Hand der «Ungläubigen» waren, in Richtung Jerusalem gebetet wurde. Von hier aus, vom Felsen Moriah, wo heute der Felsendom mit seiner goldenen Kuppel in unmittelbarer Nachbarschaft zur Al-Aksa-Moschee und zur Klagemauer steht, ist der islamischen Überlieferung zufolge Mohammed auf seinem Pferd Burak in den Himmel gefahren.

Israelis und Palästinenser lassen in ihrer Rhetorik keinen Zweifel aufkommen, dass ihnen der zukünftige Status der Stadt, der laut dem Vertrag von Oslo noch ausgehandelt werden muss, eine absolut ernste Sache ist. Es sei «für immer» die ungeteilte Hauptstadt Israels, erklärte Ministerpräsident Barak bei jeder sich bietenden Gelegenheit und wusste sich damit in der Tradition aller führenden israelischen Politiker gleich welcher Couleur. Schon nach dem Sieg im Sechstagekrieg 1967 hatte Verteidigungsminister Mosche Dajan verkündet: «Wir sind zu unseren heiligen Stätten zurückgekehrt, um sie nie wieder zu verlassen.» Aber auch PLO-Chef Jassir Arafat wurde nie müde zu verkünden, dass die Hauptstadt eines zukünftigen Staates Palästina Jerusalem heißen werde.

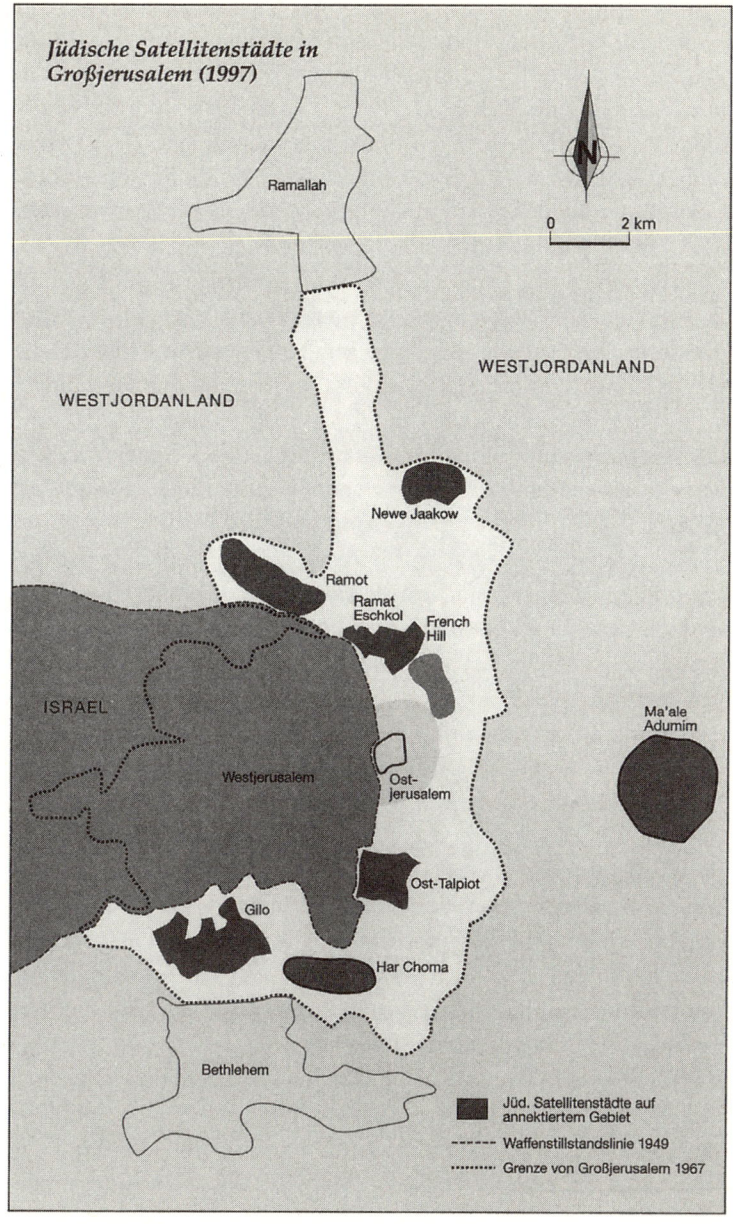

Jüdische Satellitenstädte in Großjerusalem (1997)

0   2 km

Ramallah

WESTJORDANLAND

WESTJORDANLAND

Newe Jaakow

Ramot

Ramat
Eschkol

French
Hill

ISRAEL

Ma'ale
Adumim

Westjerusalem

Ost-
jerusalem

Ost-Talpiot

Gilo

Har Choma

Bethlehem

■ Jüd. Satellitenstädte auf
annektiertem Gebiet

----- Waffenstillstandslinie 1949

·········· Grenze von Großjerusalem 1967

In den Wirren des Unabhängigkeitskriegs wurde Jerusalem 1948 geteilt. Westjerusalem wurde israelisch, Ostjerusalem kam unter jordanische Herrschaft. Fast 20 Jahre lang konnten Juden nicht zu den ihnen heiligen Stätten gelangen, etwa zur Klagemauer, weil sie im Ostteil der Stadt lagen. Nach dem Sechstagekrieg 1967 kam auch der Osten unter israelische Kontrolle. Und Israel unternimmt seither alles, um in der Stadt Fakten zu schaffen. 1980 wurde Ostjerusalem offiziell annektiert und dem Staatsgebiet Israels angegliedert. Rund um das Zentrum der Stadt wurden von allen Regierungen Vorstädte errichtet, die einem Befestigungsring gleichen und wie Burgen auf den Hügeln im Umland der Stadt aussehen. 1990 wurde Jerusalem zur «Zone bevorzugter Bautätigkeit» erklärt und ein Stadtgebiet ausgewiesen, das fünfmal so groß ist wie der eigentliche Stadtkern. Mit dem Ziel, eine jüdische Bevölkerungsmehrheit auch im Osten der Stadt zu sichern, wurden arabische Dörfer entweder eingemeindet oder ausgegliedert – zum Beispiel Orte wie Abu Dis, al-Tur und al-Ram, die eigentlich innerhalb der noch aus osmanischen Zeiten stammenden Grenzen von al-Quds lagen.

Die Diskussion über den künftigen Status Jerusalems ist voll entbrannt: Bei Israelis und Palästinensern häufen sich Hypothesen, Vorschläge und Planspiele. Einerseits wird Jerusalems Zukunft als Hauptstadt Israels von jüdischer Seite niemals zur Disposition gestellt, andererseits sind laut Umfragen über 90% der Palästinenser gegen ein Abkommen, das Jerusalem allein als vereinte Hauptstadt Israels anerkennt – trotzdem suchen beide Seiten fieberhaft nach Alternativen, die Israelis wie Palästinenser zufriedenstellen können. Schon der israelische Außenpolitiker Jossi Beilin und der stellvertretende PLO-Chef Abu Mazen hatten in ihren Geheimverhandlungen in Oslo Überlegungen angestellt, wie eine Lösung aussehen könnte. Zwei Stadtverwaltungen in einer Stadt, so lautete schon 1993 ihr Konzept, und die Diskussionen der Jahre 1999 und 2000 weisen in eine ähnliche Richtung: Gerüchten zufolge soll das östlich an Jerusalem angrenzende Gebiet der Gemeinde Abu Dis unter die völlige Kontrolle der Palästinensischen Autonomiebehörde gestellt werden. Abu Dis liegt in Blickweite zum Felsendom und gehörte bis 1967 zum Stadtgebiet Jerusalem. Vor über vier Jahren begann man in Abu Dis an einem großzügigen Gebäudekomplex zu arbeiten, dessen Bestimmung unklar war. Offiziell war zwar von einem Kulturzentrum die Rede, doch es schien ein offenes Geheimnis, dass hier womöglich das künftige palästinensische Parlament entstehen sollte. Weil aber Abu Dis gemäß der alten Stadtgrenzen ein Teil von al-Quds/Jerusalem ist, könnten die Palästinenser von ihrem zukünftigen Staat sagen, seine Hauptstadt heiße ebenfalls Jerusalem. Die Palästinenser könnten kommunale Verwaltungsrechte vielleicht auch in den arabischen Vierteln auf israelischer Seite ausüben sowie extraterritoriale Rechte an den islamischen heiligen Stätten wie dem Felsendom und der Al-Aksa-Moschee. Beide Seiten hätten so ihr Gesicht gewahrt und Kompromisse gefunden, die sich bei der jeweiligen Bevölkerung auch durchsetzen ließen.

Aber nicht nur zwischen Israelis und Palästinensern gibt es in Bezug auf Jerusalem scheinbar unüberwindbare Gräben. In Wirklichkeit existiert heute eine weitere Teilung, und zwar auf jüdischer Seite. Viele säkularisierte Israelis fühlen sich gegenüber dem wachsenden Einfluss jüdisch-orthodoxer Einwohner auf verlorenem Posten. Deren Zuzug in Wohnviertel, wo zuvor keine Orthodoxen lebten, die Absperrung wichtiger Verkehrsadern, wie etwa der Bar-Ilan-Straße, am Schabbat, und die Straßenschlachten zwischen religiösen und nichtreligiösen Juden, die schon stattfinden können, wenn ein Kino am Schabbat geöffnet hat – all das sorgt für ein äußerst angespanntes Klima. Säkulare Israelis befürchten, dass der Kampf um Jerusalem schon verloren ist. In ihrer Sicht wird Jerusalem in vielleicht 20 Jahren eine ultraorthodoxe und arabische Stadt sein, in der es für sie keinen Platz mehr gibt. Immer mehr wandern deshalb in weit entfernte Außenbezirke ab oder gleich nach Tel Aviv, und da sie oft zu den

Besserverdienenden gehören, wirkt sich dies negativ auf die Stadtkasse aus. Viele moderne Israelis betrachten Jerusalem schon fast wie eine fremde Stadt, deren pittoreske Viertel man gerne besucht, wo aber keiner leben möchte.

Das Ende von Oslo: Die Zweite *Intifada* bricht aus

Der Sommer des Jahres 2000 begann so vielversprechend, wie er tragisch enden sollte. Für eine kurze Zeit sah es so aus, als ob der Nahostkonflikt endlich ad acta hätte gelegt werden können. Zwei Wochen lang rangen Israels damaliger Premier Barak und Arafat im Juli 2000 in Camp David unter der Vermittlung von US-Präsident Bill Clinton um eine abschließende Lösung. Die israelische Seite präsentierte dabei einen Plan, der den völligen Rückzug Israels aus 91 bis 92 % des Westjordanlandes und des gesamten Gazastreifens vorsah. Drei große Siedlungsblöcke, in denen etwa 80 bis 90 % der jüdischen Siedler leben, sollten annektiert und damit israelisches Staatsgebiet werden. Alle übrigen Siedlungen wären aufzugeben. Dafür sollte der zukünftige Staat Palästina mit gleichwertigem israelischen Territorium im Verhältnis 9 : 1 entschädigt werden. Ebenfalls sollte Palästina die Souveränität über einige arabische Stadtviertel in Ostjerusalem sowie über die muslimischen und christlichen Teile der Jerusalemer Altstadt erhalten. Aber: Während Palästina die Obhut über den Tempelberg übergeben werden sollte, verbliebe die Souveränität über das gesamte Areal bei Israel. Barak ging mit seinen Vorschlägen weiter als je ein israelischer Spitzenpolitiker vor ihm. Und er brach ein Tabu, indem er die Alleinherrschaft Israels über Jerusalem zur Disposition stellte. Doch Arafat wollte all dem so nicht zustimmen – ohne Ergebnis endete der Gipfel am 25. Juli 2000.

Warum musste Camp David scheitern? Zum einen war es das schlechte Timing: Das Verhältnis Barak–Arafat befand sich gerade auf einem Tiefpunkt. Eine Reihe von israelischen Verpflichtungen, darunter der immer wieder verschobene Rückzug aus Teilen des Westjordanlandes, waren unerfüllt geblieben und hatten ebenso wie der stetige Ausbau der Siedlungen das Klima im Vorfeld belastet. Aber wie es Jair Hirschfeld, einer der Architekten des Abkommens von Oslo, rückblickend analysierte, gab es noch andere Ursachen: «Zu den Fragen Jerusalem und Flüchtlinge hatte keine Seite ausreichend Vorarbeit geleistet. Schlimmer noch: Das Verhandlungsteam hatte es versäumt, eine Rückzugsposition abzustimmen, falls der Gipfel scheitern sollte. Der Grund: Barak hoffte auf einen ‹Alles-oder-nichts›-Deal, da er bei einer schrittweisen Annäherung die klassische ‹Salamitaktik› fürchtete.» Doch Arafat selbst provozierte ein Scheitern, indem er forderte, Russland und die europäischen Staaten in die Friedensbemühungen einzubeziehen, und damit seiner tiefen Skepsis gegenüber Barak und Clinton unverblümt Ausdruck verlieh. Und er beharrte auf der uneingeschränkten Souveränität über den gesamten Ostteil Jerusalems. Als eigentlicher Knackpunkt erwies sich aber die Flüchtlingsfrage: Arafat pochte auf das Rückkehrrecht aller 3,6 Millionen palästinensischen Flüchtlinge – und zwar nicht nur in einen Staat Palästina, sondern auch nach Israel selbst. Letzteres war jedoch für Barak inakzeptabel. Zwar zeigte er sich bereit, im Rahmen eines Familienzusammenführungsprogramms eine begrenzte Anzahl Palästinenser einreisen zu lassen – die ungehinderte Zuwanderung lehnte Barak jedoch ab, weil diese die demographischen Verhältnisse auf den Kopf stellen und über kurz oder lang den Staat Israel von innen heraus zerstören würde. Letztendlich aber scheiterte Camp David an den grundverschiedenen Haltungen beider gegenüber dem gesamten Friedensprozess: Während die Israelis glaubten, über die Zukunft der Westbank und des Gazastreifens verhandeln zu können, und von den Palästinensern territoriale Kompromisse erwarteten, meinten die Palästinenser, dass die 1993 in Oslo erfolgte Anerkennung des Staates Israel in den Grenzen von

1967 schon ihr eigentlicher und letzter Kompromiss gewesen war.

Die Chancen, auf Grundlage dessen, was in Camp David diskutiert wurde, weiter verhandeln zu können, sanken im Herbst 2000 rapide: Wie kein anderer Regierungschef vor ihm hatte Ehud Barak seine eigene politische Karriere derart mit dem Friedensprozess verknüpft. Aufgrund des Scheiterns von Camp David und der wackligen Basis, auf der seine Regierungskoalition stand, geriet er innenpolitisch immer mehr unter Druck. Die Opposition warf ihm ein zu großes Entgegenkommen gegenüber Arafat vor. Symptomatisch wurde Baraks innenpolitische Schwäche bei der Wahl des neuen israelischen Staatspräsidenten durch die Knesset am 31. Juli 2000: Überraschend setzte sich der politische Nobody Mosche Katzav vom oppositionellen *Likud* gegen Schimon Peres durch. Am 2. August 2000 musste Barak zwei weitere Niederlagen einstecken: Außenminister David Levy trat zurück, und die Knesset stimmte einem Antrag der Opposition auf Neuwahlen zu. Aber auch Arafats Popularität erodierte zusehends, während radikale Palästinensergruppen wie die *Hamas* oder der *Islamische Dschihad* immer mehr Zulauf gewannen. Bereits im Sommer 2000 hatten palästinensische Sicherheitsorgane in sogenannten Ferienlagern damit begonnen, junge Freiwillige auf einen Waffengang vorzubereiten, und Weisung erteilt, Nahrungsmittel, Medikamente und militärische Ausrüstung zu horten. Aufmerksam hatten die Palästinenser die Ereignisse im südlichen Libanon verfolgt, wo sich die israelische Armee nach über 15 Jahren unter dem Eindruck des ständigen *Hisbollah*-Terrors im Mai 2000 bedingungslos zurückzog. Diesem Beispiel wollten sie nur allzu gerne nacheifern.

Vor diesem Hintergrund war der Besuch des damaligen Oppositionsführers Ariel Scharon auf dem Tempelberg in Jerusalem am 28. September 2000 genau der Anlass, der in der spannungsgeladenen Atmosphäre der Gewalt zum Ausbruch verhalf. Unter großem Sicherheitsaufgebot durchschritt der *Likud*-Politiker das

Areal vor dem Felsendom und der Al-Aksa-Moschee. Der Zweck seines Besuches war klar: die Demonstration israelischer Herrschaft über den Tempelberg und eine deutliche Absage an die Kompromissvorschläge Baraks. Gleichzeitig wollte Scharon sich mit dieser Aktion gegenüber seinem innerparteilichen Kontrahenten Benjamin Netanjahu profilieren, der gerade an seinem politischen Comeback arbeitete, sowie um die Stimmen der Rechten in Israel im kommenden Wahlkampf werben. Und Barak unternahm nichts, Scharon von seinem Vorhaben abzubringen. Es gab dafür auch keinen Grund, denn der Besuch war zuvor zwischen Schlomo Ben-Ami, damals Minister für öffentliche Sicherheit, und Jibril Rajoub, dem höchsten palästinensischen Sicherheitsoffizier im Westjordanland, abgesprochen. Rajoub sah in dem Besuch Scharons kein Problem, solange sich dieser von der Moschee fernhielt. Trotzdem fühlten sich die Palästinenser durch diese Aktion provoziert und begannen tags darauf, betende Juden an der Klagemauer mit Steinen zu bewerfen. Es kam zu Straßenschlachten, bei denen fünf Palästinenser erschossen wurden. Die Zweite *Intifada*, nach dem Ort ihres Ausbruchs von den Palästinensern auch Al-Aksa-*Intifada* genannt, nahm ihren Lauf.

Zuerst wirkte sie wie eine Neuauflage der Ersten *Intifada*: Jugendliche Steinewerfer lieferten sich heftige Straßenkämpfe mit israelischem Militär und der Polizei. Am 30. September 2000 wurde bei einer Auseinandersetzung an einer Straßenkreuzung im Gazastreifen der 12-jährige Mohammed el-Durra erschossen. Die Bilder von seinem Tod gingen um die ganze Welt. Zwar ist bis heute ungeklärt, ob der Junge von israelischen oder palästinensischen Kugeln getötet wurde, doch mutierte Mohammed el-Durra zu so etwas wie der Ikone des palästinensischen Widerstandes. Er wurde zum Märtyrer hochstilisiert, dessen Ableben geradezu vorbildlich für jeden jungen Palästinenser sei. Und am 12. Oktober 2000 konnte eine geschockte Weltöffentlichkeit am Fernseher mitverfolgen, wie eine aufgebrachte Menge in Ramallah zwei israelische Soldaten, die mit ihrem Privat-PKW versehentlich auf palästinensisches Territorium geraten waren, folterte, lynchte und ihre Leichen schändete. Aber im Unterschied zur Ersten *Intifada* standen den Israelis diesmal auch bewaffnete Palästinenser gegenüber: In den 1990er-Jahren hatte Arafat Polizei- und Sicherheitsverbände sowie die Präsidentengarde Force 17 aufgebaut – insgesamt 40000 Palästinenser standen nun unter Waffen und waren an den Auseinandersetzungen direkt beteiligt. Zudem setzte die Serie der blutigen Selbstmordattentate in israelischen Städten ein.

Trotz all dieser Ereignisse einigten sich Barak und Arafat unter Vermittlung des US-Präsidenten Clinton beim Krisengipfel am 17. Oktober 2000 im ägyptischen Scharm el-Scheich auf eine Waffenruhe, die jedoch keinen Bestand haben sollte. In Taba wurde im Januar 2001 erneut verhandelt. Zwar erweiterte Barak sein Rückzugsangebot aus der Westbank und Gaza auf 94 bis 96%, in der Flüchtlingsfrage machte er aber keinerlei Kompromisse. Es wurde eine gemeinsame Erklärung verfasst, in der es hieß, dass beide Seiten einem Übereinkommen noch nie so nahe gewesen seien. Doch ein Abkommen kam nicht zustande. Dies lag auch am bevorstehenden Machtwechsel in Washington und der israelischen Innenpolitik. Denn am 10. Dezember 2000 hatte Barak bei Staatspräsident Mosche Katzav überraschend seinen Rücktritt eingereicht. Laut israelischem Gesetz mussten innerhalb der folgenden 60 Tage Ministerpräsidentenwahlen stattfinden. Mit diesem Schachzug wollte Barak die Kandidatur Benjamin Netanjahus verhindern, der gegen ihn nicht antreten konnte, weil er zu jenem Zeitpunkt der Knesset nicht angehörte. Der Kandidat des *Likuds* hieß deshalb Ariel Scharon, der mit dem Versprechen auf mehr Sicherheit die Ministerpräsidentenwahlen vom 6. Februar 2001 haushoch gewinnen konnte. 62,5% der vom Terror verunsicherten Israelis stimmten für den ehemaligen Generalmajor und Verantwortlichen des desaströsen Libanonfeldzuges. Sie wählten Scharon aber nicht, weil sie für eine

Fortführung der Besatzung waren. In allen Umfragen kam klar zum Ausdruck, dass es auch nach dem September 2000 eine Mehrheit in Israel gab, die für einen Rückzug aus den besetzten Gebieten war und zudem die Idee eines palästinensischen Staates Seite an Seite mit Israel befürwortete – bloß nicht um jeden Preis. Die Palästinenser sollten für den Terror nicht durch noch weitergehende Kompromissvorschläge belohnt werden, so lautete die Rechnung vieler Israelis, die deshalb Ariel Scharon wählten. Eine andere Ursache für die Niederlage Baraks war das Fernbleiben der arabischen Israelis von den Wahlurnen. Weil zu Beginn der *Intifada* im Oktober 2000 bei Demonstrationen auch 13 arabische Israelis von der Polizei getötet worden waren, boykottierten die rund 500000 arabischen Wahlberechtigten, die 1999 noch zu über 90% für Barak votiert hatten, den Urnengang.

Am 7. März 2001 wurde Scharon als elfter israelischer Ministerpräsident an der Spitze einer Regierung der Nationalen Einheit vereidigt, einer Mammutkoalition von 26 Ministern aus 7 Parteien, die alles andere als nationale Einheit verkörperte: Außenminister Schimon Peres stand für Kompromisse und die Aufgabe von Siedlungen, während Kabinettsmitglieder am rechten Rand wie Tourismusminister Rehavam Zeevi für einen «Transfer» der Araber aus den besetzten Gebieten plädierten. Und auch das Wahlversprechen, für mehr Sicherheit zu sorgen, konnte Scharon nicht erfüllen. Die Serie der Selbstmordanschläge ging unvermindert weiter und erreichte am 1. Juni 2001 einen traurigen Höhepunkt, als vor einer Diskothek in Tel Aviv 21 Jugendliche in den Tod gerissen wurden. Zwar gab es seit dem Frühjahr 2001 seitens der USA zahlreiche Versuche, vermittelnd in den eskalierenden Konflikt einzugreifen, doch eine Wende konnte nie erzielt werden. Am 16. Mai 2001 forderte eine vom ehemaligen US-Senator George Mitchell geleitete Kommission ein Ende der Gewalt und die Wiederaufnahme von Verhandlungen. Den Palästinensern empfahl Mitchell die Einstellung und Bekämpfung des Terrors, den Israelis einen Stop des Siedlungsbaus. Für die erste Phase verlangte er ein sofortiges und an keine Bedingungen geknüpftes Ende der Gewalt. Am 14. Juni 2001 stimmten beide Seiten einem Plan des Direktors des amerikanischen Geheimdienstes CIA, George Tenet, zu, der eine Waffenruhe, die Entwaffnung der Extremisten von *Hamas* und *Islamischem Dschihad* durch die Palästinensische Autonomiebehörde sowie eine Aufhebung der Blockade der Palästinensergebiete durch Israel vorsah. Ferner bereiste im Herbst 2001 US-Unterhändler Anthony Zinni die Region – alles jedoch ohne Erfolg: Die Selbstmordanschläge blieben an der Tagesordnung, und Scharons Politik der «aktiven Verteidigung», der gezielten Liquidierung von Terroristen in den Autonomiegebieten, wurde ebenfalls fortgesetzt. Zudem begann die israelische Armee mit Vergeltungsangriffen aus der Luft gegen Einrichtungen der Autonomiebehörde.

Die Ermordung des ultrarechten israelischen Tourismusministers Rehavam Zeevi am 17. Oktober 2001 durch Anhänger der «Volksfront zur Befreiung Palästinas» (PLFP), einer radikalen Abspaltung der PLO, bot Scharon den Anlass, die Militäraktionen gegen die Autonomiebehörde auszudehnen. Vor dem Hintergrund der Ereignisse vom 11. September in New York wurde das Vorgehen der israelischen Armee als Teil des Kampfes gegen den internationalen Terrorismus erklärt. Arafat firmierte in der politischen Diktion Scharons fortan als «unser Bin Laden», den es mit allen Mitteln zu bekämpfen galt. Aus der Luft gegriffen waren die Vorwürfe gegen Arafat keinesfalls, der Vorsitzende der Autonomiebehörde hatte zu Beginn der Unruhen demonstrativ zahlreiche Extremisten der *Hamas* und des *Islamischen Dschihad* aus der Haft entlassen. Und wenn ganz medienwirksam doch einmal Mitglieder dieser Organisationen verhaftet wurden, so konnte man davon ausgehen, dass sie oft schon am nächsten Tag wieder auf freien Fuß gesetzt wurden. Nachdem im Dezember 2001 innerhalb von nur zehn Tagen 44 israelische Zivilisten bei Terroranschlägen ums Leben gekommen waren, verkündete

Der Selbstmordattentäter als Waffe

Das eigene Leben ist die letzte Waffe der Schwachen und Entrechteten auf dieser Welt. So lautet gemeinhin die Erklärung für das Phänomen der Selbstmordattentate, die oft eine Portion Verständnis für die Bluttaten mitschwingen lässt. Die Tatsache, dass sich jemand mit einem Sprengstoffgürtel um dem Bauch in den nächsten Autobus setzt, um sich und eine größtmögliche Anzahl Unschuldiger ins Jenseits zu befördern, erschüttert eine der Grundsäulen der westlichen Zivilisation, nämlich die Bewertung des menschlichen Lebens als höchstes Gut. «Heimat» aller Selbstmordattentäter ist Japan, das im Zweiten Weltkrieg den Freitod als ehrenhafter als eine Gefangennahme beschrieb und das Selbstopfer in Form der Angst und Schrecken verbreitenden Kamikazeflieger propagierte. Dreißig Jahre später wurde der Selbstmordangriff in den Nahen Osten «exportiert»: 1972 richtete die Japanische Rote Armee ein Massaker auf dem Flughafen von Tel Aviv an und tötete 26 Menschen. Radikale arabische Politiker wie Libyens Staatspräsident Muammar al-Gaddafi riefen dazu auf, dem Vorbild der Japaner nachzueifern. Die Palästinenser ließen sich nicht zweimal bitten. Bewaffnete Gruppen wurden in Marsch gesetzt, wohl wissend, dass keiner der Beteiligten lebend zurückkehren sollte. Von der Teilnahme an solchen Himmelfahrtskommandos bis hin zum reinen Selbstmordanschlag war es nur ein kleiner Schritt. Zwar verbietet der Koran den Selbstmord, weshalb sowohl die Täter selbst als auch ihre Hintermänner nie von einem solchen sprechen, sondern ihre Tat als «Opfertod für Allah» oder «Märtyrertum» bezeichnen. Dabei können sie sich auf den 1935 getöteten arabischen Aufständischen Izz ad-Din al-Qassam berufen. Dieser formulierte erste Aufrufe zum Märtyrertum, wobei er ganz bewusst nationalistische Inhalte mit religiöser Terminologie verband. Nicht umsonst ist er der Namenspatron des militärischen Flügels der *Hamas*. Sein Slogan «Dies ist der Heilige Krieg, Sieg oder Märtyrertod» ist das Mantra der Selbstmordattentäter von *Hamas*, *Hisbollah*, Al-Aksa-Brigaden u. a. Menschliche Bomben sind somit nicht die Quittung für politische oder soziale Ungerechtigkeiten, sondern die Ergebnisse eines gesellschaftlichen Umfelds zumeist islamistischer Prägung, das mit blumigen Jenseitsversprechungen den Selbstmordanschlag zu einer sakralen Aufgabe stilisiert und die potenziellen Opfer einer solchen Tat bereits vorweg als lebensunwürdig bezeichnet.

Scharon, Arafat sei «nicht mehr relevant, soweit es Israel betrifft». Zugleich brachte er sein Bedauern darüber zum Ausdruck, dass Arafat bei der israelischen Belagerung Beiruts im Jahre 1982 mit dem Leben davongekommen sei.

Als Reaktion auf die Anschlagsserie in der ersten Dezemberhälfte marschierte die israelische Armee am 13. Dezember 2001 weit in das Westjordanland ein, besetzte die Stadt Ramallah und umstellte den Amtssitz Arafats, der damit faktisch unter Hausarrest gestellt wurde. Doch allen militärischen Aktionen zum Trotz wurde das Leben in Israel nicht sicherer. Ganz dramatisch zeigte sich dies zu Beginn des Pessachfestes am 27. März 2002, als sich in der Stadt Natanja ein Selbstmordattentäter in einem Hotel in die Luft sprengte und 28 Personen tötete. Dieser Anschlag hatte die bis dahin größte israelische Militäraktion zur Folge: Im Verlaufe der «Operation Schutzwall» besetzte die israelische Armee kurzzeitig alle Städte in der Westbank. Das erklärte Ziel war die Zerschlagung der terroristischen Infrastruktur. Schon am 29. März 2002 wurden große Teile der *Muqata*, des Amtssitzes Arafats in Ramallah, zerstört und ein Bezirk eines Flüchtlingslagers nahe der Stadt Jenin, aus dem zahlreiche Selbstmordattentäter stammten, dem Erdboden gleichgemacht. Die Palästinenser brandmarkten das Vorgehen der israelischen Armee in Jenin als ein Massaker. Von mehr als 500 Toten war die Rede, von einem regelrechten Blutbad, das Erinnerungen an Sabra und Schatila in Beirut von 1982 weckte. Eine Untersuchungskommission der Vereinten Nationen förderte aber etwas ganz anderes zutage: In ihrem Abschlussbericht vom 1. August 2002 stand zu lesen, dass es in Jenin kein Massaker an Zivilisten gegeben habe. Genau 23 israelische Soldaten und 52 Palästinenser, davon mehr als die Hälfte bewaffnete Kämpfer, waren ums Leben gekommen. Trotzdem wurde auch in Israel Kritik gegen das Vorgehen des Militärs in Jenin laut. Bei den Kämpfen in den engen Gassen hatte die Armee Merkava-Panzer auffahren lassen, die für einen solchen Einsatz denkbar ungeeignet waren. Zudem wurden in-

nerhalb weniger Minuten 15 israelische Soldaten durch Sprengfallen und Scharfschützen getötet. Im Verlaufe der Besetzung
Bethlehems schafften es 30 Palästinenser, sich auf der Flucht vor
israelischen Soldaten den Weg in die Geburtskirche freizuschie-
ßen. Zusammen mit weiteren 170 palästinensischen Polizisten
und Zivilisten hielten sie dort 39 Tage lang der israelischen Belagerung stand, bis sie auf internationale Vermittlung hin am
10. Mai 2002 die Kirche verlassen durften. Ein Teil von ihnen
konnte nach Jordanien ins Exil gehen, 13 terroristischer Taten
Beschuldigte wurden nach Europa ausgeflogen. Und auf amerikanischen Druck hin war zum 1. Mai 2002 bereits die Belagerung des Amtssitzes Arafats in Ramallah nach 150 Tagen auf-
gehoben worden. Arafat selbst verharrte dort weiterhin bis zu
seiner Erkrankung im Herbst 2004. Am 11. November 2004
starb er in einem Krankenhaus in Paris, in das er wenige Tage zuvor eingeliefert worden war. Sein Nachfolger wurde Mahmoud
Abbas.

Wege aus der Krise und neue Konflikte

Am 24. Juni 2002 sprach US-Präsident George W. Bush in einer
Rede von einem unabhängigen Staat Palästina, der friedlich Seite
an Seite mit dem Staat Israel existieren sollte. Die Idee für die
Roadmap war geboren, eine Art Fahrplan in Richtung Frieden
und palästinensische Eigenstaatlichkeit. Dabei handelt es sich
um einen dreistufigen Zeitplan zur Lösung der Konfliktsituation,
der vom sogenannten Nahost-Quartett, den Vereinten Nationen,
den USA, der EU und Russland, im September 2002 ausgear-
beitet wurde. Die erste Stufe war ursprünglich für Mai 2003 angesetzt und forderte von den Palästinensern ein Ende des Terrors
und der Gewalt sowie politische Reformen innerhalb der Autonomiebehörde, von den Israelis das Bekenntnis zu einer Zwei-
staatenlösung sowie einen Baustopp bzw. den Abbau erster Sied-

lungen. In einer bis zum Dezember 2004 während den zweiten Phase sollte eine internationale Konferenz die Errichtung eines autonomen Staates Palästina in provisorischen Grenzen in die Wege leiten. Auf einer für Ende 2005 datierten weiteren internationalen Konferenz standen dann die Endstatusfragen sowie Friedensverhandlungen mit weiteren arabischen Nachbarstaaten Israels auf dem Plan. Obwohl sich damals wie heute sowohl Israel als auch die Palästinenser zu der Idee der *Roadmap* bekannten, wurden sämtliche Termine und Fristen rasch zu Makulatur. Wiederum erwiesen sich die Flüchtlingsfrage und der zukünftige Status von Jerusalem als Knackpunkte. Der eigentliche Grund aber, warum der Fahrplan der *Roadmap* in Verzug geriet, waren der anhaltende Terror der Palästinenser gegen Israels Zivilbevölkerung und die Unfähigkeit der Palästinensischen Autonomiebehörde, als Zentralgewalt in irgendeiner Art und Weise Gruppierungen wie die *Hamas* oder den *Islamischen Dschihad* unter ihre Kontrolle zu bekommen. Zwar gab es gelegentlich Phasen eines Waffenstillstands, auf Arabisch auch *Hudna* genannt, in denen eine relative Ruhe zu verzeichnen war, doch betrachteten die *Hamas, Islamischer Dschihad* und andere Gruppierungen diese eher als Gelegenheit, um ihre Kräfte neu zu sammeln. Das Kernproblem: Sobald es zwischen Mahmoud Abbas und der israelischen Regierung, beispielsweise nach dem Treffen im ägyptischen Scharm el-Scheich am 8. Februar 2005, zu Vereinbarungen kam, die auf ein Ende des Terrors sowie den Rückzug der israelischen Armee aus palästinensischen Städten abzielten, erklärten die radikalen Palästinenserorganisationen, dass sie sich «nicht verpflichtet» fühlten, ihre Anschläge zu beenden. Als Reaktion verfolgte Israel die «Politik der gezielten Tötung». So wurde am 22. März 2004 der *Hamas*-Chef im Gazastreifen, der seit seiner Jugend an einen Rollstuhl gefesselte Scheich Ahmed Jassin, bei einem israelischen Luftangriff getötet und nur wenige Tage später, am 17. April, sein Nachfolger Abdel-Aziz al-Rantissi. Bei diesen «gezielten Tötungen» kamen auch zahlreiche unbeteiligte palästinensische Zivilisten ums Leben, doch der militärische Arm der *Hamas* wurde dadurch für einen längeren Zeitraum weitestgehend handlungsunfähig.

Blutiger Terror und spektakuläre Militäraktionen bestimmten den Verlauf der Zweiten *Intifada*: In den sechs Jahren nach ihrem Ausbruch, vom September 2000 bis zum September 2006, starben bei Selbstmordanschlägen und Überfällen durch die Palästinenser 1123 Israelis, fast ausschließlich Zivilisten, mehrheitlich Frauen, Kinder und Jugendliche. Die Palästinenser sprechen von rund 3500 Toten in diesem Zeitraum auf ihrer Seite. Doch beinhalten diese Angaben auch die über 800 vermeintlichen Kollaborateure mit Israel, die seitens der Autonomiebehörde oder der *Hamas* abgeurteilt und exekutiert wurden, sowie sämtliche zu Tode gekommenen Selbstmordattentäter.

Um seine Zivilbevölkerung vor dem anhaltenden Terror besser schützen zu können, begann Israel im Juni 2002 mit dem Bau eines Sicherheitszaunes. Zweck der nach ihrer Fertigstellung knapp 720 km langen Anlage ist es, potenzielle Selbstmordattentäter fernzuhalten. Erste Abschnitte wurden nahe Tulkarem, Kalkilija und Jenin errichtet – zum einen, weil diese oft nur ein paar Kilometer von israelischen Ballungszentren entfernt liegen, zum anderen, weil nicht wenige Selbstmordattentäter genau aus diesen palästinensischen Städten stammten. Etwa 15 % des Sicherheitszaunes verlaufen entlang der 315 km langen «Grünen Linie», der Grenze zwischen dem israelischen Kernland und der Westbank, der größte Teil davon aber befindet sich auf dem Territorium der Westbank und wurde östlich einiger israelischer Siedlungsblöcke errichtet. In Zahlen heißt das konkret: Auf dem Gebiet zwischen «Grüner Linie» und Sperranlage leben über 93 000 Palästinenser sowie mehr als 140 000 israelische Siedler in 56 Siedlungen.

Ursprünglich war der Sicherheitszaun eine Idee der politischen Linken in Israel, die eine Abtrennung sowohl der besetzten Gebiete vom Kernland als auch eine Abkopplung der Siedlungen propagierten. Aufgegriffen wurde das Ganze dann aber von der Regierung Ariel Scharons, die dadurch nicht nur dem Wunsch der Mehrheit der israelischen Bevölkerung nach einer klaren physischen Trennung von den Palästinensern Rechnung trug, sondern indirekt auch die Grenzziehung zwischen Israel und einem zukünftigen Staat Palästina vorwegnahm. Kritiker bezeichnen die Sperranlage vorzugsweise als «Mauer», doch ist dieser Begriff irreführend, denn nur weniger als 5 % sind wirklich hohe Trennwände aus Beton. Der größte Teil besteht aus einem Stacheldrahtzaun oder aus mehreren parallel verlaufenden Zäunen mit einer Gesamtbreite von 60 m, die regelmäßig von Militärpatrouillen kontrolliert werden. Zudem gibt es zahlreiche Passierstellen, sodass palästinensische Bauern, die durch den Sicherheitszaun von ihren Feldern getrennt wurden, auch zu diesen fahren können.

Natürlich, die Sperranlage «verletzt in ihrem gewählten Verlauf eine Reihe von Rechten der Palästinenser schwer», wie es in einem Gutachten des Internationalen Gerichtshofes in Den Haag heißt. «Und diese Verletzungen können weder durch militärische Bedürfnisse noch durch Erfordernisse der nationalen Sicherheit oder der öffentlichen Ordnung gerechtfertigt werden», sagten die Richter. Man mag sich dieser Einschätzung anschließen oder nicht, Fakt ist aber – und das wird in dem Papier aus Den Haag nicht erwähnt –, dass die Zahl der Anschläge aus der nördlichen Region der Westbank im Zeitraum von August 2003 bis August 2004 im Vergleich zum gleichen Zeitraum davor um 84 % gesunken ist. Zudem ist der Sicherheitszaun keine endgültige Grenzlinie und wurde nach Klagen durch Palästinenser vor dem Obersten Gericht in Israel schon mehrfach korrigiert.

Im Sommer 2005 unternahm Israel einen weiteren Schritt zur Trennung von den Palästinensern. Bereits im Februar 2004 hatte Israels Ministerpräsident den Gaza-Abzugsplan vorgestellt. Ausgerechnet Ariel Scharon, lange Zeit die treibende Kraft hinter dem Ausbau der Siedlungen in den besetzten Gebieten, kündigte nun den Abriss aller 21 israelischen Ortschaften im Gazastreifen sowie 4 weiterer im Westjordanland an. Dieser Schritt, später vom Kabinett und der Knesset befürwortet, sorgte für helle Aufregung im Land, und zwar nicht nur unter den Siedlern, die sich gegen die Räumung natürlich mit allen Mitteln zur Wehr zu setzen begannen. «Juden vertreiben keine Juden», lautete ihr Slogan, der überall auf T-Shirts oder Aufklebern zu sehen war. Als entschiedenster Gegner erwies sich Scharons alter Rivale in der *Likud*-Partei, Ex-Premier Benjamin Netanjahu. Aus Protest gegen den geplanten Abzug reichte er am 7. August 2005 seinen Rücktritt als Finanzminister ein. Doch weder die zahlreichen Demonstrationen und Proteste der Siedler noch Netanjahu und seine Unterstützer konnten den Gaza-Abzugsplan zu Fall bringen – obwohl das Argument, dass man die Palästinenser für ihren anhaltenden Terror nicht mit einem Rückzug ohne Verhandlungen und Vorbedingungen belohnen sollte, bei vielen Israelis auf Zustimmung stieß.

Am 15. August begannen Israels Sicherheitskräfte mit der Räumung und Evakuierung der Siedlungen. Wer von den 8500 Siedlern des Gazastreifens nicht vorher freiwillig sein Haus verlassen hatte, wurde genauso wie mehrere tausend angereiste Demonstranten von den etwa 50000 zum Einsatz gekommenen Soldaten und Polizisten weggetragen. Dabei spielten sich zahlreiche emotionale Szenen ab, schließlich lebten viele der Siedler bereits seit 38 Jahren im Gazastreifen. Daran konnten auch die finanziellen Entschädigungen der Regierung nur bedingt etwas ändern. Doch das von vielen Kommentatoren beschworene Szenario einer innergesellschaftlichen israelischen Auseinandersetzung, die das Land an den Rand eines Bürgerkriegs bringen könnte, sollte sich als falsch erweisen. Die Evakuierung dauerte nur eine Woche und ging reibungsloser über die Bühne als erwartet. Die Armee zerstörte anschließend alle Wohnhäuser – dies geschah auf ausdrücklichen Wunsch der Palästinenser. Am 12. September verließ der letzte israelische Soldat den Gazastreifen. Dafür rückten 750 ägyptische Soldaten in das Gebiet zwischen dem Gazastreifen und Ägypten ein, um die Überwachung des Grenzkorridors zu übernehmen.

«Die Befürchtung der Palästinenser, der Abzug aus dem Gazastreifen könnte der erste und der letzte Schritt sein, ist absolut unbegründet», kommentierte Mark Regev, Sprecher des Außenministeriums in Jerusalem den Gaza-Abzug. Das Ganze sei eine «Absichtserklärung» an die Adresse der Palästinenser, dass Israel auch zu weiteren Zugeständnissen bereit sei. Gleichzeitig lag nun der Ball bei den Palästinensern, sie waren nun für den 400 km² großen Landstrich selbst verantwortlich – auch wenn die Kontrolle des Luftraums, der Küstengewässer sowie der meisten Grenzen weiterhin bei Israel lag. Doch Präsident Mahmoud Abbas scheiterte auf ganzer Linie mit dem Versuch, die Autorität der Autonomiebehörde durchzusetzen. Er konnte nicht verhindern, dass aus dem Gazastreifen weiterhin die nahe der Grenze gelegene israelische Kleinstadt Sderot immer wieder mit sogenannten Qassam-Raketen beschossen wurde. Diese in Hinterhöfen zusammengebastelten und mit Sprengstoff ausgerüsteten Flugkörper haben zwar nur eine Reichweite von wenigen Kilometern, in der unmittelbaren Umgebung auf israelischem Staatsgebiet verbreiten sie aber Angst und Schrecken. Und sie fordern Opfer: Allein im Jahr 2006 feuerten *Hamas* und *Islamischer Dschihad* 946 solcher Raketen auf die Region unmittelbar hinter der Grenze, 2007 waren es 896. Im Jahr 2008 steigerte sich die Zahl der Angriffe auf 1571 sowie 1531 Granatabschüsse. Allein bis Mai 2008 wurden fünfzehn israelische Zivilisten bei Angriffen mit Qassam-Raketen und anderen Geschossen getötet, mehrere Dutzend verletzt. Zudem ist das öffentliche und wirtschaftliche Leben insbesondere in der Region um Sderot völlig zum Erliegen gekommen.

Verschärft wurde die Situation ferner durch die palästinensischen Parlamentswahlen. Am 25. Januar errang die *Hamas* 76 von 132 Sitzen und damit die Mehrheit. Neuer Regierungschef wurde Ismail Haniya. Die Folgen waren verheerend, nicht nur für Israel, sondern auch für die Palästinenser selbst: Weil die *Hamas*-geführte Regierung sich seither weigerte, das Existenzrecht Israels überhaupt anzuerkennen, stellten die EU, immerhin mit jährlich rund 280 Millionen Euro der größte Geldgeber, sowie die USA und andere westliche Nationen ihre Hilfszahlungen ein. Infolgedessen waren die Kassen der Palästinenser rasch leer, und die Gehälter von Polizisten, Lehrern und anderen Angestellten der Autonomiebehörde konnten nicht mehr gezahlt werden. Die Armut erreichte in kürzester Zeit laut Weltbank eine Quote von 67 %, die Arbeitslosigkeit stieg auf 40 %. Gelder aus Europa und den USA sollten erst wieder fließen, wenn die *Hamas*-Regierung drei Bedingungen erfüllte: die Anerkennung Israels, den Verzicht auf Terror sowie die Akzeptanz bestehender Verträge. Doch obwohl diese bisher in keiner Weise erfüllt wurden, haben die Europäer wieder damit begonnen, kleinere Summen an die Palästinenser zu überweisen, um die weitere Verelendung zu mindern. Alle Versuche von Präsident Mahmoud Abbas, eine aus *al-Fatah* und *Hamas* zusammengesetzte Koalitionsregierung zu bilden und so eine funktionsfähige Plattform für neue Verhandlungsrunden zu schaffen, liefen bisher ins Leere.

Zwar hatte die *al-Fatah* die Macht im Parlament nach den Wahlen an die *Hamas* abgegeben, auf den Straßen im Gazastreifen aber entbrannten Kämpfe zwischen den Milizen beider Organisationen, die bürgerkriegsähnliche Zustände schufen. Über Waffen verfügen beide Gruppen zuhauf. Darüber hinaus überfielen am 25. Juni 2006 Angehörige radikal-islamischer Gruppen einen Militärposten auf israelischem Gebiet nahe dem Grenzübergang Kerem Schalom, töteten zwei Soldaten und verschleppten den damals 19 Jahre alten Gilad Schalit nach Gaza. Seine Geiselhaft sollte erst über fünf Jahre später enden, weil Israel letztendlich nach zähen Verhandlungen mit der *Hamas* der Freilassung von 1027 Palästinensern aus israelischen Gefängnis-

Die Hamas

Die sunnitische *Hamas* (*Hamas*, dt.: Eifer – das Wort ist ein Akronym von *Harakat al-Muqawama al-Islamiyya* = Islamische Widerstandsbewegung) entstand während der Ersten *Intifada* 1987 und ging aus der Muslimbruderschaft, die bereits seit 1946 im Gazastreifen aktiv war, sowie der islamistischen Wohlfahrtsorganisation *Mujama* hervor. Anfangs unterstützte Israel die *Hamas*, hoffte man doch so eine Art Gegenmacht zur PLO etablieren zu können und Arafat zu schwächen. Doch rasch entwickelte sich die *Hamas* zu einem viel radikaleren und gefährlicheren Gegner für Israel. In ihrer Charta von 1988 wird ganz offen die Vernichtung des Staates Israel als politisches Ziel genannt: «Israel existiert und wird weiter existieren, bis der Islam es ausgelöscht hat, so wie er andere Länder vorher ausgelöscht hat.» Ferner ruft die Gruppierung ihre Anhänger generell zum Mord an Juden auf: «Jeder Jude ist ein Siedler, und es ist unsere Pflicht, ihn zu töten.» Jegliche Form des Ausgleichs wird abgelehnt: «Für das Palästina-Problem gibt es keine andere Lösung als den Dschihad. Friedensinitiativen sind reine Zeitverschwendung, eine sinnlose Bemühung.» Die Charta der *Hamas* liest sich wie ein antisemitisches Pamphlet und bezieht sich dabei auf die Hetzschrift «Die Protokolle der Weisen von Zion»: Juden werden als Urheber der Französischen Revolution, des Ersten sowie des Zweiten Weltkriegs bezeichnet, die nichts Geringeres als die Weltherrschaft anstrebten. Und im Artikel 7 heißt es ferner: «Die Stunde des Gerichts wird nicht kommen, bevor Muslime nicht die Juden bekämpfen und töten, sodass sich die Juden hinter Bäumen und Steinen verstecken, und jeder Baum und Stein wird sagen: ‹Oh Muslim, oh Diener Allahs, ein Jude ist hinter mir, komm und töte ihn!›» Gründer und ideologischer Vordenker der *Hamas* war bis zu seiner gezielten Tötung am 22. März 2004 der seit seiner Jugend an einen Rollstuhl gefesselte Scheich Ahmed Jassin. Wenige Wochen später wurde auch sein Stellvertreter und Nachfolger Abdel-Aziz al-Rantissi getötet, sodass es im Gazastreifen selbst offiziell keinen *Hamas*-Chef mehr gab. Diesen Posten bekleidete fortan Khaled Maschal im fernen Damaskus, das er aber aufgrund des Bürgerkriegs in Syrien 2012 verließ. Am 7. Dezember 2012 besuchte er anlässlich der Feierlichkeiten des 25-jährigen Bestehens der *Hamas* zum allerersten Mal in seinem Leben für knapp 48 Stunden den Gazastreifen, wobei Maschal vor zehntausenden jubelnden Menschen aus einer Raketenattrappe heraussprang und erneut jeglicher Form einer Anerkennung Israels eine Absage erteilte. Im Wesentlichen besteht die radikal-islamische Organisation aus zwei Flügeln: einem politischen, der Propagandaarbeit leistet, soziale Einrichtungen betreibt, um Anhänger wirbt und ein ausgeklügeltes Spendenwesen verwaltet, sowie einem bewaffneten, den *Izz ad-Din al-Qassam-Brigaden*, die allein im Zeitraum zwischen 1994 und 2004 für über 80 Anschläge in Israel mit mehr als 400 Toten verantwortlich sind. Ihre Ideologie und der Terror insbesondere gegen die israelische Zivilbevölkerung sind die Gründe, warum die Europäische Union die *Hamas* seit dem Jahr 2003 als terroristische Vereinigung einstuft. Trotzdem fließen weiter europäische Hilfszahlungen in den Gazastreifen, wo die Islamisten das Sagen haben.

Finanziell und logistisch hängt die *Hamas* weitestgehend am Tropf Teherans. Allein in den ersten Monaten des Jahres 2006 sollen auf konspirativen Wegen rund 200 Millionen Dollar aus dem Iran in ihre Kassen geflossen sein. Doch weil die Mullahs aufgrund der wirschaftlichen Sanktionen gegen ihr Land selbst knapp bei Kasse sind, flossen die Gelder in jüngster Zeit deutlich spärlicher. Zudem zeigte sich der Iran darüber verstimmt, dass sich die *Hamas* mit dem in Bedrängnis geratenen Assad-Regime in Syrien nicht demonstrativ solidarisch zeigen wollte. Dennoch war und ist der Iran der Hauptlieferant für Waffen. Die Raketen vom Typ Fadschr-5, die im November 2012 auf Tel Aviv und Jerusalem abgeschossen wurden, stammten eindeutig aus iranischer Produktion. Jahrelang hielt sich Teheran recht bedeckt, was seine Rolle als Unterstützer der *Hamas* betraf. Damit war am 21. November 2012 Schluss, als der iranische Parlamentspräsident Ali Laridschani öffentlich erklärte: «Die arabischen Länder veranstalten Konferenzen und reden nur, aber sie müssen wissen, dass die Palästinenser dies nicht brauchen. Wir sind daher stolz zu verkünden, dass unsere Hilfe für die *Hamas* finanziell und militärisch ist.»

Bei den Wahlen in den Palästinensischen Autonomiegebieten am 25. Januar 2006 ging die *Hamas* als Sieger hervor. Doch die anschließend gebildete Regierung der nationalen Einheit unter Präsident Mahmoud Abbas hielt nur wenige Monate. Insbesondere im Gazastreifen kam es zwischen den beiden Gruppen immer wieder zu gewaltsamen Auseinandersetzungen, die trotz zahlreicher Vermittlungsbemühungen vonseiten Ägyptens und Saudi-Arabiens nicht beigelegt werden konnten. Anhänger der *al-Fatah* wurden in Gaza regelrecht verfolgt und exekutiert, Abbas kündigte daraufhin am 15. Juni 2007 die Koalition mit der *Hamas* auf. Infolgedessen ergriffen die Islamisten mit Ismail Haniya an der Spitze endgültig die Alleinherrschaft im Gazastreifen, was wiederum eine De-facto-Trennung der Autonomiegebiete zur Folge hatte. Seither hat sich die dortige Menschenrechtslage dramatisch verschlechtert. Denn die *Hamas* propagiert eine Gesellschaftsordnung, die allein die Scharia als Rechtsnorm anerkennt. Konkret heißt dies beispielsweise, dass Frauen sich im öffentlichen Raum nur noch verschleiert bewegen dürfen und die wenigen christlichen Araber endgültig vertrieben wurden. Genau deshalb spricht man mittlerweile vom Gazastreifen als einem «*Hamastan*».

sen zustimmte, darunter zahlreichen Personen, die an Terrorakten und Morden beteiligt waren. Auf die Ereignisse im Sommer 2006 reagierte Israel jedenfalls prompt und begann mit der Militäroffensive «Sommerregen».

Am 12. Juli 2006 eskalierte die Lage im Nahen Osten weiter, als Mitglieder der libanesischen *Hisbollah* einen ähnlichen Überfall unternahmen, acht israelische Soldaten töteten und zwei weitere kidnappten. Israel antwortete umgehend mit einem Militärschlag. Ziel waren sämtliche Verkehrswege des Libanon in Richtung Norden, um so die Verschleppung der entführten Soldaten nach Syrien oder weiter in den Iran zu verhindern. Darüber hinaus griffen israelische Bodentruppen Stellungen der *Hisbollah*-Milizen in unmittelbarer Nachbarschaft zur Grenze an. Nach dem Überfall und der Entführung der beiden Soldaten begann die *Hisbollah* umgehend auch mit dem Beschuss Israels durch Katjuschas. Bis zu dem durch die Vereinten Nationen vermittelten Ende der Auseinandersetzung am 14. August 2006 schlugen 4000 solcher Raketen – eine Weiterentwicklung der sowjetischen «Stalinorgel» mit einer Reichweite von 20 bis 30 km – im Norden des Landes ein. Rund eine Million Israelis verbrachten Wochen im Bunker oder flohen in sicherere Gebiete,

117 Soldaten und 43 Zivilisten kamen bei den Bombardements und Gefechten ums Leben, darunter zahlreiche israelische Araber, deren Dörfer ebenfalls von Raketen getroffen wurden. Auf libanesischer Seite gab es fast 1200 Tote, wobei der Anteil derjenigen, die für die *Hisbollah* kämpften, nicht zu ermitteln ist. Denn die *Hisbollah* hat sich einem der Grundgesetze in der Führung eines «asymmetrischen Krieges» verschrieben: aus dicht bevölkerten Dörfern und Städten heraus zu operieren, um militärische Reaktionen zu provozieren, die so viele zivile Opfer fordern, dass die Gegenseite propagandistisch an den Pranger gestellt werden kann. Mit der UN-Resolution 1701 schwiegen die Waffen. Fortan sollte eine internationale Schutztruppe helfen, die staatliche Autorität der Regierung in Beirut im Süden des Landes wieder herzustellen, und dafür Sorge tragen, dass die *Hisbollah* Israel nicht erneut angreift. Ob die ebenfalls in der Resolution geforderte Entwaffnung der Milizen in die Realität umgesetzt wird, darf bezweifelt werden.

Sehr deutlich trat in diesem mittlerweile als Zweiter Libanonkrieg bezeichneten Konflikt auch die Rolle des Iran zutage, und das nicht nur, weil die *Hisbollah* der Handlanger Teherans in der Region ist. So bedienten Kämpfer der iranischen Revolutionären Garden moderne Waffensysteme «Made in Iran», unter anderem lasergesteuerte Flugkörper, mit denen ein israelisches Kriegsschiff vor der Küste schwer getroffen wurde. Auf diese Art und Weise demonstrierte die Führung in Teheran, die in den Monaten davor bereits mehrfach die Vernichtung Israels zum Staatsziel erklärt hatte, zu was sie militärisch und politisch fähig sein kann. Und während *Hisbollah*-Chef Scheich Nasrallah nach dem Ende der Auseinandersetzungen sofort von einem «göttlichen Sieg» über die ihm verhassten Juden sprach, begannen in Israel die Diskussionen darüber, was alles in den 34 Kriegstagen falsch gelaufen war. Denn der Krieg gegen die *Hisbollah* verlief für Israel alles andere als glücklich. Zum einen tat man sich schwer, im Süden des Libanon überhaupt Geländegewinne zu machen und die

Die Hisbollah – Irans Handlanger in der Levante

Die radikal-islamistische *Hisbollah* (dt.: Partei Gottes) entstand 1982 als Abspaltung der libanesischen Schiiten-Miliz *Amal*. Die von Syrien und dem Iran unterstützte Gruppe wurde nach dem Einmarsch israelischer Truppen im Libanon von den Iranischen Revolutionsgarden gegründet. 1983 rückte sie schlagartig in das Licht der Weltöffentlichkeit, als sie durch den Einsatz von Selbstmordattentätern gegen amerikanische und französische Truppen den Abzug der internationalen Streitkräfte aus dem Libanon während des damals herrschenden Bürgerkriegs erzwang. Ihr Anführer ist Scheich Hassan Nasrallah. In dem lange Zeit von Syrien kontrollierten Nachbarstaat Israels mutierte die *Hisbollah* 1985 zu einer politischen Partei mit einem eigenen militärischen Apparat, der völlig unabhängig von der Regierung in Beirut agiert. Auch sitzen Vertreter der «Partei Gottes» im libanesischen Parlament. Die *Hisbollah* hat sich die Errichtung eines islamischen Gottesstaates nach iranischem Vorbild auf die Fahnen geschrieben und ist ein vehementer Gegner von Friedensverhandlungen. Ihr erklärtes Ziel sind die Vernichtung des Staates Israel und die «Befreiung» Jerusalems. Um dies zu erreichen, nimmt sie zunehmend Einfluss auf andere Terrororganisationen wie den *Islamischen Dschihad*, die *Hamas* und die *Al-Aksa-Brigaden*. Mit zwei Ministern ist die *Hisbollah* sogar an der Regierung des Libanon beteiligt. Die im September 2004 verabschiedete UN-Resolution 1559, die die libanesische Regierung zur Auflösung aller Milizen, also auch der Kampfverbände der *Hisbollah*, aufforderte, wurde nie in die Tat umgesetzt.

zumeist unterirdischen Militäranlagen der *Hisbollah* vollständig zu zerstören. Zum anderen waren massive Fehler aufgetreten: Reservisten wurden in den Kampf geschickt, die teilweise jahrelang keine Übungen mehr absolviert hatten, es wurden konfuse Befehle ausgegeben, die das Leben der Soldaten zusätzlich gefährdeten, und schließlich fehlte es am Nachschub von so grundsätzlichen Dingen wie Wasser, Essen, Munition und Treibstoff. Gerade die Reservisten organisierten nach Kriegsende deshalb massive Proteste. Insbesondere der Ex-Gewerkschaftschef und

damalige Verteidigungsminister Amir Peretz von der Arbeiterpartei geriet unter Druck: «Peretz kann vielleicht einen Streik
am Flughafen organisieren, als Verteidigungsminister ist er eine
totale Fehlbesetzung», brachte ein Reservist auf einer Demonstration die Kritik auf den Punkt.

Operation «Gegossenes Blei»

Am 18. Dezember 2008 endete die sechs Monate dauernde *Tahdiyah*, eine dank ägyptischer Vermittlung zustande gekommene
Phase der Ruhe zwischen der *Hamas* und Israel. Ebenso wie
Hudna darf auch *Tahdiya* nicht mit einem Waffenstillstand im
westlichen Sinne verwechselt werden, da sie keinerlei Deeska-
lationsmaßnahmen vorsieht, die auf eine Lösung der Konfliktsituation abzielen. Denn für Israel kommt die *Hamas* als Verhandlungspartner so lange nicht in Betracht, wie sie nicht das
Existenzrecht des jüdischen Staates anerkennt. Die Politik der
Hamas dagegen ist auf die Zerstörung Israels ausgerichtet – das
ist für sie die Voraussetzung für den Aufbau einer Gesellschaftsordnung in ganz Palästina, die allein auf der Scharia basiert. Eine
Abweichung von dieser Zielsetzung würde gleichzeitig auch
ihre Daseinsberechtigung infrage stellen. Insofern haben für die
Hamas alle Pausen in den Auseinandersetzungen einen rein tak-
tischen Charakter. Und ohne Gewalt verliefen auch diese sechs
Monate *Tahdiyah* nicht: Zwanzig Qassam-Raketen wurden in
diesem Zeitraum abgefeuert. Israel dagegen reagierte mit einer
Blockade der Grenzübergänge zum Gazastreifen sowie der gezielten Tötung von *Hamas*-Kämpfern. Zudem entwickelte sich
das Tunnelsystem unterhalb der Grenze zwischen Ägypten und
dem Gazastreifen zu einem ernsthaften Sicherheitsproblem für
Israel. In mehr als dreihundert unterirdischen Stollen wurden
nicht nur Lebensmittel und Treibstoff in den Gazastreifen ge-
schmuggelt, sondern auch reich lich Nachschub zum Bau wei-

Die Winograd-Kommission

Infolge der zahlreichen Pannen und hohen Verluste während des Libanon-kriegs im Sommer 2006 setzte die israelische Regierung auf Druck von Reservisten eine Untersuchungskommission ein, die von Eliahu Winograd, einem ehemaligen Richter am Obersten Gerichtshof, geleitet wurde. Diese begann im September 2006 mit ihrer Arbeit und legte Ende April 2007 einen ersten Zwischenbericht vor. Dem damaligen Verteidigungsminister Amir Peretz sowie Generalstabschef Dan Halutz wurden darin eklatante Fehler attestiert. Ebenso kritisierte die Kommission Premierminister Ehud Olmert dafür, dass er sich allzusehr von der Armeeführung hatte be-einflussen lassen und keinerlei Alternativen zu dem von ihr eingeschla-genen Kurs zur Diskussion stellen wollte. Während Dan Halutz bereits im Januar 2007 seinen Posten freiwillig wieder zur Verfügung gestellt hatte, räumte Peretz erst nach heftigen Protesten im Mai 2007 den Ministerses-sel. Zuvor hatten aufgrund des Zwischenberichts der Winograd-Kommis-sion 100 000 Israelis auf einer Demonstration den Rücktritt der gesamten Regierung gefordert. Olmert dagegen blieb im Amt. Am 30. Januar 2008 erschien der endgültige Bericht. Auf über sechshundert Seiten wurde allen Verantwortlichen «strukturelles und systematisches Versagen» vorgewor-fen: «Wir haben schwere Fehler im Entscheidungsprozess der politischen und militärischen Führung gefunden.» Namen wurden aber nicht mehr genannt. Um hochrangige Offiziere zu schützen, hatte der Generalanwalt der Armee vor dem Obersten Gerichtshof durchgesetzt, dass die Wino-grad-Kommission schriftliche Warnungen an alle Personen zu schicken habe, die in dem Bericht namentlich kritisiert würden.

terer Qassam-Geschosse sowie Munition und Raketen iranischer Herkunft mit einer größeren Reichweite.

Unmittelbar nach dem Ende der *Tahdiyah* feuerte die *Hamas* mehrere hundert Raketen auf Israel ab, die diesmal nicht nur das unmittelbare Grenzgebiet zum Gazastreifen trafen, sondern auch weiter entfernt gelegene Städte wie Aschkelon. Israel verhielt sich mehrere Tage völlig ruhig und unternahm keinerlei Vergeltungs-maßnahmen – im Gegenteil, man wünschte sich sogar eine Neu-auflage der Waffenpause. Schließlich waren die Verhandlungen, die eine Freilassung des im Sommer 2006 von der *Hamas* entführten israelischen Soldaten Gilad Schalit bezwecken sollten, immer noch nicht zu einem Abschluss gekommen. Am 25. Dezember 2008 warnte Premierminister Ehud Olmert in einem Interview in dem arabischen TV-Sender *al-Arabiya* die *Hamas* sehr deutlich vor weiteren Attacken mit Qassam-Raketen und ließ einen Tag später die Grenze für einhundert Lastwagen mit Lebensmitteln und Hilfsgütern öffnen. Trotzdem ging der Beschuss Israels weiter. «Die radikalen Gruppen glauben, dass die Heimatfront Israels Achillesferse ist», erklärt Dan Shiftan, Politikprofessor an der Universität Haifa. «Als durch den Sicherheitszaun eine Antwort auf die Selbstmordattentate gefunden wurde, gingen sie zu Raketenangriffen über. Sie meinten damit, die ultimative Waffe in der Hand zu haben, um den Israelis das Leben schwer zu machen und sie als schutzlos hinzustellen.»

Aus diesem Grund begann Israel am 27. Dezember 2008, mit der Operation «Gegossenes Blei» auf den Raketenbeschuss massiv militärisch zu reagieren. In einer ersten Phase attackierte man durch gezielte Luftangriffe und den Einsatz von Artillerie die Infrastruktur der *Hamas*. Die Sendezentrale des *Hamas*-Senders *al-Aksa*-TV wurde zu Beginn des Krieges ebenso zerstört wie die sogenannte Islamische Universität, die als Rekrutierungs- und Ausbildungszentrum für den Nachwuchs der Islamisten galt. Dabei kamen Ziad Abu Tir, ein hochrangiger Kommandant der Terrororganisation *Islamischer Dschihad*, sowie zahlreiche Angehörige der mittleren und unteren *Hamas*-Hierarchieebene und unbeteiligte Zivilisten ums Leben. Ismail Haniya und andere *Hamas*-Führer waren rechtzeitig abgetaucht und traten für die Dauer des Krieges sowie in den Tagen danach nicht mehr öffentlich in Erscheinung.

In der zweiten Phase der Kampfhandlungen begannen am 3. Januar 2009 die Bodentruppen mit ihrem Einsatz. Ebenso waren die Tunnelanlagen unterhalb des Grenzgebiets zu Ägypten eines der Hauptangriffsziele. Eine völlige Besetzung des Gazastreifens schloss die israelische Militärführung wegen des großen Risikos, bei Häuserkämpfen in dem dichtbebauten und -besiedelten Gebiet hohe Verluste an Soldaten und Zivilisten beklagen zu müssen, aber aus. Vielmehr wurde das Gebiet geteilt, um die Bewegungsfreiheit der *Hamas* weiter einzuschränken. Den Beschuss Israels durch Raketen konnte die Armee jedoch immer noch nicht verhindern, sogar weiter entfernt gelegene Städte wie Aschdod oder Beer Schewa wurden erstmals getroffen. Am 18. Januar 2009 trat dennoch eine Waffenruhe zwischen *Hamas* und Israel in Kraft, woraufhin die israelische Armee sofort begann, sich aus dem Gazastreifen zurückzuziehen. Auf israelischer Seite zählte man bis zu diesem Datum 13 Tote, 3 davon Zivilisten. Nach palästinensischen Angaben starben in den drei Kriegswochen im Gazastreifen ungefähr 1350 Menschen, darunter 900 Zivilisten, die Hälfte davon Kinder. Israel bezweifelt diese Zahlen und glaubt, dass zwei Drittel davon militante Kämpfer waren. Offen bleibt auch die Frage, ob man die rund achtzig von der *Hamas* während dieser Zeit exekutierten *al-Fatah*-Leute nicht einfach als Opfer mitgezählt hatte.

Große Teile der Infrastruktur des Gazastreifens sowie mehrere tausend Häuser wurden im Verlauf der Auseinandersetzung zerstört. Der Gesamtschaden soll nach unterschiedlichen Schätzungen rund zwei Milliarden Dollar betragen. Medien und Politiker in aller Welt beklagten, dass Israel unverhältnismäßig auf die andauernde Beschießung seines Territoriums durch Qassam-Raketen reagiert und keine Rücksicht auf die Zivilbevölkerung genommen habe, wobei bei den Kritikern Israels wenig Klarheit darüber bestand, wie Verhältnismäßigkeit in diesem Kontext denn auszusehen hat. Insbesondere die Bombardierung von Schulen, die von den Vereinten Nationen unterhalten werden und wohin Hunderte Zivilisten geflohen waren, um Schutz zu suchen, sorgte international für Entsetzen. Doch wie bereits die *Hisbollah* im Libanon hatte sich auch die *Hamas* regelmäßig und mit Absicht in zivilen Einrichtungen wie Schulen und Moscheen verschanzt und von dort aus die Israelis angegriffen. Schlug die israelische Armee zurück, und es kamen dabei Kinder oder andere Zivilisten zu Tode, so waren die dadurch entstandenen Opfer gemäß der Ideologie der Islamisten Märtyrer, die im Paradies Aufnahme finden würden, sowie willkommene Instrumente im Propagandakrieg gegen Israel. Nach dem Ende der Kampfhandlungen gab es immer wieder Berichte, in denen Palästinenser aussagten, dass die *Hamas* sie mit Gewalt gezwungen hatte, in den Häusern zu verbleiben, aus denen sie zuvor israelische Soldaten attackiert hatte.

Sein offizielles Kriegsziel, die *Hamas* zu zerstören, hatte Israel nicht erreichen können. Wohl aber wurde die Islamisten-Organisation militärisch stark geschwächt – zumindest für den Moment. Die Tatsache, dass sie die Bevölkerung im Gazastreifen für ihre Politik der bewaffneten Konfrontation wiederholt als Geisel missbrauchte, sollte bis dato für sie folgenlos bleiben. Das zeigte sich ebenfalls in der erneuten Auseinandersetzung zwischen der *Hamas* und Israel im Herbst 2012. Vom Iran über verschlungene Transportwege via Sudan und Ägypten massiv aufgerüstet, hatten die *Hamas* und andere islamistische Gruppen immer wieder Israels Süden über Monate hinweg mit Hunderten von Raketen beschossen, die mittlerweile sogar die Hafenstadt Aschdod erreichen konnten. Dabei verfolgt sie kein anderes Ziel als die Verbreitung von Terror und Angst. Denn ihre Angriffe richteten sich ausschließlich auf zivile und urbane Zentren in einem Radius von rund 40 Kilometer um den Gazastreifen. Am 14. November 2012 tötete die israelische Armee deshalb Achmed Dschabari, den militärischen Kommandeur der *Hamas*, und zerstörte gleichzeitig ein großes Arsenal an Raketen. Daraufhin setzte ein massiver Beschuss des Südens ein: Die *Hamas* und der *Islamische Dschihad* feuerten rund 1500 Raketen auf Israel, wobei erstmals auch Tel Aviv ins Visier genommen wurde. Zwar gab es in Israels wichtigster Metropole mehrfach Luftalarm, doch mit dem Abwehrsystem *Iron Dome* hatte Israel ein Ass im Ärmel. Die hochmoderne Entwicklung des staatseigenen Rüstungskonzerns Rafael sorgte für einen optimalen Schutz und erwies sich als äußerst effizient, sodass Israel nur wenige Verluste erlitt. Aber auch die israelischen Luftangriffe als Antwort auf den Raketenbeschuss unterschieden sich deutlich von denen während des Waffengangs nur vier Jahre zuvor. Die Luftwaffe operierte diesmal sehr viel punktgenauer und effizienter. Auf palästinensischer Seite waren diesmal rund 150 Opfer zu beklagen, davon ungefähr die Hälfte Zivilisten. Trotz massiver Truppenkonzentrationen entlang der Grenze initiierte Israel auch keine Bodenoffensive. Zudem konnte nach wenigen Tagen ein Waffenstillstand ausgehandelt werden – das erste Mal unter Einbeziehung des neuen Präsidenten Ägyptens, Mohammed Mursi.

Israel und der «Arabische Frühling»

Das Jahr 2011 läutete eine Zeitenwende in der Region ein. Diktatoren und Präsidenten, deren Regentschaft geradezu für die Ewigkeit gemacht zu sein schien und die das Zepter gerne an ihre Söhne weitergegeben hätten, stürzten über Nacht. Den Anfang machte Tunesiens Staatschef Zine el-Abdini Ben Ali, der aus israelischer Perspektive aber eher eine zu vernachlässigende Größe war. Doch dann verschwand im Februar 2011 auch Hosni Mubarak von der politischen Bühne. Trotz der alles anderen als herzlichen Beziehungen zwischen Ägypten und dem jüdischen Staat, die gemeinhin als «Kalter Frieden» bezeichnet wurden, galt Mubarak immer als Garant für den Status quo und als verlässlicher Vermittler, wenn es wieder einmal darum ging, einen Waffenstillstand mit der *Hamas* auszuhandeln. Und die Ereignisse des Jahres 1979, als durch die Revolution im Iran die despotische Herrschaft des Schahs durch das radikal-islamische Mullah-Regime abgelöst wurde, waren allen noch zu gut in Erinnerung. Deshalb wurden die Entwicklungen in der arabischen

Welt eher mit gemischten Gefühlen wahrgenommen als mit Begeisterung. Zwar herrschte sowohl in der israelischen Öffentlichkeit als auch bei den Entscheidungsträgern in Jerusalem anfangs große Erleichterung darüber, dass die Demonstranten in Tunis oder Kairo allein die Machthaber vor Ort im Visier hatten und nicht wie sonst so häufig zu beobachten war, hinter allem eine zionistische Verschwörung witterten und kollektiv israelische Fahnen verbrannten. Doch als sich allmählich die Erkenntnis durchzusetzen begann, dass es fortan nicht unbedingt die liberalen Kräfte sind, die in Ägypten und anderswo das Sagen haben werden, stellten sich viele die Frage: Was kommt nun? Wird ein Ägypten ohne Mubarak den Friedensvertrag von 1978 wieder aufkündigen? «Der arabische Frühling hat die arabische Welt nicht nach vorne gebracht, sondern zurückgeworfen», lautete denn auch das Resümee von Ministerpräsident Benjamin Netanjahu in einer Rede in der Knesset im November 2011. «Israel befindet sich heute umringt von einem illiberalen, antiwestlichen, antiisraelischen und antidemokratischen Fundamentalismus, der die Region von Ägypten bis in den Iran beherrscht.»

Eine ganze Reihe von Ereignissen sollte eher den Skeptikern in Israel Recht geben. Zum einen beendete Ägypten im April 2012 unter fadenscheinigen Gründen überraschend die Lieferungen von Erdgas an Israel, was den jüdischen Staat zwar nicht unbedingt in Bedrängnis bringen konnte, aber dennoch als ein Umschwung in den Beziehungen gewertet wurde. Schließlich war der ägyptisch-israelische Gasdeal ein Bestandteil des Friedensabkommens von Camp David. Darüber hinaus kam es im Verlauf des Jahres 2012 immer wieder zu gewalttätigen Demonstrationen vor der israelischen Botschaft in Kairo, wobei das Gebäude sogar gestürmt und geplündert wurde. Zum anderen entglitt der Zentralregierung in Kairo offensichtlich die Kontrolle über die Sinai-Halbinsel, wo noch radikalere Islamistengruppen nun relativ ungehindert agieren konnten. Allein auf die Gaspipeline zwischen Ägypten und Israel wurden in den ersten zwölf Monaten

Der «Mavi Marmara»-Vorfall

Aus Protest gegen die Blockade des Gazastreifens durch Israel machte sich am 22. Mai 2010 eine Flottille von sechs mit Hilfsgütern beladenen Schiffen von Istanbul auf den Weg Richtung Gaza. Organisiert wurde dieser Konvoi von der internationalen *Free Gaza Movement* unter Beteiligung einer ganzen Palette türkischer und anderer, auch islamistischer Organisationen. An Bord befanden sich rund 670 Passagiere aus 37 Staaten, darunter der bekannte schwedische Krimi-Autor Henning Mankell und mit Annette Groth und Inge Höger zwei Bundestagsabgeordneten der Links-Partei und deren ehemaliger außenpolitischer Sprecher Norman Paech. Israel selbst hatte bereits im Vorfeld angedroht, die Schiffe gegebenenfalls militärisch zu stoppen, sollten sie versuchen, die Seeblockade zu durchbrechen. Zugleich erklärte sich Jerusalem aber bereit, die Hilfsgüter im Hafen von Aschdod zu löschen und nach Gaza zu transportieren. Das jedoch lehnten die Initiatoren des Hilfskonvois ab. Daraufhin begannen israelische Marinesoldaten in den frühen Morgenstunden des 31. Mai 2010 damit, die sich noch in internationalen Gewässern befindlichen Schiffe zu entern. Auf der «Mavi Marmara» kam es dabei zu einem Handgemenge zwischen Israelis sowie mit Messern und Knüppeln bewaffneten Aktivisten, in dessen Verlauf neun türkische Staatsbürger getötet wurden. Die Schiffe wurden daraufhin von der israelischen Marine nach Aschdod gebracht und die Aktivisten anschließend des Landes verwiesen. Sofort verurteilte die Weltöffentlichkeit das israelische Vorgehen als unverhältnismäßig, der Imageschaden für Israel schien gewaltig. Und weil es sich bei den Toten um türkische Staatsangehörige gehandelt hatte, verschlechterten sich darüber hinaus die Beziehungen zwischen Ankara und Jerusalem dramatisch. In Israel selbst wurde das unprofessionelle Vorgehen der verantwortlichen Marineführung kritisiert, denn die Planung der Aktion war offensichtlich dilettantisch und hatte die eingesetzten Soldaten unnötig in Gefahr gebracht, wodurch wiederum die Situation eskaliert war. Doch nach den ersten Wellen der Empörung zeigte sich, dass die Initiatoren der Hilfsflotte teilweise radikalen islamistischen Organisationen angehörten, die die Fahrt dazu nutzen wollten, als Märtyrer zu sterben. Bereits bei der Abfahrt waren «Tod den Juden!»-Rufe zu hören, eine Eskalation schien also gewollt. Zudem sorgte die Manipulation von Bildern durch die Nachrichtenagentur Reuters, bei denen die

Messer der Aktivisten wegretuschiert worden waren, für einen weiteren Skandal. Auch die Tatsache, dass ein Großteil der als Hilfsgüter deklarierten Medikamente bereits jenseits des Verfallsdatums war, lässt Zweifel an dem rein humanitären Charakter dieser Aktion aufkommen.

nach dem Sturz Mubaraks über 14 Anschläge verübt. Immer wieder kam es vom Sinai aus zu Übergriffen auf israelisches Territorium, wobei mehrmals israelische Soldaten getötet wurden. Aber nicht nur israelische. Am 5. August 2012 überfiel eine Gruppe von 15 bewaffneten Dschihadisten einen ägyptischen Grenzposten, tötete 16 Soldaten und durchbrach mit erbeuteten Fahrzeugen die Grenzanlagen, wo sie dann von der israelischen Armee gestoppt und ausgeschaltet wurde. In solchen kritischen Situationen funktioniert die Zusammenarbeit auf der sicherheitspolitischen Ebene dann genauso wie zu Zeiten Mubaraks. Gerade deshalb hegen israelische Politiker wie Verteidigungsminister Ehud Barak weiter die Hoffnung, dass auch ein ägyptischer Präsident Mohammed Mursi, der zwar aus den Reihen der Muslimbruderschaft stammt, sich gegenüber Israel pragmatisch verhalten wird und in Ägypten über kurz oder lang das Modell einer «islamischen Demokratie» nach türkischem Vorbild die Oberhand gewinnt. Andere jedoch sind längst nicht so optimistisch und bewerten die aktuelle Politik Kairos als reine Taktik, um nicht die für Ägypten absolut lebensnotwendigen Hilfslieferungen aus den USA aufs Spiel zu setzen. Denn letztendlich schließt die islamistische Ideologie der Muslimbruderschaft oder auch anderer Gruppen, die nun an Macht und Einfluss gewonnen haben, jeglichen Modus Vivendi mit Israel absolut aus.

Das iranische Nuklearprogramm –
eine Gefahr für Israels Existenz

Mit dem Sturz des Schahs und der Etablierung der Islamischen Republik Iran wuchs dem jüdischen Staat ein neuer Feind heran, der im Vergleich zu seiner Geschichte und seinem Bedrohungspotenzial wohl einzigartig ist. Zwar gab es zum Iran des Schahs Reza Pahlavi ausgezeichnete Beziehungen, doch damit war nach dessen Sturz im Jahr 1979 Schluss. Gegenüber Israel befanden sich die Mullahs von Anfang an auf Konfrontationskurs. Dabei ist der Iran über eintausend Kilometer entfernt und war bis zu diesem Zeitpunkt eigentlich nie in den Nahostkonflikt involviert gewesen. Das sollte sich rasch ändern. Zum einen etablierte sich Teheran als Schutzmacht der schiitischen Minderheiten in der arabischen Welt, allen voran im Libanon, wo man die *Hisbollah*-Miliz als Akteur im Kampf gegen Israel aufbaute. Zum anderen mutierte der Iran selbst zum Drahtzieher blutiger Terrorakte wie beispielsweise die Anschläge auf die israelische Botschaft in Buenos Aires sowie das dortige jüdische Gemeindezentrum in den Jahren 1992 und 1994, wobei über einhundert Menschen den Tod fanden. Darüber hinaus stieg man zum wichtigsten Geldgeber und Lieferanten von Waffen für die *Hamas* im Gazastreifen auf. Dabei lautete das Ziel Teherans von Anfang an nicht einfach nur, den Palästinensern durch eine massive Unterstützung zu ihren Rechten und zu einem eigenen Staat zu verhelfen. Die Absichten waren ganz anderer Natur und können nur vor dem Hintergrund des großen Schismas im Islam in eine sunnitische und eine schiitische Ausrichtung richtig eingeschätzt werden. Denn über Jahrhunderte hinweg standen sich beide Gruppen unversöhnlich gegenüber. Ähnliches gilt für die ausgeprägten Ressentiments, die Araber und iranische Perser traditionell gegeneinander hegen. Diese religiösen und ethnischen Kluften versuchen die Mullahs in Teheran seither zu überwinden, um sich als Regionalmacht besser positionieren zu können. Dabei setzen sie auf die weitverbreitete Feindschaft gegenüber dem jüdischen Staat. Genau deshalb führte Ayatollah Ruhollah Khomeini bereits im Jahr 1979 den weltweiten «al-Quds-Tag» ein, an dem alle Muslime gemeinsam gegen die Herrschaft der «Ungläubigen» über Jerusalem demonstrieren sollen. «Großer Satan» und «kleiner Satan», unter dieser Etikettierung firmieren in der Weltsicht der Mullahs die Vereinigten Staaten und Israel. Sie bestimmen das Feindbild des radikalen Klerus im Iran.

Das iranische Atomprogramm ist ein weiterer Ausdruck der Ambitionen Teherans, die Region unter seine Kontrolle zu bekommen. Dabei musste man nicht bei null anfangen, denn bereits der Schah hatte das Fundament dazu gelegt. Mit pakistanischer Hilfe und mit allem, was der Schwarzmarkt an Technik hergab, wurde unter großer Geheimhaltung eine umfangreiche nukleare Infrastruktur aufgebaut. Zwar behauptete die Regierung immer wieder, dass allein eine zivile Nutzung der Atomenergie angestrebt werde und der Iran dazu ein Recht habe. Doch der Umfang der Urananreicherung sowie die Tatsache, dass beispielsweise in der Anlage in Arak Plutonium gewonnen wird, das eindeutig waffenfähig ist, lassen berechtigte Zweifel an dieser Behauptung aufkommen. Die restriktive Informationspolitik des Iran sowie seine aggressive Rhetorik in jüngster Zeit verstärken die Befürchtungen ebenso wie die stete Weigerung, mit der Internationalen Atomenergiebehörde (IAEO) zu kooperieren. Insbesondere die Regierung von Präsident Mahmud Ahmadinedschad, der Israel nicht einmal beim Namen nennt, sondern nur von dem «zionistischen Regime» spricht, das es von der Erde zu tilgen gilt, gibt Anlass zur großer Sorge. Seine mehrfach geäußerten Androhungen, Israel zu vernichten, sowie die wiederholte Leugnung des Holocaust sind mehr als nur verbale Provokationen und werden in Jerusalem mit Beunruhigung zur Kenntnis genommen. Über den Zeitpunkt, ab wann genau der Iran über nukleare Waffen verfügen könnte, gibt es auf Basis nachrichtendienstlicher Erkenntnisse sehr unterschiedliche Vermutungen. Einigkeit besteht allein in der Einschätzung, dass der Iran den Besitz der Atombombe anstrebt. Die intensive Entwicklung potenzieller Trägersysteme mit großer Reichweite ist dafür ein weiteres Indiz.

Wirtschaftssanktionen gegen den Iran, die im Verlauf der letzten Jahre kontinuierlich verschärft wurden, waren die Folge. Zudem entfalteten sowohl Israel, das sich von der Aussicht auf eine iranische Atombombe in seiner Existenz bedroht sieht, als auch andere Nationen rege Undercover-Aktivitäten vor Ort. Mehrfach kamen am Atomprogramm beteiligte Wissenschaftler bei gezielten Anschlägen ums Leben, und die Technik der Nuklearanlagen wurde dank eingeschleuster Computerviren wie Stuxnet massiv beschädigt. Doch letztendlich herrscht Gewissheit darüber, dass auf diese Weise das iranische Atomprogramm nur verzögert, nicht aber verhindert werden kann, sodass militärische Optionen in den Diskussionen immer mehr an Stellenwert gewinnen.

Israel befindet sich in Sachen Iran in einem Dilemma, weil zwei wesentliche Säulen seiner Sicherheit betroffen sind: Die Begin-Doktrin, die besagt, dass kein Nachbar in den Besitz nuklearer Waffen geraten darf, und die alte Devise David Ben Gurions, niemals militärische Schritte ohne die Rückendeckung mindestens einer Großmacht zu ergreifen. Alleine und ohne die Zustimmung der Vereinigten Staaten die Atomanlagen des Iran anzugreifen ist also eine heikle Sache. Zudem herrscht in Israel große Uneinigkeit darüber, ob ein solcher Militärschlag selbst im Falle eines Erfolges nicht mehr Schaden als Nutzen bringen kann. Während man sich über den Charakter des Regimes in Teheran wenig Illusionen macht, gibt es divergierende Vorstellungen darüber, wie dieser existenziellen Gefahr begegnet werden kann. Verteidigungsminister Ehud Barak hält einen Präventivschlag für möglich und kalkuliert die Folgen als überschaubar ein. Und auch Benjamin Netanjahu denkt laut über ein militärisches Vorgehen nach, wobei der Aufbau einer Drohkulisse selbstverständlich auch dem Zweck dient, Druck auf die Weltgemeinschaft aufzubauen, um so die Sanktionen zu verschärfen. Wie zuletzt am 27. September 2012 vor der UN-Vollversammlung fordert er aber auch immer wieder eine klare «rote Linie», die dem Iran gezeigt werden muss, um die Mullahs davon zu überzeugen, dass der letzte Schritt der Urananreicherung besser nicht erfolgen sollte. Schließlich gehe es um das «Überleben meines Landes», so Netanjahu. «Rote Linien führen nicht zu Krieg. Rote Linien verhindern Krieg.»

Allem Säbelrasseln zum Trotz ist sich auch Israels Führung bewusst, dass der jüdische Staat kaum über die Ressourcen verfügt, um im Alleingang die nukleare Infrastruktur eines Gegners von der Größenordnung des Iran nachhaltig zu zerstören. Und ob die Vereinigten Staaten als wichtigster Verbündeter sich zu einer gemeinsamen Militäraktion überreden lassen, ist ebenfalls fraglich. Denn die Konsequenzen eines solchen Schritts sind nur sehr schwer einzuschätzen. Der Iran selbst hat mehrfach angedroht, im Falle eines Angriffs den gesamten Westen mit einer Welle terroristischer Gewalt zu überziehen und die Tankerschifffahrt im Persischen Golf gewaltsam lahmzulegen. Auf Befehl Teherans würden zudem die *Hisbollah* und die *Hamas* versuchen, Israel von zwei Seiten in die Zange zu nehmen. «Genau deshalb wird ein Krieg mit dem Iran wohl eher nicht stattfinden», glaubt Amir Kahanovitz. Der Chefökonom von Israels größtem Brokerhaus Clal Finance hat in einer Studie versucht, den Iran-Konflikt durch eine rein wirtschaftliche Brille zu betrachten. «Die Aussichten auf einen Ölpreis von vielleicht 250 Dollar pro Barrel und die bereits vorhandenen Rezessionsängste in der Welt schmälern zudem die Aussicht auf internationale Unterstützung.»

Soldaten gehören zum Straßenbild Israels – nicht nur
in der Altstadt von Jerusalem. Foto: Heinz Kiesler

Politik und Gesellschaft

Das politische System

Parteienlandschaft

Die Wurzeln von Israels politischen Parteien und Institutionen reichen bis weit hinter das Datum der Staatsgründung 1948 zurück. Bereits auf den frühen Kongressen der zionistischen Bewegung lassen sich erste Umrisse einer Fragmentierung erkennen, die, auf sozialen Unterschieden oder konkurrierenden Anschauungen beruhend, die spätere israelische Parteienlandschaft entscheidend prägen sollte. Grob lassen sich drei Strömungen unterscheiden: Sozialdemokraten, liberal-konservative und gemäßigt-orthodoxe Gruppen. Bis zum Jahr 1977 war die Sozialdemokratie die stärkste politische Kraft, danach regierte der *Likud*-Block, die Erben der liberal-konservativen Bewegung, lange Zeit das Land. Da es in der Geschichte Israels bis zu diesem Zeitpunkt noch keine der großen Parteien geschafft hatte, die absolute Macht zu erlangen, waren die gemäßigt-orthodoxen Gruppierungen regelmäßig das Zünglein an der Waage.

Die zumeist im zaristischen Russland gegründeten sozialistischen und sozialdemokratischen Organisationen wie *HaPoel HaZair* (dt.: Der junge Arbeiter), die 1905 in Palästina ins Leben gerufene Partei *Poale Zion* (dt.: Arbeiter Zions) und später auch die *Achdut HaAvoda* (dt.: Vereinigung der Arbeit) waren die politische Heimat von David Ben Gurion sowie vieler anderer Protagonisten des jungen Staates Israel. Ihr Ideal war die Schaffung einer Art Arbeiterzionismus, ihr persönlicher Background fast immer osteuropäisch. Aus all diesen Gruppen ging 1930 die Arbeiterpartei *MAPAI* (nach 1969 in *Maarach*, dt.: Bund, umbenannt) hervor, die mit Ben Gurion, Golda Meir, Schimon Peres und Jitzchak Rabin über Jahrzehnte hinweg das politische Führungspersonal stellen sollte.

Ihr Gegenspieler war die Revisionistische Partei von Wladimir Jabotinsky. Seit 1925 verfolgten er und seine Anhänger ein radikal nationalistisches Maximalkonzept und versuchten, die Politik der zionistischen Bewegung dahingehend zu «revidieren», dass sie die Gründung eines zukünftigen jüdischen Staates auf beiden Seiten des Jordan propagierten. Ihren revisionistischen Vorstellungen entsprechend sollte Transjordanien, das Territorium des heutigen Königreichs Jordanien, ebenfalls in die Planung von Siedlungen einbezogen werden. Aufgrund ihrer meist kleinbürgerlichen Herkunft verspürten die Revisionisten zudem wenig Sympathien für die sozialistischen Ideen der Arbeiterzionisten. Auch profilierten sie sich als radikalste jüdische Opposition zur britischen Mandatsmacht. Mit der *Irgun Zwai Leumi* (dt.: Nationale Militärorganisation), die in Konkurrenz zur fast ausschließlich sozialistisch bzw. sozialdemokratisch orientierten *Haganah* stand, verfügten sie seit 1937 ebenfalls über eine Militärmiliz, auf deren Konto eine ganze Serie von unter der Führung des späteren Ministerpräsidenten Menachem Begin verübten Attentaten gegen Briten und Araber ging. Aus den Revisionisten sollte nach 1948 die *Cherut*-Partei (dt.: Freiheit) hervorgehen, die zum ersten Mal im Rahmen der Regierung der Nationalen Einheit zwischen 1967 und 1970 politische Mitverantwortung übernahm und 1977 im Verbund mit anderen kleinen rechten Parteien als *Likud*-Block firmierend erstmals die Regierung stellte.

1902 etablierte sich im litauischen Wilna die *Misrachi*-Bewegung, die der strikt säkular ausgerichteten zionistischen Bewegung eine religiöse Komponente verleihen wollte und die antizionistische Haltung der großen Mehrheit der jüdischen Orthodoxie nicht teilte. Ab 1908 in Palästina aktiv, propagierte die *Misrachi*-Bewegung den Gedanken, dass ein jüdischer Staat nicht abgetrennt von den religiösen Wurzeln des Judentums entstehen dürfe. Schon zu Zeiten des britischen Mandats etablierten ihre Anhänger das Oberrabbinat und religiöse Gerichte für zivilrechtliche Fragen. Aus der Bewegung wurde nach der Staatsgründung 1948 eine politische Partei, die in Koalition mit anderen religiösen politischen Gruppen unter dem Namen Nationalreligiöse Partei fast immer als Partner sozialdemokratischer Regierungen, nach 1977 mit dem *Likud,* in das politische Alltagsgeschäft eingebunden war. Doch durchlebten die Nationalreligiösen in all den Jahren eine Metamorphose: Von einer moderaten, dem politischen Kompromiss mit den Palästinensern nicht abgeneigten Partei unter der Führung von Josef Burg mutierten sie zu einer ultranationalistischen Hardliner-Bewegung mit einer strammen Großisrael-Ideologie.

Diese drei Fraktionen bildeten bis weit in die 1970er-Jahre hinein im Großen und Ganzen die Eckpfeiler des politischen Koordinatensystems in Israel. Natürlich gab und gibt es eine ganze Reihe von kleineren Gruppierungen, die zahlreiche Partikularinteressen vertreten, wie etwa eine kommunistische Partei, arabische Parteien oder eine ganze Palette von Parteien der jüdischen Orthodoxie. Immer wieder kommt es zu Neugründungen, die allein die Interessen einer einzigen Gruppe vertreten. Selbst wenn sie erfolgreich sind, wie beispielsweise die Rentnerpartei *Gil,* die bei den Wahlen vom März 2006 auf Anhieb sieben Sitze erhielt, ist ihnen häufig nur ein kurzes Leben beschieden. Entweder gehen sie in einer Listenverbindung mit einer anderen Partei auf oder verschwinden wieder gänzlich von der Bildfläche. Außerdem neigen Politiker in Israel dazu, eine eigene Partei zu gründen, wenn sie sich stärker profilieren wollen oder glauben, ihre Standpunkte anders nicht durchsetzen zu können. Jüngstes und erfolgreichstes Beispiel war die Gründung von *Kadima* im November des Jahres 2005 durch den amtierenden Ministerpräsidenten Ariel Scharon. Nach vielen Jahren in der Führung des *Likud* sah er nicht nur seine Position durch seinen Rivalen Benjamin Netanjahu bedroht, darüber hinaus verweigerte ihm der rechte Flügel der Partei die Gefolgschaft in Sachen Gaza-Abzugs-plan. Deshalb holte Scharon zum Befreiungsschlag aus, verließ den *Likud* und gründete eine neue Partei, die prompt von der aktuellen Außenministerin Tzipi Livni über Ex-Generalstabschef Schaul Mofas bis hin zum ehemaligen Industrieminister Ehud Olmert in nur wenigen Tagen Politprominenz aus allen übrigen großen Parteien auf sich vereinigen konnte. In den Umfrageer-gebnissen nahm *Kadima* vor den für März 2006 angesetzten Wahlen zur Knesset auch sofort einen Spitzenplatz ein. Doch dann erlitt Ariel Scharon am 4. Januar 2006 einen Schlaganfall und fiel in ein Koma, aus dem er bis heute nicht erwacht ist. Ehud Olmert übernahm die Regierungsgeschäfte und führte *Kadima* in den Parlamentswahlen vom 28. März 2006 zum Sieg – auch wenn dieser mit 29 Sitzen in der Knesset nicht ganz so deutlich ausfiel wie in den Prognosen vorhergesagt. Der *Likud,* lange Zeit die größte Partei, erlebte einen dramatischen Absturz von 38 auf gerade einmal 12 Sitze. Als «Partei der Mitte» konnte sich *Kadima* für den Moment etablieren. Denn Israels Politszene ist immer wieder für Überraschungen gut. So verkün-dete Ministerpräsident Ehud Olmert am 21. September 2008 seinen Rücktritt. Auslöser für diesen Schritt waren Korruptions-vorwürfe aus seiner Zeit als Handels- und Industrieminister in den Jahren vor 2005 sowie eine Prostatakrebserkrankung. Trotz-dem blieb er aber bis zu den Wahlen am 10. Februar 2009 im Amt, weil seine designierte Nachfolgerin, Außenministerin Tzipi Livni, am 26. Oktober 2008 mit dem Versuch gescheitert war, eine neue Koalitionsregierung auf die Beine zu stellen. Ehud Olmert selbst wurde im Juli 2012 von einem Gericht wegen Kor-ruption in einem von drei Anklagepunkten schuldig gesprochen und zu einer Haftstrafe auf Bewährung verurteilt. Dennoch arbeitet er an seinem politischen Comeback.

Aus den Parlamentswahlen vom 10. Februar 2009 ging *Ka-dima* zwar mit 28 Sitzen als stärkste Partei hervor. Doch weil der *Likud* mit 27 Sitzen wieder erstarkt war und eine breite Koalition unter anderem mit der *Israel Beitenu*-Partei des damaligen Außenministers Avigdor Lieberman, der Arbeiterpartei sowie der sephardisch-orthodoxen *Schas*-Partei auf die Beine stellen konnte, hieß der neue Ministerpräsident nicht Tzipi Livni, sondern Benjamin Netanjahu. Unter ihrem Vorsitzenden, Ex-Verteidigungsminister Schaul Mofas, trat *Kadima* der Regierung Netanjahu im Sommer 2012 für knapp drei Monate bei, was wiederum für reichlich Wirbel sorgen sollte. Tzipi Livni, im März 2012 als Parteivorsitzende abgewählt, kehrte *Kadima* daraufhin den Rücken und gründete im November 2012 ihre eigene Partei namens *Hatnuah* (dt.: Die Bewegung), in der sich weitere unzufriedene Ex-*Kadima*-Mitglieder sowie andere prominente Politiker neu sammelten.

Wahlen und Regierungen

Israels Wahlsystem verdeutlicht auf recht eindrucksvolle Weise einige Nachteile des Verhältniswahlrechts. Schon 1,5 % der Wählerstimmen reichen aus, um sich einen Platz in der 120 Sitze zählenden Knesset, dem israelischen Parlament, zu sichern; bis 1988 waren es sogar nur 1 %. Wählen kann jeder israelische Staatsbürger ab dem vollendeten 18. Lebensjahr, in politische Ämter darf jeder ab 21 Jahren gewählt werden. Wahlen finden alle vier Jahre statt, es sei denn, eine Regierung zerbricht vorzeitig aufgrund von Koalitionsstreitigkeiten oder tritt aus freien Stücken zurück. Die Regierungsbildung selbst gestaltet sich nach jeder Wahl immer deshalb äußerst schwierig, weil ein Ministerpräsident auf eine Vielzahl von Koalitionspartnern angewiesen ist, um überhaupt ein Kabinett bilden zu können. Zahlreiche Partikularinteressen müssen bedient und neue Posten geschaffen werden, bevor er seine Arbeit aufnehmen kann. Davon zeugt die Existenz der zahlreichen Minister ohne Geschäftsbereich. Orthodoxe Koalitionspartner lassen sich beispielsweise nur dann gewinnen, wenn ihren religiösen Einrichtungen ausreichend finanzielle Mittel zur Verfügung gestellt werden oder ihnen eine striktere Einhaltung religiöser Gebote im Alltagsleben versprochen wird. Für den Fall, dass sich die Schaffung einer Koalition mit Juniorpartnern als absolut unmöglich erweist, kommt es als Notlösung gelegentlich zur Bildung einer Regierung der Nationalen Einheit zwischen Arbeiterpartei und *Likud,* der aber meist nur eine kurze Lebensdauer beschieden ist.

1996 wählte Israel erstmals nach einem reformierten System: Um die Position des Ministerpräsidenten zu stärken, konnten die Wähler nunmehr eine Stimme einer Partei geben und mit einer weiteren den Ministerpräsidenten direkt bestimmen. Die Reform erwies sich als Fehlschlag. Da es bei der Wahl des Ministerpräsidenten 1996 nur noch um die Alternative Schimon Peres oder Benjamin Netanjahu ging, stimmten viele Wähler nicht mehr für eine der beiden großen Parteien, aus denen die zwei Kandidaten kamen, sondern orientierten sich noch stärker an ihren Partikularinteressen. Die Folge waren spürbare Verluste für Arbeiterpartei und *Likud* sowie eine weitere Fragmentierung der politischen Landschaft. Nach der Wahl Ehud Baraks zum Ministerpräsidenten im Jahr 1999 beschloss man daher, die Reform wieder rückgängig zu machen.

Regieren in Israel ist ein schwieriges Geschäft. Ganz grob lassen sich die Parteien in zwei große Lager aufteilen, einen nationalistisch eingestellten Block, der sich im Ausgleich mit den Arabern wenig kompromissbereit zeigt, und einen, der den Friedensprozess irgendwie vorantreiben will. (Die bei uns so gängige Einteilung in «Falken» und «Tauben», die eher aus der Zeit des Kalten Krieges stammt, ist wenig hilfreich, wenn nicht sogar irreführend: Auch die Befürworter des Friedensprozesses sind keine reinen Pazifisten oder Antimilitaristen.) Die kleineren Parteien orientieren sich daran, wie ihre Partikularinteressen von einem der beiden großen politischen Lager am besten bedient werden können und ob sich daraus Kapital schlagen lässt, wenn man vielleicht innerhalb dieses Systems die Seiten wechselt. Ein Beispiel: 1992 konnte Jitzchak Rabin nur deshalb Ministerpräsident werden, weil er im Unterschied zum *Likud* bereit war, die zur Verfügung stehenden finanziellen Mittel nicht mehr für eine expansionistische Siedlungspolitik zu verwenden, sondern zur besseren Integration der Hunderttausenden von Einwanderern aus der ehemaligen UdSSR. Die «russischen Wähler», die sowohl einer Großisrael-Ideologie als auch dem Friedensprozess relativ indifferent gegenüberstehen und in erster Linie eine Verbesserung ihrer Situation im Auge haben, waren ihm dadurch sicher. In den Folgejahren konnte das russischstämmige Wählerpotenzial durch die Gründung eigener Parteien wie etwa *Israel B'Alijah* besser gebündelt werden. Diese bildete dann aber 1996 mit Benjamin Netanjahu eine Regierung, weil sie sich davon noch mehr Unterstützung für ihre Klientel versprach. 1999 wechselte *Israel B'Alijah* erneut die Seiten und wurde Partner Ehud Baraks. Nach einigen internen Streitereien wurde im Jahr 1999 die säkularnationalistische *Israel B'Alijah* in *Israel Beitenu (*dt.: Unser Haus Israel) umbenannt, die nach den Wahlen am 10. Februar 2009 mit 15 Sitzen als drittstärkste Kraft in die Knesset einzog. Ihr Gründer und Vorsitzender ist Avigdor Lieberman, der lange Zeit auch Außenminister war, im Dezember 2012 aber wegen Betrugsvorwürfen und anderen Delikten zurücktreten musste. Am 25. Oktober 2012 einigten sich Netanjahu und Lieberman darauf, bei den Wahlen im Januar 2013 als gemeinsame Liste ins Rennen zu gehen.

Bemerkenswert für Außenstehende ist, dass Wirtschaftspolitik in israelischen Wahlkämpfen kaum ein Thema ist. Friedensprozess, Sicherheitspolitik und die Frage, wie die Partikularinteressen der jüdischen Orthodoxie oder der ethnischen Gruppen befriedigt werden können, dominieren die äußerst lebhaften Diskussionen. Und in den anschließend mühsam ausgehandelten Koalitionen finden sich mitunter die merkwürdigsten Partner wieder. So holte Premierminister Ehud Barak unter anderem Minister aus der explizit säkular ausgerichteten *Meretz*-Partei, die ihre Wurzeln in der israelischen Bürgerrechtsbewegung hat und den Einfluss der Religiösen zurückdrängen möchte, sowie aus der ultraorthodoxen *Schas*-Partei. *Meretz* stellte den Minister für das Erziehungswesen, *Schas* den für Arbeit und Wohlfahrt. Koalitionskrisen waren damit programmiert. Im März 2000 gerieten Rabbi Ovadia Josef, das geistige Oberhaupt von *Schas,* und Erziehungsminister Jossi Sarid auch prompt aneinander, weil Letz-

Das Phänomen der *Schas*-Partei

1983 betrat eine Gruppierung die politische Bühne, die bis 1999 und dann wieder im Jahr 2006 zur drittstärksten parlamentarischen Kraft werden sollte: die «Vereinigung der sephardischen Thora-Wächter», abgekürzt *Schas.* Vom sephardischen Oberrabbiner Ovadia Josef gegründet, gilt die orthodoxe Partei als das Sprachrohr der aus Marokko stammenden Juden, die sich gesellschaftlich benachteiligt fühlen und befürchten, durch die Zuwanderung russischer Juden noch weiter ins Hintertreffen zu geraten. Durch den Aufbau eines eigenen Schulsystems in sozialen Problemvierteln sicherte sich *Schas* große Zustimmung unter den Sephardim. *Schas* fordert, dass Israel sich ausschließlich am religiösen Rechtssystem orientieren solle. Aus diesem Grund wird die Partei von vielen Israelis als Gefahr für die Demokratie empfunden. Dem Friedensprozess steht *Schas* relativ indifferent gegenüber, es geht ihr allein um die Einhaltung der Religionsgesetze und eine durch den Staat gesicherte Alimentierung ihres Schulsystems, das aufgrund von Misswirtschaft und Veruntreuungen mit rund 20 Millionen Euro verschuldet ist. Wie problematisch das Verhältnis von *Schas* zur Demokratie ist, zeigte sich, als ihr langjähriger Vorsitzender Ariel Deri, der zuweilen das Amt des Innenministers bekleidet hatte, 1999 nach einem mehrjährigen Prozess der Korruption und des Amtsmissbrauchs überführt wurde. Deri und seine Anhängerschaft sahen darin nur eine Verschwörung linker Aschkenasim und gingen zu Hunderttausenden auf die Straße. Doch trotz aller Skandale hat die Partei eine feste Stammwählerschaft. Auch nach den Wahlen im Februar 2009 war sie mit elf Sitzen in der Knesset vertreten. Und vier Minister der zweiten Regierung Netanyahu stammen aus ihren Reihen.

terer keine zusätzlichen Mittel für die defizitären Bildungseinrichtungen von *Schas* zur Verfügung stellen wollte. Sarid müsse
verflucht, sein Name ausgelöscht werden, rief der Rabbi mit
zornbebender Stimme und provozierte mit diesem Verbalexzess
einen Skandal.

Trotz all dieser Turbulenzen hat sich Israel bisher als stabile
Demokratie bewährt. Insbesondere die Unabhängigkeit der Jus-
tiz beweist, dass niemand über dem Gesetz stehen kann, nicht
einmal, wenn er das höchste Amt im Staat bekleidet hat. Das
zeigt die Verurteilung des ehemaligen Staatspräsidenten Mosche
Katzav, der wegen Vergewaltigung nach einem spektakulären
Prozess im März 2011 zu sieben Jahren Gefängnis verurteilt
wurde. Und obwohl regelmäßig Bestechungsskandale die Karriere vieler hochrangiger Politiker vorzeitig beenden, steht Israel in
Sachen Korruption gar nicht so schlecht da: Im 2012 veröffentlichten Ranking von Transparency International nahm der jüdische Staat Platz 39 ein. Zum Vergleich: Deutschland rangierte
auf Platz 9, Italien auf Platz 72. Auch wenn in der Vergangenheit
so manche schrille Stimme aus der Knesset zu hören war, hält
man sich an die Spielregel, dass keine Partei, die die Existenz des
Staates Israel und seiner demokratischen Strukturen explizit infrage stellt oder rassistische Ziele verfolgt, am offiziellen politischen Leben teilnehmen darf. Beispielhaft wurde diese Haltung
im Umgang mit der extrem nationalistischen *Kach*-Partei deutlich. 1973 von Rabbi Meir Kahane gegründet, forderte sie die
Vertreibung aller Araber aus Israel. 1984 zog der rassistische
Rabbi mit 1,5% der Stimmen in die Knesset ein und lieferte mit
seinen Hasstiraden den Anlass, dass seine Partei 1988 von Israels
Oberstem Gerichtshof verboten wurde. Seither ist *Kach* nur noch
im Untergrund aktiv.

Demokratie in Gefahr: Orthodoxie und Extremismus

Israel hat keine Verfassung. Als im Mai 1948 der Staat Israel ausgerufen wurde, versprachen die Autoren der Unabhängig-keitserklärung, dass bis zum 1. Oktober 1948 eine solche aus-gearbeitet werden würde. Doch bis heute geschah nichts. Statt-dessen hat im Laufe der Jahre der Oberste Gerichtshof des Landes einen ganzen Katalog sogenannter Basisgesetze erlassen, die die Einhaltung der Menschenrechte, die Bewegungs- und Pressefreiheit und noch viele Grundrechte mehr absichern. Be-griffe wie Demokratie und Rechtsstaat blieben darin jedoch un-erwähnt. Aber damit ist die Diskussion um eine Verfassung noch lange nicht vom Tisch. Wann immer das Thema auf der Tages-ordnung steht, wird reflexartig das Gegenargument angeführt, dass bis heute nur ein Teil des jüdischen Volkes in Israel lebt und man nicht über die Köpfe von Millionen Juden hinweg entschei-den möchte, die in Zukunft noch nach Israel einwandern wer-den. Erst wenn eines Tages alle Juden hier lebten, so heißt es, sei die Zeit reif für eine Verfassung.

Doch das ist nur die eine Seite der Wahrheit. Für die ortho-doxe Bevölkerung Israels kann es neben Thora und Religions-gesetzen keine weitere Norm geben, der sie sich unterwerfen: «Kein Gesetz über der Thora!» Folglich vermieden Israels Gründungsväter den Konflikt mit der jüdischen Orthodoxie und rührten das Thema Verfassung nicht weiter an. Eine Koalition mit den Nationalreligiösen zur Absicherung seiner Macht war Ben Gurion wichtiger, als einen Grundsatzstreit mit ihnen vom Zaun zu brechen. Deshalb beließen es die Politiker bei dem Kata-log von Grundrechten, der durch Entscheidungen des Obers-ten Gerichtshofes in Einzelfällen immer wieder ergänzt wird. Ebendieser Oberste Gerichtshof aber wurde in den letzten Jah-ren verstärkt zur Zielscheibe des orthodoxen Establishments. Todesdrohungen extremistischer Gruppen gegen die obersten

Richter gehören schon fast zur Tagesordnung, wann immer ein Urteil gefällt wird, das orthodoxen Auffassungen zuwiderläuft.

Was Ben Gurion damals als Balanceakt verstanden hatte, nämlich die Akzeptanz eines Staates Israel durch die Orthodoxen in der Weise zu erreichen, dass man Religion und Staat nicht trennte sowie ihnen zahlreiche Privilegien einräumte, hat sich als Fehlschlag erwiesen. Es ist nicht nur zu einer Gefahr für die Demokratie geworden, sondern auch für das Sozialsystem: 1948 waren nur wenige tausend Menschen streng religiös. Derzeit sind es aber bereits mehr als 10 % der Bevölkerung und bis zum Jahr 2025 wird ihr Anteil auf 13 % anwachsen. Aufgrund ihrer hohen Geburtenrate – acht Kinder und mehr sind keine Seltenheit – verdoppelt sich die ultraorthodoxe Bevölkerung Israels alle 17 Jahre. In der Folge sank der Anteil an berufstätigen Männern in der Altersgruppe von 25 bis 54 im Zeitraum von 1970 bis 1993 von 93,5 % auf 85,7 %. Zum Vergleich: In den USA liegt der Anteil bei konstant 94 %. Laut einer Schätzung der Bank of Israel gehen derzeit nur 45 % aller ultraorthodoxen Männer in Israel einer bezahlten Arbeit nach, bei den Frauen sind es dagegen 61 %. Während die Männer meist ausschließlich religiöse Studien betreiben, liegt die Last, eine Familie über Wasser zu halten, daher oftmals allein auf den Schultern der Frauen. Weit mehr als die Hälfe aller ultraorthodoxen Israelis lebt deshalb unterhalb der Armutsgrenze und ist auf Spenden und Sozialleistungen angewiesen. Doch allmählich wird von offizieller Seite Druck dahingehend erzeugt, dass sich diese Bevölkerungsgruppe in den Arbeitsmarkt integrieren soll, was angesichts der mangelnden beruflichen Qualifikationen vieler ultraorthodoxer Israelis nicht ganz unproblematisch ist. Aber die Tatsache, dass mittlerweile über zweitausend Frauen aus diesen von Religionsgesetzen dominierten Milieus eine Anstellung im Hightech-Sektor gefunden haben, lässt hoffen. Schließlich ist es in den USA und Europa völlig normal, dass ultraorthodoxe Juden im Berufsleben stehen und Geld verdienen, warum also nicht auch in Israel, fragen sich viele.

Nach Angaben des Bildungsministeriums studieren derzeit rund 120000 Studenten an einer der zahlreichen *Jeschiwot*, den religiösen Lehranstalten des Landes. Zwar lehnen viele Ultra-orthodoxe den Staat Israel als «gottlos» ab, aber selbst antizio-nistische Gruppen wie die *Haredim* und die *Neturei Karta* haben keinerlei Hemmungen, sich und ihre Familien oder ihre *Jeschi-wot* von ebendiesem alimentieren zu lassen. Nach jeder Wahl und den anschließenden Koalitionsverhandlungen wuchsen die Belastungen für die öffentlichen Kassen, weil die religiösen Par-teien immer größere Summen als Preis für ihre politische Un-terstützung verlangten. Trotz einer Vervielfachung des Brutto-inlandsprodukts in den vergangenen 20 Jahren stiegen daher die Ausgaben für die Erhaltung des Sozialsystems prozentual von 22 % auf über 30 %. Das soll sich nun durch die Streichung zahl-reicher Leistungen, wie Kürzungen des Kindergelds, die die kin-derreichen Familien der Ultraorthodoxen besonders treffen, wie-der ändern.

Die jüdische Orthodoxie, lange Zeit ein Feind des säkularen Zionismus und am Tagesgeschehen relativ desinteressiert, hat längst begonnen, politisch aktiv zu werden. Schon Rabbi Abra-ham Kook, der erste aschkenasische Oberrabbiner, deutete in den 1920er-Jahren die Siedlungstätigkeit der Zionisten als ein messianisches Werk, als einen «Beginn der Erlösung». Zu der religiösen Tradition gesellte sich fortan eine nationalistische Kul-tur, die allmählich breite Schichten der israelischen Bevölkerung durchdrang.

Das Jahr 1967 ist in diesem Kontext ein Schlüsseldatum, da mit der Eroberung der Westbank das eigentliche biblische Kern-land Judäa und Samaria unter israelische Kontrolle kam. Die «Erlösung des Landes» wurde von neuen Siedlergruppen in An-griff genommen, die nicht mehr den sozialistischen Pioniergeist vergangener Tage propagierten, sondern messianisches und radi-kal expansionistisches Gedankengut. Für die nichtzionistische Orthodoxie war die Gründung des Staates Israel 1948 nur ein menschlicher Akt, in den Ereignissen von 1967 dagegen sahen sie ein Eingreifen Gottes. «Plötzlich war alles heilig geworden. Die Erde von Israel war heilig, natürlich auch das Volk Israel, genauso wie die israelische Armee heilig war», schreibt der Kolumnist Amnon Kapeliuk.

Die in den Jahren danach in der Westbank und im Gazastreifen von Gruppen wie *Gusch Emunim* (dt.: Block der Getreuen) gegründeten Siedlungen sind Ausdruck und Symbol dieses neu erwachten Messianismus. In den ersten Jahren nach 1967 war die Arbeiterpartei noch an der Macht. Sie förderte den Bau jüdischer Siedlungen in sogenannten Sicherheitszonen entlang der Grenze zu Jordanien. Ganz in der Tradition der vorstaatlichen Siedlungspolitik sollten so gemäß dem nach seinem Schöpfer General Jigal Alon genannten «Alon-Plan» abseits der palästinensischen Bevölkerungszentren strategisch wichtige Gebiete in Beschlag genommen werden und dazu beitragen, das israelische Kernland zu sichern. Mit der Regierungsübernahme durch

«Der Esel des Messias» – Kulturkampf in Israel

Im Sommer 1998 sorgte der Journalist Seffi Rachlevsky mit einem Buch für Sprengstoff im israelischen Kulturkampf. Darin stellte er die These auf, dass der religiöse Eiferer den säkularisierten Israeli allenfalls als «Esel des Messias» – so der Titel des Buches – betrachtet, der als eine Art zeitweiliges Werkzeug auf dem messianischen Weg zur Erlösung nach dem Aufbau des Staates seine Schuldigkeit getan habe und den es nun wieder loszuwerden gelte. Für die Ultraorthodoxen sei eine israelisch-säkulare Identität schlichtweg minderwertig. Rachlevsky wirft insbesondere der orthodoxen Siedlerbewegung vor, eine «gewalttätige messianische Sekte» zu sein, die im krassen Widerspruch zu den Idealen der israelischen Demokratie steht, Frauen als niedere Wesen betrachtet und den Mord an Jitzchak Rabin gutheißt. Aber auch seine nichtreligiösen Landsleute kommen bei Rachlevsky nicht ungeschoren davon, weil sie sich seiner Meinung nach widerstandslos von diesen Gruppen tyrannisieren lassen und damit ihr eigenes Grab schaufeln.

den *Likud*-Block im Jahre 1977 wurden alle besetzten Gebiete zur Besiedlung freigegeben. Damit machte sich die israelische Regierung zum Erfüllungsgehilfen dieser zumeist messianisch motivierten Siedlungsbewegung. In den 1980er-Jahren lockte die *Likud*-Regierung durch großzügige finanzielle Anreize auch viele säkulare Israelis in die Westbank, wo gerade jungen Familien, die die extrem hohen Mieten und Immobilienpreise in den Ballungszentren nicht länger bezahlen konnten, eine Alternative geboten wurde. Laut Angaben der israelischen Streitkräfte leben heute rund 300 000 jüdische Israelis in den über 120 offiziellen und mindestens 100 nichtoffiziellen Siedlungen. Und die absolute Mehrheit von ihnen sind eben nicht die bis an die Zähne bewaffneten und aufgrund ihrer Schläfenlocken meist natio-

Pulverfass Hebron

Im Frühjahr 1968 mietete eine Gruppe jüdischer Israelis einige Zimmer in einem palästinensischen Hotel in der Stadt Hebron, um Pessach zu feiern. Bis heute haben sie noch nicht wieder ausgecheckt, geschweige denn die Rechnung bezahlt. In Hebron befindet sich nämlich die Machpela-Höhle, die Grabstätte der Patriarchen Abraham, Isaak und Jakob, die Muslimen und Juden gleichermaßen heilig sind, und deshalb, so argumentieren die ca. 450 jüdischen Siedler, die sich seitdem hier aufhalten, hätten Juden ein Anrecht auf Hebron. Bis an die Zähne bewaffnet und unter dem Schutz der israelischen Armee leben sie unter mehr als 100 000 arabischen Bewohnern. Hebron entwickelte sich zu einem ernsten Hindernis im Friedensprozess: Provokationen der jüdischen Siedler, wie etwa 1997, als Plakate auftauchten, die den Propheten Mohammed mit einem Schweinekopf darstellten, sowie das Massaker Baruch Goldsteins an 29 betenden Muslimen sorgen bis heute für eine hochexplosive Stimmung. Und als 1995 alle größeren arabischen Ortschaften unter die Kontrolle der Palästinensischen Autonomiebehörden kamen, verblieb Hebron weiter unter israelischer Besatzung. Erst 1997 einigten sich beide Parteien nach äußerst zähen Verhandlungen über einen Teilabzug. Israel behält seither «zum Schutz der Siedler» die Kontrolle über 20 % der Stadt. Hebron bleibt trotzdem ein Prüfstein für die israelisch-palästinensischen Verhandlungen.

Demonstration fanatischer jüdischer Siedler
in der Westbank in Jerusalem 1993. Foto: SZ-Bilderdienst

nal-religiösen Siedler, die so oft in den TV-Nachrichten zu sehen sind. Auch gleichen die sogenannten Siedlungen mit ihren modernen Apartmenthäusern und blühenden Vorgärten im Regelfall eher den Vorstädten von Tel Aviv oder Los Angeles und sind keinesfalls windschiefe Hütten auf einem Hügel in der Wüste.

Dennoch denken nicht wenige der israelischen Bewohner der Westbank ausschließlich in Kategorien wie Messianismus, Heiliges Land und *Halachah*, also den Religionsgesetzen, und sind daher eine ernsthafte Gefahr für die israelische Demokratie sowie das Verhältnis zu den Palästinensern. Häufig provozieren und drangsalieren diese radikalen Siedler die arabische Bevölkerung, weil sie sehr genau wissen, dass sie für ihr Handeln nur selten zur Rechenschaft gezogen werden. Zudem verschärft die Tatsache, dass für israelische Staatsbürger dort das bürgerliche

Recht gilt, für die Palästinenser aber das Kriegsrecht, die Situation. Die Radikalen unter den Siedlern betrachten die Araber nur als die letzten in einer ganzen Reihe von Gojim, die Juden bedrohen und ihnen das Anrecht auf Judäa und Samaria streitig machen möchten.

Aus dieser Haltung heraus legitimieren diese Siedler ihre Gewaltbereitschaft gegenüber den Palästinensern, die im Februar 1994 mit dem Massaker von Hebron einen traurigen Höhepunkt erreichte: Baruch Goldstein, ein Siedler aus Kirjat Arba bei Hebron, eröffnete in der Machpela-Höhle das Feuer auf eine Gruppe betender Muslime und tötete 29 Menschen. Die Überlebenden dieser Bluttat erschlugen Goldstein, als er seine Waffe neu laden musste. Seither wird er von vielen Siedlern wie ein Heiliger und Märtyrer verehrt.

Doch nicht nur Araber können zur Zielscheibe dieser Extremisten werden. Weil sie dem von Jitzchak Rabin energisch betriebenen Friedensprozess radikal ablehnend gegenüberstehen, geriet auch der israelische Ministerpräsident in das Visier von Siedlern und fanatischen Rabbinern. Die Aussicht, dass heiliges Land als Tauschobjekt im Rahmen einer umfassenden Friedensordnung aufgegeben werden könnte, brachte sie auf die Barrikaden. Für die Siedler wurde Rabin daher zum Verräter und zur Bedrohung ihres messianischen Auftrags. Eine beispiellose Hetz-

Die religiöse Legitimierung des Mordes an Rabin

Zu der verbalen Gewalt fanatischer Orthodoxer und extremistischer Siedler sollte noch etwas anderes kommen: die religiös untermauerte Rechtfertigung, Rabin zu ermorden. Mehrere Rabbiner hatten den Ministerpräsidenten zu einem *Rodef* bzw. *Mosser* erklärt. Beide Begriffe stammen aus der jüdischen Gerichtsbarkeit des Mittelalters. Ein *Rodef* ist ein Jude, der andere Juden in Todesgefahr bringt. Er muss beseitigt werden, was nicht als Strafe, sondern als Erlösung betrachtet wird. Als *Mosser* wird jemand bezeichnet, der Juden oder ihren Besitz an Nichtjuden ausliefert. Auch er verdient es, ohne jedes Urteil getötet zu werden.

Rechte jüdische Extremisten
beschimpfen Rabin als
Verräter und Palästinenser-
kollaborateur. Foto: Chronik
50 Jahre Israel

kampagne gegen den Ministerpräsidenten begann, an der sich
eine unheilige Allianz aus Repräsentanten der Siedlerbewegung,
Teilen des orthodoxen Establishments und führenden *Likud*-Po-
litikern, allen voran Benjamin Netanjahu, beteiligte. Am 5. Oktober 1995 schockierte eine Anti-Rabin-Demonstration in Jerusalem aufgrund ihrer gewalttätigen Rhetorik und Symbolik die
israelische Öffentlichkeit. 30 000 Demonstranten beschimpften
Rabin als Verräter und zeigten unter anderem Fotomontagen,
auf denen der Ministerpräsident in einer SS-Uniform zu sehen
war. Niemand erhob Einspruch. Und seit Monaten hatten Radio-
sender, die den Siedlern oder orthodoxen Gruppen gehörten,
einen medialen Kreuzzug gegen Rabin entfacht: «Nein, Jitzchak

Rabin ist kein Nazioffizier, wie in der Fotomontage auf der Demonstration in Jerusalem gezeigt, er kollaboriert mit Tausenden von Nazioffizieren. Er lässt sie mitten ins Herz des Staates Israel hinein mit ihrem Führer ‹Adolf› Arafat an der Spitze, um das jüdische Volk auszurotten», ereiferte sich der Schriftsteller Mosche Schamir am 18. Oktober 1995 in «Arutz 7», einem Piratensender der Ultraorthodoxen vor der Küste Tel Avivs, dem auch Netanjahu gelegentlich seine Aufwartung machte.

Dies war das Klima, in dem der politische Mord an Ministerpräsident Jitzchak Rabin im Kopf eines jungen Studenten namens Jigal Amir Gestalt annahm. Rabin war für den in religiös-nationalistischen Kreisen beheimateten Amir ein Verräter am jüdischen Volk, den es zu beseitigen galt. Am 4. November 1995 fuhr er daher mit dem Bus nach Tel Aviv, wo eine Demonstration zur Unterstützung Jitzchak Rabins stattfinden sollte. 150000 Menschen hatten sich auf dem «Platz der Könige Israels» versammelt, um für die Fortsetzung des von ihm eingeschlagenen Friedenskurses zu demonstrieren. Es sollte die bewegendste Demonstration in der Geschichte Israels werden. «Das war einer der größten Tage meines Lebens», so Rabin strahlend zu Tel Avivs Ex-Bürgermeister Schlomo Lachat am Ende der Veranstaltung. Nur wenige Minuten später wurde er von den Dum-Dum-Geschossen aus dem Revolver des jungen Studenten tödlich verletzt. «Als ich [auf Rabin] zielte, war es, als zielte ich auf einen Terroristen», erklärte Jigal Amir den Vernehmungsbeamten nach seiner Tat.

Israel war nach dem Attentat wie gelähmt. Zwar hatte man immer mit der Möglichkeit eines Mordanschlags auf führende Politiker wie Rabin oder Peres gerechnet, doch hatte man die potenziellen Attentäter ausschließlich in den Reihen der Araber gesucht. Die Tatsache, dass ein Jude einen Juden aus politischen Motiven ermorden könnte, wurde überhaupt nicht in Erwägung gezogen und wirkte daher wie ein Schock. In den Untersuchungen der Staatsanwaltschaft und der Medien, die der Tat folgten, kam Erschreckendes zutage: ein ganzes Netzwerk extremistischer Organisationen, die unter dem Deckmantel der Religion einen unverhohlenen Rassismus und Nationalismus predigten. Israels Geheimdienste wussten zwar von deren Aktivitäten, hatten sie jedoch völlig falsch eingeschätzt. Die nachlässige Bewachung des Ministerpräsidenten tat ein Übriges, dass ein fanatisierter Mensch wie Jigal Amir seinen «göttlichen Auftrag» ausführen konnte.

Der Mord an Rabin führte allen schmerzhaft vor Augen, dass in Israel zwei Identitäten im Widerstreit liegen: Die eine gründet sich auf demokratische Werte, die andere auf die Theokratie mit einem ganzen Katalog von religiösen Vorschriften. Während die absolute Mehrheit der Israelis in einem Rechtsstaat leben will, der die Religion zwar schützt, aber sie auch in ihre Schranken verwiesen sehen möchte, streben Teile der Orthodoxie einen Gottesstaat an, in dem nur rabbinisches Gesetz zählen und Nichtreligiöse bzw. Nichtjuden ein Pariadasein führen sollen.

Ethnisches Puzzle

Die «Sammlung der Verstreuten»:
Aschkenasim und Sephardim

Am 5. Juli 1949 verabschiedete die Knesset das sogenannte Rückkehrgesetz. Jeder Jude erhielt damit das Recht, sich in Israel niederzulassen und automatisch die israelische Staatsbürgerschaft zu erwerben. Unter dem Eindruck des Holocaust und der Weigerung fast aller Staaten, jüdische Flüchtlinge aufzunehmen, wurde dieses Gesetz erlassen, damit Israel jedem Juden auf der Welt als Zufluchtsstätte und neue Heimat offenstehen kann. Gleichgültig, ob es sich um einen Teenager aus New York oder eine 90-jährige Rentnerin aus Tschetschenien handelt, sie alle haben auf Basis des Rückkehrgesetzes das Recht und die Möglichkeit, nach Israel einzuwandern und Israelis zu werden.

Israel ist ein Einwanderungsland, und das Rückkehrgesetz ist ein wichtiger Bestandteil seiner *Raison d'être*. Die Gründung des Staates im Mai 1948 sollte so etwas wie die «Sammlung der Verstreuten» einleiten, den Exodus des gesamten jüdischen Volkes in Richtung Israel, um hier als Juden unter Juden ein Leben führen zu können, das frei von Diskriminierung und Verfolgung ist. So weit, so gut, das ist die Theorie, die Praxis sieht ein wenig anders aus.

Zum einen packte nach 1948 nur ein Bruchteil der Juden in aller Welt die Koffer, um in Israel zu leben. Zum anderen gestaltete sich die Integration von Juden aus den verschiedensten Kulturkreisen äußerst problematisch und führte zu gesellschaftlichen Konflikten, die bis heute nachhallen. Ferner war die «Sammlung der Verstreuten» ein sehr teures Unternehmen und ließ sich nur mit finanzieller Hilfe aus der Diaspora oder anderen Geldquellen bestreiten.

Bis 1948 prägten fast ausschließlich Einwanderer aus Ost- und Mitteleuropa das Bild. Zwar gab es schon seit dem ausgehenden 19. Jahrhundert Juden aus dem Jemen und anderen orientalischen Ländern in Palästina, doch fielen diese Gruppen bis zur Staatsgründung demographisch kaum ins Gewicht. Zionistische Pioniere oder Flüchtlinge vor den Nationalsozialisten, der *Jischuw* der Mandatszeit setzte sich zu über 90% aus Aschkenasim zusammen. Demzufolge waren alle politischen, militärischen und wirtschaftlichen Eliten europäischer Herkunft. «Das Gründungsjahr 1948 selbst ist daher ein aschkenasisches Datum», so der Historiker Dan Diner. Doch die meisten Juden, die nach 1948 nach Israel einwanderten, stammten aus den arabischen Ländern zwischen Marokko und dem Iran, sie sprachen zumeist arabisch und sahen häufig auch wie Araber aus. Der Konflikt zwischen den Aschkenasim und den als Sephardim bezeichneten orientalischen Juden war programmiert.

Sowohl die israelisch-arabischen Auseinandersetzungen als auch der Prozess der Dekolonialisierung leiteten das Ende der jüdischen Gemeinschaften in der muslimischen Welt ein. Manchmal, wie etwa im Irak, halfen Agenten der *Jewish Agency* ein wenig nach, indem sie Bombenattentate auf jüdische Einrichtungen verübten und so die lokale jüdische Bevölkerung zur Emigration motivierten. Pogrome in Libyen, Ägypten und Aden waren aber der Hauptgrund, warum die orientalischen Juden meist fluchtartig das Land verließen. Geradezu generalstabsmäßig organisierte Israel ihre Einwanderung: In der Operation «Zauberteppich» wurden 50 000 Juden aus dem Jemen nach Israel ausgeflogen, in der Operation «Esra und Nehemia» 120 000 irakische Juden. Mit 230 000 Einwanderern stellen die marokkanischen Juden quantitativ die größte Gruppe dar. Die letzte große Aktion dieser Art war die Operation «Salomon», in der binnen 36 Stunden über 14 000 Juden aus Äthiopien per

DDT für Neuankömmlinge

«DDT war das erste, was meine Mutter bei ihrer Ankunft in Israel zu sehen bekam», so Rakefet Cohen über die Einwanderung ihrer Familie mütterlicherseits aus dem kurdischen Teil des Irak. Die Gründung des Staates Israel und der Krieg von 1948 führten dazu, dass die Juden in vielen arabischen Ländern nach Jahrhunderten des harmonischen Zusammenlebens mit ihren muslimischen Nachbarn ihre Sachen packen und das Land verlassen mussten. So auch Rakefet Cohens Mutter. «Und weil Israel in ihren Vorstellungen das Heilige Land war, also etwas ganz Besonderes, zog sie wie alle anderen Familienmitglieder ihre besten Kleider an, um den Moment der Einreise zu würdigen. Doch als sie das Flugzeug verließen, kamen die Beamten der *Jewish Agency* und besprühten sie mit dem Insektenvernichtungsmittel DDT. Juden aus dem Irak galten schließlich als dreckig.»

Diskriminierend und desillusionierend – so erlebten viele sephardische Juden ihre Einwanderung nach Israel.

Luftbrücke aus dem bürgerkriegsgeschüttelten Land nach Israel ausgeflogen wurden.

Die große Mehrheit der Sephardim kam weniger aus zionistischen Motiven nach Israel, eher aufgrund einer sehr stark ausgeprägten religiösen Affinität. Und der Staat Israel sah in diesen Einwanderern die Chance, das demographische Ungleichgewicht zur arabischen Welt ein wenig zu mindern. Doch in Israel angekommen, fanden die Sephardim ein europäisch geprägtes Land vor, das wenig Respekt vor ihrer Kultur hatte. Im Gegenteil, das aschkenasische Establishment erwartete, dass die orientalischen Juden in kürzester Zeit zu westlichen Israelis mutierten und sich ihrer kulturellen Wurzeln entledigten. Die Integrationspolitik der Regierungen der Arbeiterpartei war fatal: Die orientalischen Juden wurden in trostlosen, sogenannten Entwicklungsstädten in der Negevwüste oder der Jordansenke angesiedelt, wo es kaum Arbeit oder Ausbildungsmöglichkeiten gab. Auf dem von der *Histadrut* dominierten Arbeitsmarkt jener Jahre hatten sie zudem wenig Chancen, da Aschkenasim in Regierung, Wirtschaft und Militär das Sagen hatten und alle wichtigen Posten untereinander aufteilten. Zwar bezeichnete sich die aschkenasische Elite damals als sozialistisch, aber sie zeigte wenig Bereitschaft, ihre Pfründe zu teilen, und behandelte die Sephardim in einer paternalistischen Weise, die sich bald rächen sollte.

Das gesellschaftliche Leitbild bis weit in die 1970er-Jahre hinein war der blonde Kibbuznik mit der *Uzi*-Maschinenpistole in der Hand, der das Land aufbaute und beschützte. Doch die große Mehrheit der Israelis ist weder blond, noch lebt sie in einem Kibbuz. Und langsam, aber sicher begann sich unter den Sephardim das Bewusstsein auszubilden, dass ihr demographisches Gewicht in politische Münze verwandelt werden konnte. 1967 war hier eine Art Wendepunkt, weil sich orientalische Juden erstmals in einem Konflikt als Israelis erfolgreich bewähren konnten und entscheidenden Anteil am militärischen Erfolg hatten. Später wurde der *Likud*-Block zu ihrer neuen politischen Heimat. Obwohl dessen führende Leute gleichfalls aschkenasisch waren, sahen sie in der Unterstützung von Politikern wie Menachem Begin und Ariel Scharon die Möglichkeit, an der Wahlurne dem aschkenasischen Establishment alter Prägung einen Denkzettel zu verpassen. Die sephardischen Stimmen brachten 1977 Menachem Begin an die Macht.

Die nationalistische Politik des *Likud* bot ihnen eine neue Identifikationsmöglichkeit abseits der sozialistisch geprägten aschkenasischen Pionierideale. Menachem Begins Populismus schaffte es, die Sephardim an seine Partei zu binden. Sowohl die «Großisrael-Ideologie», die auf eine Okkupation der Westbank hinauslaufen sollte, als auch der verstärkte religiöse Einfluss im Alltagsleben kamen den sephardischen Befindlichkeiten entgegen. Und als die *Likud*-Regierung den Kibbuzim den Geldhahn zudrehte, verspürten nicht wenige von ihnen ein gehöriges Maß an Genugtuung, weil es die Arbeiterpartei war, die die kollektivistischen Siedlungen ihrer Klientel zuvor so großzügig subven-

David Levy – eine sephardische Erfolgsgeschichte

Israels ehemaliger Außenminister David Levy spricht kaum Englisch. Früher galt er deshalb als Lachnummer, heute lacht keiner mehr über den früheren Bauarbeiter aus der Entwicklungsstadt Beit Schean in der Jordansenke. 1937 im marokkanischen Rabat geboren, kam er mit seiner Familie 1957 nach Israel. Der Vater von elf Kindern hat es aufgrund seiner Beharrlichkeit und Lernfähigkeit geschafft, zu einer der Schlüsselfiguren in der israelischen Politik aufzusteigen, und gilt als Leitbild für viele orientalische Juden. Levys eigene *Gescher*-Partei koalierte lange mit dem *Likud*-Block, dann war er Partner des Sozialdemokraten Ehud Barak. David Levy glaubt, dass Frieden Prosperität bedeutet und deshalb gut für die Sephardim ist. Trotz seiner konservativen Grundüberzeugung hat er sich deshalb zu einem gemäßigten Politiker gewandelt, der kritisch zur Siedlungspolitik steht und vehement auf die Einhaltung des Friedensvertrags von Oslo pocht. Dank der Kenntnisse seiner arabischen Sprache und seines marokkanischen Hintergrunds konnte Israels erster «dunkler» Außenminister bei Treffen mit arabischen Politikern oft überzeugender auftreten als seine aschkenasischen Kollegen.

tioniert hatte, die Entwicklungsstädte im Negev aber hatte verkommen lassen.

In den 1980er- und 1990er-Jahren ließ sich eine kontinuierlich stärkere Präsenz von Sephardim in Politik, Militär und Wirtschaft beobachten. Die aus Marokko stammenden Politiker David Levy und Schlomo Ben Ami wie auch der im irakischen Teil Kurdistans geborene ehemalige Verteidigungsminister Jitzchak Mordechai stiegen zu Schlüsselfiguren der israelischen Politik auf, die dafür sorgten, dass die alte Formel «Aschkenasim = Arbeiterpartei + pro Friedenspolitik, Sephardim = Likud + streng nationalistisch» langsam an Gültigkeit verlor.

Eine dritte Gruppe im ethnischen Puzzle Israels sind die russischen Juden. Zwar stammten schon die ersten zionistischen Pioniere fast alle aus Russland, doch wenn heute in Israel von «den Russen» die Rede ist, sind damit die rund 900 000 seit 1989 aus der ehemaligen Sowjetunion eingewanderten Juden gemeint. Auch sie wurden anfangs euphorisch als willkommene Verstärkung für das zionistische Projekt begrüßt, aber sie sollten die politische und gesellschaftliche Landschaft nachhaltig verändern. Gewiss, nach dem Raster Aschkenasim-Sephardim gehören sie zur ersten Gruppe, doch haben sie ganz eigene Interessen. Noch nie hatte es in der Geschichte Israels eine so große Einwanderung in so kurzer Zeit gegeben, die zudem weder zionistisch noch religiös motiviert war. Das unsichere politische und wirtschaftliche Klima in der Ex-UdSSR war der Hauptgrund, warum viele Juden das Land verließen. Und weil es kaum Alternativen gab, gingen sie nach Israel.

Die russische Einwanderung stellte das Land vor eine enorme Herausforderung. Wohnraum und Arbeitsplätze mussten geschaffen werden. Dafür war viel Kapital notwendig, das nur über Kredite zu beschaffen war. Da der *Likud* unter Menachem Begins Nachfolger Jitzchak Schamir indes einen Großteil der finanziellen Mittel für die Siedlungspolitik verbrauchte und damit sogar einen Konflikt mit den USA als wichtigstem Geberland provozierte, wählte die Mehrheit der neuen, russischstämmigen Israelis 1992 die Arbeiterpartei an die Macht und ebnete so den Weg nach Oslo. Entweder eine Großisrael-Politik oder die Integration der russischen Juden, so lautete die Alternative, die sich damals bot. Um beides zu verwirklichen, war nicht genug Geld da.

Aber auch auf gesellschaftlicher Ebene taten sich neue Konfliktfelder auf: Die Sephardim befürchteten, durch die Russen wieder ins Hintertreffen zu geraten, die Russen wiederum sahen sich mit den Anschuldigungen der Orthodoxie konfrontiert, dass viele von ihnen eigentlich gar keine richtigen Juden seien. Juden konnten in der UdSSR kaum ihre Traditionen pflegen, zudem reisten zahlreiche russische Juden mit nichtjüdischen Ehepartnern nach Israel ein. Dies wurde ihnen nun von Teilen der Orthodoxie zum Vorwurf gemacht.

Viele diskriminierende Einzelfälle vergifteten das Klima: Da waren zum Beispiel die im Libanon gefallenen israelischen Soldaten, die zuvor aus Russland eingewandert waren. Sie galten aufgrund unklarer Herkunftsverhältnisse plötzlich nicht mehr als Juden und durften auf keinem Militärfriedhof bestattet werden, sondern wurden in Russland oder der Ukraine beigesetzt. So haben die «Russen» ein Gemeinschaftsgefühl entwickelt, das separat von der israelischen Gesellschaft zum Aufbau eigener Strukturen und Parteien führte. Die jüdische Orthodoxie betrachten sie als Gegner ihrer Interessen. Allein vier russischsprachige Tageszeitungen und zahlreiche auf Russisch sendende Radiostationen gibt es heute in Israel, und per Kabelfernsehen lassen sich alle großen Fernsehstationen aus der alten Heimat empfangen. Der ehemalige sowjetische Dissident Nathan Scharansky hat es mit seiner Partei *Israel B'Alijah* hervorragend verstanden, sich zum Mehrheitsbeschaffer der verschiedenen Koalitionsregierungen aufzubauen, um die Anliegen seiner russischen Wähler besser zu vertreten.

Vor dem Hintergrund der «Sammlung der Verstreuten» lässt sich recht gut darstellen, warum israelische Politik nicht nach dem Links-Rechts-Schema funktioniert oder nach der einfachen Opposition Befürworter – Gegner des Friedensprozesses. Auch die Zugehörigkeit zu einer der vielen ethnischen Gruppen oder zu einer der konkurrierenden Fraktionen der jüdischen Orthodoxie bestimmt politische Affinitäten und Wahlverhalten.

Fast jeder fünfte Israeli ist ein Araber. Und obwohl die israelische Unabhängigkeitserklärung allen Bürgern des Landes, gleich welcher Religion, Rasse oder Geschlecht, die gleichen Rechte verspricht, unterscheidet sich ihr Leben doch in vielen Punkten von dem jüdischer Israelis. Zwar stimmt es, dass Araber mit israelischer Staatsangehörigkeit – und das sind all jene, die in den Grenzen des Staatsgebietes von 1967 wohnen – ebenso wie Juden wählen dürfen, aber damit hört die Gleichheit auch schon auf. Auf sozialem und wirtschaftlichem Gebiet gibt es gravierende Ungleichheiten. So sind über 50% aller Israelis, die unterhalb der Armutsgrenze leben, muslimische oder christliche Araber, und das bei einem Bevölkerungsanteil von knapp 20%. Ganz gleich ob Ausbildung, Gesundheitswesen oder Wohnungsbau, arabische Gemeinden liegen fast immer unter dem Niveau vergleichbarer jüdischer Gemeinden, und das hat zahlreiche Gründe. Zum einen fließen weitaus weniger öffentliche Mittel in ihre Dörfer und Städte, als ihnen anteilsmäßig zustünde, zum anderen haben die Araber Israels es noch nicht geschafft, ihre demographische Stärke richtig in politisches Gewicht umzusetzen. Ständige Rivalitäten zwischen Drusen, Christen und Muslimen sowie Kommunisten und Islamisten haben bisher verhindert, dass die arabische Bevölkerungsminderheit mit einer einheitlichen und starken Stimme auftritt. Bei den oft knappen Regierungsmehrheiten, wie sie in Israel an der Tagesordnung sind, gelten ihre Knesset-Abgeordneten zudem als ungeliebte Koalitionspartner. Für israelische Regierungen ist es immer noch ein Tabu, Mehrheitsentscheidungen zu Fragen der Sicherheit des Landes nur durch die Zustimmung arabischer Abgeordneter zu erreichen. Das wurde insbesondere in den Jahren zwischen 1992 und 1996 deutlich: Weder Jitzchak Rabin noch Schimon Peres wollten sich in Fragen des Friedensprozesses auf arabische Parteien stützen,

Ein arabischer Israeli
mit der typischen Kopf-
bedeckung, der Kufija.
Foto: Heinz Kiesler,
Hamburg

die ihnen problemlos die notwendigen Mehrheiten hätten liefern können. Sonst hätte sich die Arbeiterpartei dem Vorwurf der Opposition ausgesetzt, sie würde mithilfe der Araber und gegen die Mehrheit der jüdischen Bevölkerung Land aufgeben.

Jede allzu offensichtliche Diskriminierung der arabischen Israelis wird mit dem Hinweis auf die öffentliche Sicherheit entschuldigt. Ihnen stehen beispielsweise weder die gleichen Ausbildungsmöglichkeiten zur Verfügung, da Araber nur in Ausnahmefällen in der israelischen Armee dienen, noch findet sich unter den vielen tausend Mitarbeitern der staatlichen Fluglinie El Al ein einziger Araber. Nur ganze fünf Palästinenser stehen bei den israelischen Elektrizitätswerken auf der Gehaltsliste, und dies bei einer

Gesamtbelegschaft von 13 000 Mitarbeitern. Natürlich haben Sicherheitsbelange in Israel immer Priorität, aber das rechtfertigt keinesfalls den Unwillen Jerusalems, seinen arabischen Staatsbürgern die gleichen wirtschaftlichen und sozialen Möglichkeiten zu eröffnen. «Keine Regierung Israels hat jemals von den israelischen Arabern verlangt, den Staat zu lieben oder in die Armee zu gehen», so Schmuel Toledano, ein früherer Berater der Regierung in arabischen Angelegenheiten, «alles, was wir verlangen, ist, dass sie sich neutral verhalten.» Obwohl die israelischen Araber dies in den letzten 50 Jahren mehr als deutlich bewiesen haben, gelten sie für viele Israelis immer noch als eine potenziell gefährliche «Fünfte Kolonne», die im Falle eines Konfliktes mit einem arabischen Staat rasch zum Problem werden könnte. Dabei könnten sie im Vergleich zu den antizionistischen Vertretern der jüdischen Orthodoxie geradezu als israelische Musterbürger bezeichnet werden.

«Brüderlich» stellte sich vor über 100 Jahren Theodor Herzl das Verhältnis zwischen Juden und Palästinensern vor. Die arabische Bevölkerung könnte durch die zionistische Einwanderung und die damit einhergehende Modernisierung des Landes nur profitieren, meinte Herzl, denn: «Es gibt nichts Armseligeres und

Niederlassungsfreiheit für arabische Israelis

Am 8. März 2000 traf der Oberste Gerichtshof Israels eine längst fällige Grundsatzentscheidung: Er erklärte die Einschränkung der Niederlassungsfreiheit für arabische Israelis für illegal. Geklagt hatte ein arabisches Ehepaar, das sich aufgrund der miserablen Infrastruktur in seinem Dorf in der jüdischen Ortschaft Katzir bei Hadera ein Haus errichten wollte. Doch die *Jewish Agency* als Besitzer des Bodens von Katzir hatte erklärt, dass die Gemeinde nur jüdische Bürger akzeptiere. Dagegen wehrte sich das Ehepaar und ging durch alle Instanzen. Mit Erfolg, denn die Richter befanden, dass die Beschränkung beim Verkauf staatlicher Böden auf Mitglieder einer Bevölkerungsgruppe oder Religionsgemeinschaft unrechtmäßig sei.

Jämmerlicheres als ein arabisches Dorf in Palästina.» Zwar hatte er anfangs überlegt, die Araber nach dem Verkauf ihres Bodens an Juden allmählich aus Palästina zu vertreiben, doch nachdem er das Elend der Fellachen in Ägypten gesehen hatte, nahm er von diesem Gedanken rasch wieder Abstand: «Man kann doch nicht arme arabische Bauern von der Scholle vertreiben.» Trotzdem taten in den Kindertagen des Zionismus viele Vordenker der zionistischen Bewegung so, als ob Palästina ein «leeres Land» wäre oder die lokalen Araber nur darauf warteten, von den Segnungen des Zionismus beglückt zu werden. Als sie dann mit der Tatsache konfrontiert wurden, dass dort bereits Menschen lebten, zeigten sich viele überrascht, so etwa Max Nordau, einer von Herzls engsten Mitarbeitern, der gesagt haben soll: «Das habe ich ja nicht gewusst – dann begehen wir ja ein Unrecht.»

Sozialistische Gruppen innerhalb des Zionismus betrachteten die Araber als eine von feudalen Landbesitzern ausgebeutete Gruppe, die sich im Rahmen der Eroberung des Landes durch «jüdische Arbeit» gleichfalls befreien und durch die Teilnahme an der Modernisierung Palästinas nur profitieren könne. Eine Minderheit wie *Brit Schalom* (dt.: Friedensbund) plädierte gar für die Schaffung eines binationalen Staates. Andere dagegen, wie z.B. die Arbeitervereinigung *HaPoel HaZair,* betonten, daß «jüdische Arbeit» eine arabische Beteiligung vollständig ausschließe. Jüdische Siedlungen oder Fabriken dürften nur Juden als Arbeiter beschäftigen, selbst wenn diese mehr kosteten. So kam es, dass die 1920 gegründete Einheitsgewerkschaft *Histadrut* lange Zeit keine Araber in ihre Reihen aufnahm.

Abseits dieser oft akademisch anmutenden Diskussionen und trotz der im Mandat festgelegten britischen Verpflichtung, alle Gemeinschaften Palästinas zu fördern, setzte nach dem Ersten Weltkrieg eine Entwicklung ein, die zur Separation von jüdischer und arabischer Bevölkerung auf wirtschaftlichem und sozialem Gebiet führte. Außerdem war die arabische Gesellschaft der ersten Hälfte des 20. Jahrhunderts bei Weitem nicht homogen: 80%

der christlichen Araber lebten in den urbanen Zentren des Landes, während dies nur auf rund 27% der muslimischen zutraf. Ferner gab es zahlreiche soziale und wirtschaftliche Unterschiede zwischen den Arabern in den bergigen Regionen Galiläas und rund um Jerusalem sowie jenen, die an der Küste lebten. Für denselben Zeitraum lässt sich eine Migrationsbewegung von Ost nach West in die Städte der Küstenebene beobachten. In den Jahren 1900 bis 1948 verdoppelte sich die arabische Bevölkerung Palästinas auf über eine Million.

Die Modernisierung Palästinas machte auch vor der arabischen Gesellschaft nicht halt. 1948 waren nur noch rund 50% aller Araber in der Landwirtschaft beschäftigt, die andere Hälfte arbeitete als Händler, Handwerker oder für die britische Verwaltung. Doch die Araber Palästinas konnten im selben Zeitraum nicht die gleiche wirtschaftliche Dynamik entwickeln wie der *Jischuw*. Zum einen besaßen sie im Durchschnitt nicht den gleichen Ausbildungsstand, zum anderen kamen sie nur schwer an das notwendige Investitionskapital zum Aufbau eigener industrieller Betriebe oder zur Modernisierung der Landwirtschaft heran. Trotz einiger Ansätze verfügten sie nicht über einen vergleichbaren Bankensektor, der ihnen finanzielle Mittel hätte bereitstellen können. Als die Konjunktur Palästinas durch die Einbindung in die alliierte Kriegswirtschaft boomte, kamen aus dem arabischen Sektor des Landes nur 13,5% der Industrieproduktion. Und obwohl der *Jischuw* gegen Ende der 1930er-Jahre nur rund 35% der Bevölkerung ausmachte, verfügte er über fast 75% der Kaufkraft.

Nicht nur wirtschaftlich, auch politisch entwickelte sich ein starkes arabisch-jüdisches Gegeneinander. Anders als in Syrien, dem Irak oder dem Libanon begannen die Araber Palästinas nach dem Ersten Weltkrieg nicht nur gegen eine fremde europäische Herrschaft zu kämpfen, sondern hatten auch den *Jischuw* zum Gegner, der im Begriff war, einen jüdischen Staat in Palästina zu errichten. Dabei verfolgten sie zwei Ziele: die Herstellung

der arabischen Souveränität über Palästina und die Zurück-
weisung aller jüdischen Ansprüche auf das Land. Die Juden,
so lautete ihre Argumentation, hätten kein Recht auf das Land,
weil es ihnen nur durch eine dritte Partei, nämlich die Briten, versprochen worden war. Deshalb weigerten sie sich, Vertreter des
Jischuw als Verhandlungspartner zu akzeptieren, und stellten
ihre Forderungen allenfalls direkt an die britische Mandatsmacht.

In den Jahren 1921 und 1929 kam es als Reaktion auf die jüdische Einwanderung und die massiven Landkäufe durch Juden
zu ersten gewaltsamen Protesten der arabischen Bevölkerung,
und schließlich brach 1936 der große arabische Aufstand aus,
der bis 1939 andauerte. Parallel zum Aufbau der politischen
Institutionen des *Jischuw* hatten sich während der Mandatszeit
Konturen einer palästinensischen Nationalbewegung heraus-
kristallisiert. Diese definierte Palästina erstmals von arabischer
Seite als eine eigenständige politische Einheit, negierte die jüdischen Ansprüche auf das Land und versuchte, sich über allen religiösen, regionalen und Claninteressen stehend zu positionieren.
Als arabisches Pendant zur *Jewish Agency* diente das *Arab Exe-
cutive Committee,* das von der britischen Verwaltung als arabische Interessenvertretung akzeptiert wurde. Doch anders als im
Jischuw, wo unterschiedliche ideologische Ansichten die Basis
von miteinander konkurrierenden politischen Parteien bildeten,
dominierten die Machtinteressen der traditionell führenden Fa-
milienclans weiterhin die arabische politische Landschaft. Alle
Schlüsselpositionen wurden von deren Oberhäuptern und Repräsentanten besetzt. Die wichtigsten waren die Khalidis, die Naschaschibis und die al-Husseinis, sie alle standen eigenen politischen Parteien vor, die wiederum den Familieninteressen dienten.

Im Alltagsleben kooperierten Palästinenser und Juden durchaus auf vielen Ebenen: Arabische Landbesitzer verkauften jüdischen Interessenten gerne Land, weil sie so die besten Preise
erzielen konnten, jüdische Wähler in Gemeinden mit arabischer

Der Mufti von Jerusalem – eine Schlüsselfigur

1921 hatte der britische *High Commissioner* zwei Vertreter der mächtigsten arabischen Clans mit wichtigen Ämtern betraut: Herbert Samuel Radjib Naschaschibi wurde als Bürgermeister Jerusalems eingesetzt und Hadj Amin al-Husseini als höchster islamischer Würdenträger, als «Mufti von Jerusalem». Gleichzeitig übernahm al-Husseini die Führung des Obersten Muslimischen Rates, der in religiösen Fragen die höchste Autorität für die Araber verkörpern sollte. Doch dies stellte sich als ein äußerst verhängnisvoller Schritt heraus, den die Mandatsbehörden noch bitter bereuten. Hadj Amin al-Husseini baute im Laufe der Jahre den Obersten Muslimischen Rat zu seiner persönlichen Hausmacht aus, beseitigte seine politischen Konkurrenten aus dem Clan der Naschaschibis und wurde letztendlich zur treibenden Kraft hinter den arabischen Aufständen. Geleitet wurde der Aufstand der Jahre 1936 bis 1939 durch ein neues, alle Aktionen koordinierendes Gremium, das *Arab Higher Committee,* an dessen Spitze wiederum der Mufti stand. Dabei wurde al-Husseini – wenn auch nur verbal – vom «Dritten Reich» und Italien unterstützt, die er als potenzielle Verbündete in seinem Kampf gegen Briten und Juden betrachtete. Die Unruhen in Palästina lieferten den Nazis in Berlin reichlich Munition für die deutsche antibritische Propaganda. Sie werteten al-Husseini zum «Großmufti» auf und boten ihm Schutz, als er vor den Engländern, die ihn auf die Fahndungsliste gesetzt hatten, fliehen musste. In Berlin traf er mit Adolf Hitler persönlich zusammen. Diese Nähe des Muftis zum «Dritten Reich» und Italien sollte die palästinensische Nationalbewegung für lange Zeit diskreditieren.

und jüdischer Bevölkerung wie Haifa oder Jerusalem wurden auch von arabischen Kommunalpolitikern umworben, und auf informeller Ebene gab es zahlreiche Berührungspunkte. Der Ausbruch des Zweiten Weltkriegs brachte sogar eine gewisse Beruhigung in dem zuvor eskalierten palästinensisch-jüdischen Konflikt. Beide Gruppen waren wirtschaftlich stark von den Kriegsereignissen berührt, da beispielsweise die europäischen Exportmärkte für Zitrusfrüchte wegbrachen, gleichzeitig aber die industriellen Kapazitäten des Landes ausgebaut wurden.

Doch kurz nach Kriegsende brachen die gewaltsamen Auseinandersetzungen zwischen jüdischer und arabischer Bevölkerung erneut aus. Sie führten zu einer ungeheuren Flüchtlingswelle und damit zu einer Aufspaltung des palästinensischen Volkes.

Die Palästinenser, die sich nach 1948 im Staate Israel wiederfanden, lebten bis in die Mitte der 1960er-Jahre unter israelischer Militärverwaltung. Ihre Bewegungsfreiheit war in vielerlei Hinsicht eingeschränkt, und so bestanden nur relativ wenige Kontakte zu jenen Palästinensern, die als Flüchtlinge jenseits der Grenzen des israelischen Staatsgebietes von 1967 lebten. Als infolge des Sechstagekriegs das Westjordanland, der Gazastreifen und Ostjerusalem von Israel erobert wurden, wurde offensichtlich, dass sie «anders» als die übrigen Palästinenser geworden waren. Sie sprachen hebräisch, standen wirtschaftlich besser da als die Mehrheit der Flüchtlinge und hatten sich in der einen oder anderen Form mit dem Staat Israel arrangiert. Zwar zeigten sie sich durchaus solidarisch mit ihren Verwandten und Landsleuten in den besetzten Gebieten oder in den Flüchtlingscamps, aber klar ist auch: Wenn es in naher Zukunft zur Gründung eines palästinensischen Staates kommen wird, so werden sie wohl weiterhin israelische Araber bleiben wollen.

Wenn man heute noch von Israel als jüdischem Staat spricht, so bleibt rund eine Million arabischer Israelis, das ist ein Fünftel der Bevölkerung, ausgegrenzt. Das gewachsene palästinensische Selbstvertrauen und die schiere demographische Größe stellen daher eine Herausforderung für die politische Zukunft des Staates Israel dar. Inwiefern werden sich israelische Identitäten mehr durch die Staatsbürgerschaft definieren als etwa durch die historischen Verbindungen zu einer ethnischen, religiösen oder nationalen Gruppe? Gewiss, Arabisch ist seit 1948 neben dem Hebräischen die zweite Amtssprache Israels, und die Zeiten der Militärverwaltung sind lange vorbei. Aber wie groß war etwa die Überraschung, als sich herausstellte, dass der zunächst anonym gebliebene Autor des auf Hebräisch geschriebenen Erfolgsromans «Arabesken» kein Jude, sondern ein Palästinenser namens Anton Schammas war. Schammas brachte einige Widersinnigkeiten, mit denen sich israelische Araber tagtäglich herumschlagen müssen, auf den Punkt: «Gemäß den Richtlinien des israelischen Innenministeriums lautet meine Nationalität ‹Araber›, aber mein israelischer Reisepass bestätigt diesen Umstand nicht. Stattdessen steht schon auf der ersten Seite, dass ich israelischer Staatsbürger bin.»

Aber es gab auch positive Signale: Mit Nawaf Massalha rückte erstmals ein arabischer Israeli auf einen hohen Regierungsposten, er wurde stellvertretender Außenminister der Regierung Barak. Und das Knesset-Komitee für Außenpolitik und Verteidigung hatte in den Jahren zwischen 1999 und 2003 mit Haschem Mahameed ebenfalls einen Araber in seiner Mitte. Es bleibt noch viel zu tun, bevor Israels Araber sich als gleichberechtigte Staatsbürger fühlen können. Aber die Tatsache, dass sie in jüngster Zeit sehr aktiv für ihre Rechte und ein Mitspracherecht in der Regierung kämpfen, zeigt, dass sich in den letzten Jahren im Verhältnis zwischen jüdischen und arabischen Israelis einiges bewegt hat.

Die palästinensischen Flüchtlinge

Ein brennendes soziales und politisches Problem bleibt dagegen die Situation der palästinensischen Flüchtlinge. Kurz nach dem Ende des Zweiten Weltkriegs war, wie bereits erwähnt, die Gewalt zwischen *Jischuw* und Palästinensern in einem solchen Maße eskaliert, dass sich die britische Mandatsmacht bald außerstande sah, die Kontrolle über das Land aufrechtzuerhalten. Sie übergab ihr Mandat an die Vereinten Nationen. Schon vor der Staatsgründung im Mai 1948 erreichte der Terror auf beiden Seiten verheerende Ausmaße. Allein in den ersten drei Monaten

Etwa die Hälfte der Palästinenser flüchtete nach Syrien, in den Libanon, nach Ägypten und Jordanien, wo unter anderem mit deutscher Hilfe das Lager Bakaia (1967) errichtet wurde. Foto: UNRWA, G. Nehmeh

des Jahres 1948 verließen über 30 000 Palästinenser ihre Heimat. Die meisten gehörten den oberen Gesellschaftsschichten an, die sich aus Furcht vor weiteren Unruhen rechtzeitig in Sicherheit bringen wollten. Bis zum Ende des Unabhängigkeitskriegs schwoll diese Zahl auf etwa 750 000 Flüchtlinge an. (Dies sind UN-Zahlen, die arabische Seite operiert mit einer Million, während die israelische Regierung in ihren Statistiken 520 000–580 000 anführt.) Massaker an der Zivilbevölkerung lösten eine Panik aus. Unvergessen für die Palästinenser bleibt der Mord an 250 Bewohnern des Dorfes Deir Jassin im April 1948 durch Einheiten der Revisionisten. Außerdem sorgte die Operation «Hiram» der israelischen Armee im Herbst 1948 dafür, dass weite Teile der strategisch wichtigen Region Nordostgaliläa entvölkert wurden, «aus Sicherheitsgründen», wie es damals hieß. Im Zuge dieser Operation kam es zu zehn dokumentierten Massakern an der Zivilbevölkerung. Das 1950 erlassene *Absentee Property Law,* das die Palästinenser zu Abwesenden erklärte und ihren Grundbesitz durch eine Art Vormundschaft verwalten ließ, sorgte dafür, dass dieses Land zu israelischem Staats- oder jüdischem Privateigentum erklärt werden konnte. 350 jüdische Siedlungen wurden in den Folgejahren auf als verlassen deklariertem Land errichtet.

Aber auch die politischen Führer der gegen Israel kämpfenden Staaten trugen durch Aufrufe an die Palästinenser, das Land vorübergehend zu verlassen, um anschließend mit den siegreichen arabischen Truppen zurückzukehren, dazu bei, dass das palästinensische Flüchtlingsproblem diese dramatischen Dimensionen annahm. Die Palästinenser flohen zunächst nach Syrien, in den Libanon, nach Jordanien und Ägypten, etwa die Hälfte von ihnen in das Westjordanland und den Gazastreifen. Seit Dezember 1949 wurden sie von der *United Nations Relief and Works Agency for Palestine Refugees in the Near East* (UNRWA), einem Flüchtlingshilfswerk der Vereinten Nationen, betreut. Seither leben die Flüchtlinge, zum Teil unter elenden Bedingungen, in Camps, die – ursprünglich als Provisorium gedacht – mittlerweile den Charakter von richtigen Stadtteilen angenommen haben. Knapp fünf Millionen palästinensische Flüchtlinge zählte die UNRWA im Jahr 2012. Oftmals führen diese Menschen ein Pariadasein, weil die arabischen Nachbarländer sich seit Jahrzehnten weigern, die Palästinenser in ihre Gesellschaften als gleichberechtigte Staatsbürger zu integrieren. So verweigert ihnen der Libanon die Staatsbürgerschaft, selbst wenn sie bereits in der dritten Generation dort leben, und verbietet ihnen zudem die Ausübung bestimmter Berufe. Mühsam hält die UNRWA mit einem Jahresetat von 655 Millionen Dollar (2012) viele von ihnen über Wasser. Weitere 301 Millionen Dollar steuert das UN-Flüchtlingshilfswerk der Palästinensischen

Autonomiebehörde bei. Mittlerweile ist aber auch viel Kritik an der UNRWA laut geworden: Sie alimentiere eine aufgeblasene Bürokratie, finanziere wahllos Bildungseinrichtungen, in denen radikale Inhalte vermittelt werden, und trage letztendlich nur dazu bei, den Flüchtlingsstatus der Palästinenser zu perpetuieren. Abu Ijad, einer der führenden PLO-Repräsentanten, der 1991 ermordet wurde, sagte einmal: «Als sie 1948 Palästina verließen, glaubten die Palästinenser, sie würden in den arabischen Ländern als Brüder empfangen werden. Wie groß war ihre Bestürzung, als sie feststellen mussten, dass sie bestenfalls als Freunde, in den meisten Ländern jedoch als unerwünschte Ausländer behandelt wurden.»

Im historischen Gedächtnis der Palästinenser hat sich die Gründung Israels daher unter dem Begriff *Al-Nakba* (dt.: die Katastrophe) eingebrannt, sie verbinden damit Massaker, Vertreibung und Enteignung. Hätten die Araber damals Israel anerkannt, so lautet dazu der Kommentar von israelischer Seite, wäre auch das Flüchtlingsproblem nicht entstanden. Die Resolution 194 des UN-Sicherheitsrates vom Dezember 1948, die eine Repatriierung oder Entschädigung der Flüchtlinge verlangte, blieb ungehört und wirkungslos. All die Jahre hoffte Israel schlicht, dass die Flüchtlinge eines Tages verschwinden würden, irgendwie absorbiert von der arabischen Welt. Doch weit gefehlt. In den Friedensverhandlungen zwischen Israelis und Palästinensern wird die Frage der Entschädigung dieser Menschen und das Rückkehrrecht noch für viel Zündstoff sorgen.

Hüttenkäse und sozialer Protest

Im Jahr 2011 veröffentlichte die OECD einen Report, der Überraschendes zutage brachte: Israelis haben eine Lebenserwartung von 81,6 Jahren. Das sind zwei Jahre mehr als der Durchschnitt der OECD-Bevölkerung. Zum Vergleich: Japan liegt mit 83,0 auf

Platz eins, gefolgt von der Schweiz mit 82,3 und Italien und Spanien mit jeweils 81,8 Jahren. Im weltweiten Vergleich werden israelische Männer mit durchschnittlich 80,2 am ältesten, auf Platz zwei folgt die Schweiz mit 80,0 Jahren. In allen anderen Ländern, auch in Japan, sterben sie früher. Dabei lag die Lebenserwartung in Israel vor 20 Jahren für Männer und Frauen gleichermaßen noch bei 78,8 Jahren. Diese Daten sind umso erstaunlicher, als der jüdische Staat im Vergleich zu den anderen OECD-Ländern relativ wenige seiner Ressourcen für das Gesundheitssystem verwendet. Während in Israel auf 1000 Einwohner zwei Krankenhausbetten kommen, sind es im OECD-Durchschnitt 3,5. Auch investiert man nur 7,9% des BIP in die medizinische Versorgung, die anderen Staaten geben dafür 9,6% aus. Über die Ursachen für diese Spitzenposition der Israelis bei der Lebenserwartung lassen sich viele Gründe anführen. Vielleicht spielt die hohe Zufriedenheit mit ihrem Leben eine Rolle: Laut dem sogenannten Happiness Index gehört Israel mit Kanada und Neuseeland zu den Top-Zehn in der Welt. Doch eine Ursache dafür ist bestimmt nicht die soziale Gerechtigkeit. Denn seit Jahren existiert eine Kluft zwischen Arm und Reich, die sich stetig vergrößert. Der Aufstieg zur Hightech-Nation hat in Israel sehr viele Menschen sehr reich gemacht. Zugleich aber zogen die Lebenshaltungskosten, insbesondere in den urbanen Zentren Tel Aviv und Jerusalem, in den vergangenen Jahren dramatisch an. Viele Israelis, die vormals dem Mittelstand angehörten, können da einfach nicht mehr mithalten und befürchten den sozialen Abstieg. Selbst gut ausgebildete Fachkräfte und Akademiker kommen mit ihren Gehältern angesichts astronomischer Mieten, explodierender Immobilienpreise sowie im internationalen Vergleich oft bis zu dreimal so teurer Grundnahrungsmittel kaum noch über die Runden. Allein in den Jahren zwischen 2005 und 2010 stiegen die Kaufpreise für Apartments um 55% und die Mieten um 27%, wobei zu berücksichtigen ist, dass es sich dabei um Durchschnittswerte für das ganze Land handelt. Für

Tel Aviv und Jerusalem liegen die Zahlen weit darüber. All das hat in jüngster Vergangenheit zu Unmut und zu sozialen Protesten geführt, die Israel in dieser Dimension zuvor noch nie gesehen hatte.

Am Anfang aller Demonstrationen stand der Hüttenkäse. Im Juni des Jahres 2011 wurde auf Facebook aus Wut darüber, dass dieses in Israel sehr beliebte Milchprodukt innerhalb kurzer Zeit um über 40 % teurer geworden war und man für eine kleine Packung im Supermarkt mittlerweile umgerechnet mehr als 1,50 Euro bezahlen musste, eine Gruppe gegründet, die zum Boykott der drei großen Milchproduzenten aufrief, die den Markt untereinander aufteilten. Innerhalb weniger Tage schlossen sich ihr über 100 000 Israelis an. Daran anknüpfend wurden recht intensive öffentliche Diskussionen über die Lebenshaltungskosten und die Macht der Großunternehmen geführt. Denn wie eine Studie der Bank of Israel belegt, generieren rund 20 Familien und ihre Konzerne über die Hälfte des Bruttoinlandsprodukts Israels. «Die wirtschaftliche Konzentration in diesem Lande ist eine existenzielle Bedrohung», erklärte auch Daniel Doron, Direktor des Israel Center for Social and Economic Progress. Die Mehrheit der Protestierenden sah die Verantwortung für die Misere in einem Versagen der politischen Führung. Zwar vertrat sie mehrheitlich die Meinung, dass die Privatisierung und Hinwendung zur Marktwirtschaft Israel den Eintritt in den Club der reichen Industrienationen ermöglicht hat. Doch zugleich attestierte sie der Politik durch das Fehlen jeder Form der Kontrolle und Regulierung ein hohes Maß an Mitverantwortung an der aktuellen Situation. Da sich zudem der Staat aus vielen Bereichen zurückgezogen hat – das betrifft insbesondere das Bildungs- und das Gesundheitswesen –, müssen die ohnehin von hohen Preisen gebeutelten Israelis immer öfter in Eigenleistung treten. Rund ein Fünftel aller Israelis lebt mittlerweile unterhalb der Armutsgrenze, wobei Ultraorthodoxe und israelische Araber den größten Anteil stellen. Auf die nichtreligiöse jüdische Bevölkerung umgerechnet, würde die Rate bei 11% liegen und wäre damit vergleichbar mit anderen Industrienationen.

Als dann auch noch der Tycoon Jitzchak Tschuva, Besitzer des Mischkonzerns «Delek» und laut «Forbes» einer der reichsten Männer dieser Welt, für zwei Millionen Dollar die Hochzeit seines Sohnes in einem Nationalpark ausrichtete, der deshalb tagelang für die Öffentlichkeit gesperrt war, platzte vielen der Kragen. Innerhalb weniger Tage formierte sich eine Protestbewegung, die nicht nur zum Demonstrieren auf die Straße ging, sondern sie darüber hinaus auch in Beschlag nahm. Auf dem edlen Rothschild Boulevard und anderen Straßen Tel Avivs wie auch in anderen urbanen Zentren etablierten sich Zeltstädte, in denen Tausende von insbesondere jungen Israelis gegen die unbezahlbaren Mietpreise protestierten und zudem ein höheres Maß an sozialer Gerechtigkeit einzufordern begannen. Jeden Samstag gingen die Menschen auf die Straße, und mit 350000 Demonstranten an einem Tag hatte man eine der größten politischen Kundgebungen in der Geschichte des Landes auf die Beine gestellt. Israelis jeglicher ethnischer Herkunft und aus allen sozialen Schichten sowie unabhängig von ihrer sonstigen politischen Meinung unterstützten diese Anliegen. Als Reaktion richtete die Regierung das Trajtenberg-Komitee ein, das nach einigen Monaten Arbeit seine Empfehlungen in Sachen Schaffung von neuem und bezahlbarem Wohnraum aussprach sowie mehr Wettbewerb in einzelnen Wirtschaftszweigen empfahl, um eine rückläufige Preisentwicklung zu bewirken. Doch wie so oft nach solchen Komitee-Empfehlungen wurde kaum etwas in die Tat umgesetzt. Nach den gewaltigen Demonstrationen im Sommer 2011 verebbte die Protestbewegung rasch, erlebte aber ein Jahr später eine kurze Renaissance, als eine Anhebung der Steuersätze und eine Erhöhung der Mehrwertsteuer beschlossen wurde.

Das Militär

Zahal: eine Volksarmee

Zahal ist im wahrsten Sinne des Wortes eine Volksarmee. Fast jeder jüdische Israeli, ganz gleich ob Mann oder Frau, hat in einer der Einheiten von Heer, Luftwaffe oder Marine seinen Dienst geleistet. Wehrpflichtig sind Männer im Alter zwischen 18 und 29 Jahren sowie unverheiratete Frauen zwischen 18 und 26 Jahren. Der Grundwehrdienst beträgt für Männer drei, für Frauen knapp zwei Jahre. Doch damit nicht genug. Wer nach drei oder mehr Jahren Armee studiert oder im Berufsleben steht, den lässt *Zahal* keinesfalls in Ruhe. Bis zum Alter von 55 Jahren müssen Männer je nach Dienstgrad zwischen 30 und 45 Tagen Reservedienst pro Jahr ableisten. Für Frauen gilt diese Pflicht bis zum Alter von 50, jedoch werden sie äußerst selten dazu einberufen.

Zahal nimmt also im Leben eines jeden jüdischen Bürgers des Staates Israel einen zentralen Stellenwert ein. Hier treffen Israelis unterschiedlicher Herkunft und gesellschaftlicher Stellung aufeinander: Aschkenasim und Sephardim, die alteingesessenen *Sabres* und jüdische Einwanderer aus aller Welt finden sich auf einmal in einer Einheit wieder. Die Armee spielt deshalb gerade bei der Integration von Neueinwanderern eine wichtige Rolle, für sie ist der Dienst in den Streitkräften so etwas wie die Eintrittskarte in die israelische Gesellschaft. Hier lernen viele Hebräisch, holen Schulabschlüsse nach oder machen eine Ausbildung. Kurzum, *Zahal* ist ein Karrieresprungbrett in alle gesellschaftlichen Bereiche.

Zu den rund 176 500 diensttuenden Soldaten und Offizieren (Stand 2012) addieren sich derzeit 445 000 Reservisten, die im

Frauen in der Armee

Seit 1995 dürfen Frauen – freiwillig – in einigen Kampfeinheiten Dienst tun. Und am 3. Januar 2000 verabschiedete die Knesset ein Gesetz, das besagt, dass Frauen in jeder militärischen Position ihren Armeedienst ableisten können. Damit stehen ihnen vom einfachen Soldaten bis zum höchsten General theoretisch alle militärischen Posten offen. Das klingt nach absoluter Gleichberechtigung von Frauen in *Zahal* – aber: Der Gesetzgeber hat sich ein Hintertürchen offengehalten und festgelegt, dass dies nur gilt, wenn «das Wesen der militärischen Aufgabe» dadurch nicht unmöglich gemacht werde. Hinter dieser kryptischen Formel verbirgt sich die Tatsache, dass Frauen weiterhin aus bestimmten kämpfenden Einheiten ausgeschlossen bleiben, denn laut einer militärärztlichen Studie bringt der weibliche Oberkörper im Vergleich zum männlichen nur halb so viel Muskelmasse auf die Waage. Zwar erlaubt der Grenzschutz mittlerweile Frauen in seinen Kampfeinheiten, die Infanterie aber weiterhin nicht. Auf gerichtlichem Wege hatten sich in den letzten Jahren Frauen auch den Zugang zur Ausbildung als Kampfjetpilotin erstreiten müssen. Trotzdem, in einem Land, wo die militärische Karriere im zivilen Berufsleben eine enorm wichtige Rolle spielt, ist dieses Gesetz ein Etappensieg für Israels Frauen in Richtung Gleichberechtigung.

Ernstfall innerhalb weniger Stunden einberufen werden können, und etwa 30 000 bis 35 000 Berufssoldaten, die den Nukleus einer jeden Einheit ausmachen. *Zahal* ist allgegenwärtig. Wer vor oder nach dem Wochenende öffentliche Verkehrsmittel benutzt, sieht Tausende von bewaffneten und uniformierten jungen Männern und Frauen, die auf Heimaturlaub sind. Vermutlich ist jeder Besucher, der erstmals nach Israel kommt, ein wenig befremdet, an jeder Straßenecke auf bewaffnete Soldaten zu treffen, gewöhnt sich aber rasch an den Anblick. Rekruten und Reservisten auf der Fahrt vom Heimatort zu einem militärischen Stützpunkt oder Soldaten in einem Café gehören einfach zum Alltagsbild. An allen Ausfallstraßen finden sich Dutzende von Soldaten, die auf eine Mitfahrgelegenheit zu den mitunter sehr abgelegenen Militärstützpunkten warten. Und es gehört zum guten Ton, trampende Soldaten in seinem Privatauto mitzunehmen.

Von der Wehrpflicht befreit sind nur die jüdischen Studenten an Lehranstalten der Ultraorthodoxen, den *Jeschiwot*. Diese Regelung basiert auf einer Vereinbarung zwischen dem ersten Ministerpräsidenten David Ben Gurion und der jüdischen Orthodoxie aus dem Jahre 1948. Damals betraf sie nur eine kleine Gruppe von 400 *Jeschiwa*-Studenten, und Ben Gurion dachte sich, dass ein solcher Kompromiss einfacher sei, als Ultraorthodoxe zum Eintritt in die Armee zu zwingen, wo sie dann aufgrund ihrer ablehnenden Haltung mehr hinderlich als nützlich gewesen wären. Heute nehmen laut Angaben von *Zahal* sowie des Finanzministeriums knapp 60000 junge Männer diese Regelung für sich in Anspruch. Sie müssen nur vorweisen können, dass das Studium der Thora für sie Lebensinhalt ist und sie daneben keiner «bezahlten oder unbezahlten» Arbeit nachgehen können. Doch die Zahl derjenigen, die sich auf diese Weise ihrer Wehrpflicht entziehen, hat sich seit den 1980er-Jahren mehr als verdreifacht. Deshalb wurde unter Vorsitz des ehemaligen Richters des Obersten Gerichtshofs Tzvi Tal eine Kommission eingerichtet, die im Jahr 2002 die Empfehlung aussprach, dass ultraorthodoxe junge Männer im Alter von 22 Jahren zwischen einer Art Zivildienst mit zwölf Monaten Dauer oder einem verkürzten Militärdienst wählen sollen. Daraus entwickelte sich das sogenannte Tal-Gesetz, das aber nur provisorischen Charakter hatte und alle fünf Jahre erneuert werden musste. Von Anbeginn stand es im Kreuzfeuer der Kritik, weil viele Israelis darin eine Verletzung des Gleichheitsprinzips sahen. Auch deshalb, weil sich letztendlich nur eine Handvoll junger Ultraorthodoxer zum Militärdienst gemeldet hatte. Im Sommer 2012 lief das «Tal-Gesetz» aus und wurde auch deshalb nicht mehr verlängert, weil der Oberste Gerichtshof es als unvereinbar mit den Grundwerten des demokratischen Staates Israel erklärt hatte. Doch abgesehen von der mangelnden Wehrgerechtigkeit gibt es einen weiteren und wohl

viel wichtigeren Punkt, warum eine Revision der alten Aus-
nahmeregelungen auf der Tagesordnung steht: Um nicht eingezogen zu werden, müssen die jungen Männer über viele Jahre
hinweg nachweisen, dass sie ausschließlich mit religiösen Studien
beschäftigt sind. Das hält sie wiederum davon ab, einer bezahlten Arbeit nachzugehen und macht sie fast automatisch zu Be-
ziehern von Sozialleistungen. Durch den Dienst beim Militär soll
es ihnen auch leichter gemacht werden, anschließend auf dem
Arbeitsmarkt Fuß zu fassen. In den darauffolgenden Monaten
erhielten 15 000 junge Ultraorthodoxe ihren Einberufungsbefehl,
was *Zahal* in Sachen Integration ultraorthodoxer Wehrpflich-
tiger vor ganz neue Herausforderungen stellt.

Die Ultraorthodoxen verteidigen die Ausnahmeregelung damit, dass Angehörige ihrer Gemeinschaften durch den Armeedienst dazu gezwungen wären, für sie elementare religiöse Prinzipien zu verletzen. *Zahal* könne nicht dafür garantieren, dass
die Speisegesetze beachtet werden und Schabbat gehalten wird,
außerdem verstoße die Armee gegen orthodoxe Moralvorstellun-
gen, da Frauen und Männer nicht getrennt dienen. Das aber ist
nur ein Teil der Wahrheit, denn viele Ultraorthodoxe erkennen
den Staat Israel gar nicht an. Ihrer Auffassung nach ist Israel kein
jüdischer Staat und darüber hinaus nicht einmal rechtens, da er
auf keinem göttlichen Schöpfungsakt beruht. Für sie kann nur
der Messias persönlich dies tun, und der war bekanntlich im Mai
1948 nicht erschienen. Deshalb weigern sie sich, den Dienst an
der Waffe zu leisten. «Die Heilige Schrift ist der wichtigste Inhalt
unseres Lebens. In unseren Augen hängt die Zukunft unseres
Volkes letztlich von der göttlichen Botschaft ab, weit mehr als
von jeder Armee», verteidigt der ultraorthodoxe Abgeordnete
Awraham Rawitz die Sonderregelung.

Die absolute Mehrheit der Israelis aber dient in der Armee,
ihnen ist die ablehnende Haltung der Ultraorthodoxen schon
lange ein Dorn im Auge. Die Tatsache, dass sie aufgrund des langen Wehrdienstes und regelmäßiger Reserveübungen unter gro-

ßen Gefahren einen nicht geringen Teil ihrer Lebenszeit für die Sicherheit des Staates opfern, hat gerade in jüngster Zeit immer mehr Rufe laut werden lassen, die Ausnahmeregelung abzuschaffen. So hatte sich unter dem Motto «Ein Volk, eine Armee» bereits vor Jahren eine parteiübergreifende Bewegung formiert, die Druck auf die Regierung auszuüben versuchte. Und im Sommer 2012 wurden überall im Lande sogenannte Sucker-Camps gebildet, auf denen ehemalige Wehrpflichtige gegen eine Verlängerung des «Tal-Gesetzes» demonstrierten, weil sie meinen, es sei nicht besonders intelligent von ihnen gewesen, ihr Leben als Soldaten zu riskieren, während sich andere völlig legal leicht davor drücken könnten.

Aber es gibt noch eine weitere große gesellschaftliche Gruppe, die vom Karrieresprungbrett *Zahal* ausgeschlossen ist: die knapp eine Million Palästinenser mit israelischer Staatsangehörigkeit. Sie unterliegen nicht der allgemeinen Wehrpflicht. Theoretisch könnten sie freiwillig dienen, doch hätte das Probleme zur Folge: Bei *Zahal* würden sie als Risikofaktor unter ständiger besonderer Überwachung gelten, in der palästinensischen Gesellschaft als Verräter. Dennoch gibt es auch nichtjüdische Gruppen beim Militär. Die im Norden Israels lebenden Drusen, Angehörige einer islamischen Glaubensrichtung, dienen seit der Staatsgründung in Israels Streitkräften. Ebenso finden sich vereinzelt Beduinen, die traditionell als Fährtensucher eingesetzt werden, sowie Tscherkessen, eine ursprünglich im Kaukasus beheimatete muslimische Gruppe, die vor über einhundert Jahren vor den Truppen des zaristischen Russland floh und sich in der Region niederließ.

Die Armee gilt als Garant für das Überleben des Staates Israel, und das nicht erst seit 1948. Schon die ersten Pioniere des «Neuen» *Jischuw* hatten begonnen, die Sicherheit und die Verteidigung ihrer Siedlungen selbst in die Hand zu nehmen, denn gegen Überfälle von Beduinen oder Arabern halfen ihnen die Polizeitruppen der Osmanen so gut wie gar nicht. Aus dieser Situation heraus entwickelte sich die Idee, einen eigenen jüdischen Selbstschutz zu schaffen. 1909 entstand unter dem Namen *Ha-Schomer* (dt.: Der Wächter) die erste jüdische Verteidigungsorganisation. 1920, als die Briten ihre Mandatsverwaltung aufbauten, wurde die *Haganah* gegründet, eine Art nationale Miliz, die in den darauffolgenden Jahren sukzessive ausgebaut wurde. Unterstellt war die *Haganah* der Einheitsgewerkschaft *Histadrut* und der Zionistischen Weltorganisation.

Gerade in den 1920er-Jahren, während der 1921 und 1929 ausbrechenden Unruhen, wurde dem *Jischuw* zunehmend die Bedeutung eines funktionierenden Selbstschutzes vor Augen geführt. Viele Siedlungen auf dem Land konnten nur deshalb überleben, weil die *Haganah* ihre Verteidigung gegen arabische Angriffe übernommen hatte. Trotzdem schaffte es auch diese nicht, das Massaker an 67 Juden in der Stadt Hebron im Jahr 1929 zu verhindern. In den 1930er-Jahren wurde die *Haganah* deshalb neu organisiert und verstärkt mit Waffen ausgerüstet, die illegal im Ausland erworben worden waren. Zudem begann sie mit dem Aufbau eigener Produktionsstätten für Munition und sonstige militärische Ausrüstungen, die den Grundstock für den späteren militärisch-industriellen Komplex Israels bildeten.

Das Ganze fand teils legal, teil illegal statt, denn die *Haganah* spielte ein geschicktes Doppelspiel. Spätestens seit 1936, als arabische Aufständische begannen, auch britische Institutionen und Personen ins Visier zu nehmen, arrangierte sich die Mandatsmacht mit der *Haganah* und erlaubte einen jüdischen Beitrag zu der Verteidigung von Siedlungen sowie beim Schutz von Verkehrslinien und Infrastruktureinrichtungen. Während die *Haganah* den Briten bei der Abwehr arabischer Anschläge half, verweigerte sie ihnen in der Frage der illegalen Einwanderung den Gehorsam. Zudem bildete sie mehr Kämpfer aus als vereinbart und schaffte größere Mengen Waffen beiseite. Doch der *Jischuw* ging auch in die Offensive. Unter Anleitung des exzentrischen britischen Oberst Orde Wingate wurden die *Special Night*

Squads geschaffen, Sondereinheiten aus *Haganah*-Leuten, die nachts in arabische Dörfer eindrangen, wo sie Aufständische vermuteten, oder Racheaktionen ausführten. 36000 Mitglieder hatte die *Haganah* im Jahr 1944. Ferner wurden 1941 die *Palmach* (Abkürzung für *Plugot Machaz*, dt.: Stoßtruppen) ins Leben gerufen, die zwar im Zweiten Weltkrieg aufseiten der Briten kämpften, aber schon 1943 in den Untergrund gehen mussten, da sie an der Organisation der illegalen Einwanderung beteiligt waren. 5000 Mitglieder zählten die *Palmach* 1948, rund ein Drittel davon waren Frauen. Viele führende Militärs wie Jigal Alon und Jitzchak Rabin begannen ihre militärische und politische Laufbahn in den Einheiten der *Palmach*, die 1948 aufgelöst und ebenso wie die der *Haganah* in die neuen israelischen Streitkräfte integriert wurden.

Diese Eingliederung verlief nicht unproblematisch und spiegelt zugleich den politischen Riss innerhalb des *Jischuw* wider. Die in Konkurrenz zur *Haganah* stehende *Irgun Zwai LeUmi* (dt.: Nationale Militärische Organisation), kurz *Irgun* genannt, die der revisionistischen Bewegung nahestand und auf deren Konto zahlreiche antibritische Gewaltakte gingen, war zwar während des Zweiten Weltkriegs ein Zweckbündnis mit der *Haganah* eingegangen, doch brach der Gegensatz zwischen den beiden großen militärischen Organisationen in den turbulenten Jahren bis zur Staatsgründung wieder voll auf. Trauriger Höhepunkt war die «Altalena-Affäre» im Juni 1948, als *Zahal* das von der *Irgun* gecharterte Schiff «Altalena», das Waffen und Freiwillige aus Frankreich für den bewaffneten Flügel der Revisionisten an Bord hatte, an der Küste Tel Avivs beschoss. David Ben Gurion wollte damit das Ende der nach politischen Parteien ausgerichteten Milizen durchsetzen. Nur noch eine einzige militärische Organisation sollte es geben: die Streitkräfte des Staates Israel unter dem alleinigen Oberbefehl seiner gewählten Regierung. Auch die *Palmach*-Einheiten zeigten sich nicht gerade begeistert über die Order zur Auflösung. Jitzchak Rabin, damals

Brigadekommandeur in den *Palmach*, hatte es Schimon Peres, dem jungen Adlatus Ben Gurions, nie verziehen, die treibende Kraft hinter diesem Befehl gewesen zu sein.

Rollenwandel zur Jahrtausendwende

Chaim Kapone, 47-jähriger Werbetexter aus Tel Aviv, ist voller Stolz. Sein Sohn Amitai wird nach seinem 18. Geburtstag genau wie er früher nach der Schule zur israelischen Marine gehen. «Damit wird die dritte Generation unserer Familie in Folge bei den Seestreitkräften sein, und zwar sehr wahrscheinlich in derselben Einheit, in der schon mein Vater und ich unseren Militärdienst abgeleistet haben», so Chaim Kapone. Das ist schon etwas Besonderes. Doch die Freude darüber, dass die Familientradition der Kapones aufrechterhalten wird, ist nur eine Seite der Medaille. Denn vor dem gesetzlich vorgeschriebenen jährlichen Reservedienst hat sich Chaim Kapone in den letzten zehn Jahren erfolgreich gedrückt. «Reine Zeitverschwendung», lautet seine Begründung, «außerdem habe ich keine Lust mehr, in meinem Alter von irgendwelchen Leuten herumkommandiert zu werden.» Auch Amitai Kapone wird nicht deshalb den Dienst auf See antreten, weil ihn die Marine besonders reizt, sondern weil sie im Vergleich zu anderen Waffengattungen einfach nur weniger riskant und aufreibend erscheint.

Die Haltung der Kapones ist kein Einzelfall mehr. Israels Verteidigungsexperten schlagen bereits Alarm: «Wie eine Seuche», warnte schon 1997 der damalige Staatschef im Verteidigungsministerium, Amnon Lipkin-Schahak, «breitet sich die Drückebergerei unter den Reservisten aus.» Und die «New York Times» sorgte für Unruhe, als sie von 30% der jungen Schulabgänger sprach, die aus den verschiedensten Gründen nie ihren Militärdienst ableisten würden. Die Zahlen seien völlig aus der Luft gegriffen, lautete dazu der Kommentar aus dem Verteidigungsministerium, nur 17 % eines Jahrgangs würden nicht eingezogen: *Jeschiwa*-Schüler, im Ausland lebende israelische Staatsbürger sowie körperlich und geistig Behinderte. Trotzdem wurde, wie in solchen Fällen üblich, sofort eine Untersuchungskommission eingerichtet, die die Gründe der aktuellen Motivationskrise unter Rekruten und Reservisten unter die Lupe nehmen sollte.

Nach über 60 Jahren seiner Existenz steckt auch das israelische Militär in einer Art Midlife-Crisis. Natürlich ist die Mehrheit weiterhin stolz darauf, den Militärdienst in der *Zahal* zu leisten, und kaum jemand käme auf den Gedanken, den Dienst an der Waffe zu verweigern. Und nach wie vor gilt *Zahal* als die große gesellschaftliche Klammer von enormer integrativer Kraft. Aber die glänzende Fassade hat Risse bekommen. Nach dem Sieg von 1967 setzten verschiedene Entwicklungen ein, die Stück für Stück zu einem Prestigeschwund führten. So konnten sich viele Rekruten und Reservisten einfach nicht mit der Rolle als Besatzungssoldaten in den okkupierten Gebieten identifizieren. Das Debakel im Libanon, die *Intifada,* bei der bestausgerüstete Soldaten gegen Kinder kämpfen mussten – all das machte es für viele immer schwieriger, daran zu glauben, dass man einer Armee angehört, die immer nur gute und gerechte Ziele verfolgt. Und die Veröffentlichungen über die Ermordung ägyptischer Kriegsgefangener während des Sinaifeldzugs 1956 ruinierten den stets hochgehaltenen Mythos von der «Reinheit der Waffen».

Aber es gibt noch andere Gründe, die der Motivation junger Rekruten oder erfahrener Reservisten nicht unbedingt förderlich sind: Viele verspüren nicht die geringste Lust, religiöse jüdische Fanatiker im arabischen Hebron zu beschützen, die einen dann zum Dank als *Goj* beschimpfen oder handgreiflich werden, sobald man sie daran hindert, die örtlichen Palästinenser über Gebühr zu terrorisieren.

Zahal ist nicht mehr die heilige Kuh von einst. Gruppen wie *Jesch Gwul* (dt.: Es gibt eine Grenze), die den Dienst in den besetzten Gebieten verweigerten, waren früher eine winzige Minderheit. In den letzten Jahren sind zum Beispiel Organisationen wie «Vier Mütter» dazugekommen, eine lautstarke und medienpräsente Bewegung von Soldatenmüttern, die im Jahr 2000 den Abzug aus dem Südlibanon forderte und großen Zuspruch erhielt. Und 1999 sorgte «Stein für Stein», das provokative Buch von Batya Gur, für Aufregung. Es skizziert sehr genau die veränderte Stimmung in der israelischen Gesellschaft gegenüber der Armee, die sich eben nicht mehr wie über Jahrzehnte hinweg auf die alle Widersprüche negierende Formel von der «Bereitschaft zur Selbstopferung» reduzieren lässt.

Die Zeiten haben sich geändert. «Die Gesellschaft ist heute weniger idealistisch», heißt es resignierend in militärischen Kreisen. «Die Gruppe zählt nichts mehr, stattdessen gilt nur noch das Individuum.» Damit hat man die Antwort auf die Frage nach den Ursachen eigentlich selbst geliefert. *Zahal* ist ein genaues Spiegelbild der israelischen Gesellschaft, und die hat sich in den letzten Jahren radikal gewandelt. Der Kollektivgedanke, der in den Aufbaujahren in Israel so dominant war, ist dahin. Die von der Regierung in die Wege geleitete Privatisierung, der wirt-

«Stein für Stein»

Die eigentlich eher im Krimigenre beheimatete Batya Gur erzählt den Kampf einer Frau, die sich nach dem unsinnigen Tod ihres Sohnes bei der obligatorischen Mutprobe in seiner Einheit keinesfalls auf die Rolle als stille, trauernde Mutter beschränken will. Sie nimmt einen Kampf gegen das gesamte israelische Militär auf: Vehement fordert sie die Bestrafung der verantwortlichen Kommandeure und wehrt sich gegen die Autorität der Armee über ihre Soldaten, die noch über den Tod hinaus gilt. Mit einigen Stangen Dynamit jagt die Protagonistin den von der Armee gestifteten, standardisierten Grabstein in die Luft.

Noch vor wenigen Jahren wäre ein solches Buch undenkbar gewesen. Natürlich wurde Batya Gur reflexartig als Nestbeschmutzerin beschimpft, aber ihre Geschichte basiert auf einem realen Fall und fand große Zustimmung.

schaftliche Boom der letzten Jahre und das daraus resultierende allgemeine Streben nach individuellem Glück haben innerhalb des israelischen Wertesystems einen weitaus höheren Stellenwert als früher. All das und die mitunter dramatische Aufspaltung der israelischen Gesellschaft bekommt eben auch die Armee zu spüren.

Waffenschmiede Israel

Israel gehört keiner militärischen Allianz an. Nach der Staatsgründung hatten die ersten Regierungen des Landes militärisch zwar eng mit Frankreich kooperiert, doch ein Richtungswechsel von Staatspräsident de Gaulle nach dem Sechstagekrieg 1967 und die Abhängigkeit der französischen Wirtschaft vom Öl arabischer Staaten beendeten abrupt diese Liaison. Seither sind die USA wichtigster Lieferant von Rüstungsgütern und militärischem Know-how. Aber Israel ist zum großen Teil Selbstversorger. Bekanntestes Produkt ist das *Uzi*-Maschinengewehr, das sich rasch zum Exportschlager entwickelte. Armeen in aller Welt und zahlreiche Gangster schätzen diese einfach zu bedienende und äußerst zuverlässige Waffe. Doch vorbei sind die Zeiten solcher billigen Lowtech-Waffen, Hightech bestimmt zunehmend das Bild. Was Waffenexporte angeht, befindet sich das kleine Land laut dem Congressional Research Service der Library of Congress weltweit auf Platz acht und tätigte in den Jahren zwischen 2004 und 2011 Waffengeschäfte im Wert von 12,9 Milliarden Dollar. Ein verkaufsförderndes Argument der israelischen Rüstungsindustrie ist die Kriegserfahrung ihrer Produkte. So gilt der Panzer *Merkava,* eine israelische Eigenentwicklung, als einer der besten Panzer überhaupt. Ferner befinden sich Radaranlagen und Raketen jeglichen Typs im Angebot.

Die Waffenverkäufe sind für Israel von ganz entscheidender Bedeutung, weil diese Einnahmen die Existenz der eigenen Rüs-

Fliegende Alleskönner

«Früher haben wir unsere Ausrüstung noch im nächsten Spielwaren-geschäft gekauft», erinnert sich Chaim Esched voller Nostalgie. Damals, Ende der Sechzigerjahre herrschte ein zermürbender Stellungskrieg am Suezkanal und Israel brauchte dringend Informationen über die ägyptischen Truppenbewegungen. «Man besorgte sich einfach ein paar ferngesteuerte Modellflugzeuge und befestigte an ihnen Kameras mit Klebeband», so der ehemalige Chef der Abteilung für Raumfahrt des israelischen Verteidigungsministeriums. «Diese flogen dann über die feindlichen Stellungen und wir verfolgten ihren Weg mithilfe von Ferngläsern. Verschwanden die kleinen Flieger jedoch aus unserem Sichtfeld, was nicht selten geschah, gingen sie verloren.» Aus der Not geboren, wurde der jüdische Staat so zum Pionier in Sachen *Unmanned Aerial Vehicles*, kurz UAVs genannt.

Lowtech war gestern, heute verfügt *Zahal* über eine ganze Palette unbemannter Hightech-Fluggeräte in jeglicher Größe: Erst im Februar 2010 lieferte *Israel Aircraft Industries* (IAI) die vierte Generation ihrer Flaggschiffdrohne vom Typ *Heron* aus. Mit einer Spannweite von 26 Metern hat dieses «Fliegende Auge» die Dimensionen einer Boeing 737 und kann fünf Tonnen Ausrüstung in einer Höhe von 13 500 Metern bis zu 36 Stunden in der Luft bewegen. Über die Reichweite gibt es nur Gerüchte. Sie soll mindestens 7400 Kilometer betragen. Wie effizient und tödlich die *Heron* sein kann, bewies bereits das Vorgängermodell im Januar 2009. Im fernen Sudan ortete die Drohne einen Lastwagenkonvoi mit iranischen Waffen, die nach Gaza unterwegs waren, und zerstörte ihn erfolgreich. Natürlich geht es auch einige Nummern kleiner. Mit dem *Ghost* hat IAI ein nur vier Kilogramm leichtes Gerät im Angebot, das von zwei Elektromotoren angetrieben wird und nicht nur aussieht wie eine Minikopie des *Chinook*-Helikopters, sondern auch genauso fliegt. Kürzlich präsentierte der Konzern auch den Prototyp seiner Minidrohne *Butterfly*, die völlig geräuschlos beispielsweise durch Fenster fliegen und so Gebäude ausspionieren kann. «*Ghost* und seine noch kleineren Geräte sind sehr einfach zu bedienen und können schnell überall zum Einsatz gebracht werden», erklärt Dan Bichmann, ein früherer Hubschrauberpilot und nun zuständig für das Marketing von UAVs bei IAI. «Ihr großer Vorteil besteht darin, beispielsweise Bilder darüber liefern zu können, was sich hinter einem Haus oder einer Hecke verbirgt. Das schützt vor unliebsamen Überraschungen.» Gerade bei militärischen Operationen in Städten sind solche Informationen unverzichtbar. Denn das ist der große Vorteil von Drohnen: Das Leben der eigenen Soldaten wird bei Einsätzen nicht riskiert und die Fähigkeit, punktgenau zuschlagen zu können, reduziert die Zahl möglicher ziviler Opfer. Doch *Ghost* und *Butterfly* sind nur die Vorboten einer ganz neuen Generation von UAVs, die in den Laboratorien von IAI entsteht. Entwickelt werden bereits Nano-Drohnen, die kaum noch für das menschliche Auge erkennbar sind, solarbetriebene Flugroboter mit fast unbegrenzter Flugdauer oder reine Transportdrohnen. Produziert werden schon seit Jahren auch sogenannte Fliegende Handgranaten, die Aufklärungsflüge mit Angriffskapazitäten verbinden und offensiv in das Kampfgeschehen eingreifen können. Auf jeden Fall sind die Israelis gut im Geschäft, wenn es um militärische Drohnen geht. Rund 20 bis 25% ihres Umsatzes von über 3,5 Milliarden Dollar erwirtschaftet IAI mittlerweile damit. Und die Nachfrage nach intelligenten unbemannten Militärfluggeräten steigt weiter rasant. Auf rund zehn Milliarden Dollar soll das Weltmarktvolumen bis zum Ende des Jahrzehnts anwachsen, und die Israelis wollen ein großes Stück von diesem Kuchen abhaben.

tungsindustrie und die Entwicklung neuer Verteidigungssysteme sichern helfen. Nach Schätzungen von Experten gehen fast 75% der Waffenproduktion ins Ausland. Da die israelischen Waffenhersteller an keine Exportverbote für Krisengebiete gebunden sind, verkaufen sie an jeden Interessenten, der zahlt.

Kritik am israelischen Geschäftsgebaren im Rüstungssektor hagelte es häufig vom Verbündeten USA, insbesondere als Israel nach Aufnahme der diplomatischen Beziehungen zu Peking im Jahr 1992 begann, Waffen in größeren Mengen in das Reich der Mitte zu exportieren. Im November 1999 landete der chinesische Verteidigungsminister Chi Ho Tein in Tel Aviv, um sich nach Lieferanten umzusehen, kurze Zeit später folgte sein Chef, Chinas damaliger Staatschef Li Peng. Unbemannte Aufklärungsflugzeuge, Luft-Luft-Raketen vom Typ *Barak* und andere wehrtechnische Produkte, Waffen im Wert von schätzungsweise insgesamt zwei Milliarden Dollar standen auf der Einkaufsliste. Allein der Deal, chinesische Flugzeuge des Typs *Iljuschin 76* mit modernsten Frühwarnsystemen auszustatten, hat ein Volumen von 250 Millionen Dollar. Washington argwöhnte, dass China über Israel an modernste US-Wehrtechnik gelangen könnte, und legte scharfen Protest ein. Ein Rüstungsgeschäft im Wert von 1,2 Milliarden Dollar mit China sollte jedoch im Sommer des Jahres 2000 platzen. Damals hatte Washington interveniert, weil Israel das *Phalcon*-Radarfrühwarnsystem ins Reich der Mitte verkaufen wollte und man über den möglichen Zugriff Pekings auf diese hochmoderne Technologie nicht begeistert war. Vielleicht war man in den USA aber auch einfach nur verärgert, dass die israelische Konkurrenz die Aufträge erhielt und nicht etwa amerikanische Firmen. «Die USA beschweren sich nie, wenn Europa Waffen an China verkauft. Warum sollen wir nicht Li Peng die gleiche Ehre erweisen und verkaufen, was wir wollen?», fragte daraufhin ein hoher israelischer Beamter.

Stattdessen entwickelte sich Indien zum größten Abnehmer von israelischen Rüstungsgütern. So ist der jüdische Staat nach Russland zum zweitwichtigsten Lieferanten für die indische Armee aufgestiegen. Mittlerweile werden Waffensysteme aber auch gemeinsam entwickelt, etwa die neue Generation der Luftabwehrrakete *Barak* unter der Ägide von Indiens *Defense Research and Development Organisation* (DRDO) und *Israel Aerospace Industries* (IAI). Diesmal gibt es seitens der USA keine Bedenken, wenn Waffen-Hightech «Made in Israel» exportiert wird. Denn in wichtigen außenpolitischen Fragen haben alle drei Länder eine ähnliche Wellenlänge, sodass Sicherheitsexperten und Politiker bereits von einer strategischen Partnerschaft sprechen. «Die USA, Indien und Israel sind schließlich die drei Hauptziele des Terrorismus», brachte Brajesh Mishra, Sicherheitsberater der indischen Regierung, die gemeinsame Interessenlage auf den Punkt.

Deutschland und Israel – ein besonderes Verhältnis

«Normal mit besonderem Charakter», so werden vom deutschen Auswärtigen Amt die Beziehungen zwischen Deutschland und Israel offiziell bezeichnet. Das Verhältnis zwischen den beiden Staaten ist äußerst intensiv, davon zeugen die unzähligen Städtepartnerschaften und gegenseitigen Politikervisiten. Ferner ist Deutschland nach den USA der wichtigste Handelspartner und hat Israel schon oft geholfen, wenn es darum ging, günstige Bedingungen für den israelischen Warenaustausch mit der Europäischen Union auszuhandeln. Nur aus den USA kommen mehr Touristen nach Israel als aus Deutschland. Das Interesse Israels an Deutschland ist groß, die beiden Goethe-Institute in Tel Aviv und Jerusalem können sich vor Interessenten für ihre Deutschkurse kaum retten. Und als Israels Ministerpräsident Ehud Barak am 21. September 1999 als erster ausländischer Staatsgast seit dem Regierungsumzug von Bonn nach Berlin in der neuen Hauptstadt empfangen wurde, hatte dies einen hohen Symbolgehalt, sollte doch damit zum Ausdruck gebracht werden, dass sich auch die Berliner Republik ihrer besonderen Verantwortung gegenüber dem Staat Israel bewusst bleibt.

Noch vor wenigen Jahrzehnten bot sich ein anderes Bild. Angesichts der deutschen Verbrechen am jüdischen Volk war der überwiegende Teil der israelischen Bevölkerung gegen jede Form von Zusammenarbeit oder Kontakten mit Deutschland. «Das Geld der Wiedergutmachung ist mit jüdischem Blut getränkt», hieß es im Vorfeld des Luxemburger Abkommens von 1952 in Israel vonseiten der *Cherut*-Partei. Und Menachem Begin, ihr Vorsitzender, galt als der schärfste Kritiker der Reparationszahlungen. Die Debatten von damals vermitteln aufschlußreiche Einblicke in die Mentalitäten der politischen Protagonisten:

Menachem Begin war erst 1942 nach Israel eingewandert, seine Familie in Polen war fast vollständig von den Nazis ausgelöscht worden. David Ben Gurion kam schon 1906 als sozialistischer Pionier nach Palästina. Trotz allen Entsetzens über das, was dem jüdischen Volk durch die Nazis angetan worden war, hatte er nie diesen persönlichen, oft traumatischen Bezug zur *Schoah* wie andere, insbesondere jüngere Politiker, die erst wenige Jahre zuvor aus Europa eingewandert waren. Von vielen Holocaust-Überlebenden wurden die geplanten «Wiedergutmachungszahlungen» als «Blutgeld» bezeichnet. «Wir müssen unseren kleinen Kindern und später deren Nachkommen den Hass auf die Deutschen einimpfen», schrieb eine Journalistin in der Zeitung «Jediot Acharonot». Das war keine extremistische Ausnahmeposition, sondern breiter gesellschaftlicher Konsens. Zu schmerzhaft waren die Wunden, die die Verbrechen der Deutschen hinterlassen hatten.

Das Klima im Umfeld der parlamentarischen Debatten darüber, ob man mit Deutschland überhaupt verhandeln sollte, war derart emotional aufgeladen, dass es am 7. Januar 1952, dem Tag der entscheidenden Knesset-Sitzung, zu gewaltsamen Demonstrationen im ganzen Land kam. «Mein kleiner Sohn kam zu mir und fragte: Wieviel kriegen wir für Oma und Opa?» Mit diesem Satz leitete ein Parlamentarier die Diskussion über die deutschen Reparationen in der Knesset ein. Aber trotz einer breiten Ablehnung schaffte es Ben Gurion, sich durchzusetzen: «Man mag für oder gegen Wiedergutmachung aus Deutschland sein. Man mag dafür oder dagegen sein, dass Waffen aus Deutschland gekauft und an Deutschland verkauft werden. Doch keiner von uns soll sich anmaßen, für die sechs Millionen Märtyrer zu sprechen. Der schrecklichste Holocaust unserer Geschichte darf von keiner Partei als Schaufensterdekoration für ihren Politikladen missbraucht werden.» Die Knesset stimmte schließlich zugunsten der Aufnahme von Verhandlungen mit Deutschland ab. Damit war der Grundstein für eine deutsch-israelische Annäherung gelegt.

Die Verhandlungen über die «Wiedergutmachungen», in Israel etwas weniger pathetisch *Schilumim* (dt.: Reparationen) genannt, hatten überhaupt erst beginnen können, nachdem sich Bundeskanzler Konrad Adenauer im September 1951 zur deutschen Schuld an den NS-Verbrechen bekannt hatte. David Ben Gurion benötigte eine solche Erklärung, um Verhandlungen mit Deutschland in Israel politisch überhaupt durchsetzbar zu machen. Streitpunkt blieb die Frage der Kollektivschuld des deutschen Volkes, die Adenauer vehement ablehnte und die später durch den von Bundespräsident Theodor Heuss in die Diskussion gebrachten Begriff Kollektivverantwortung ersetzt wurde. Außerdem vermied es Adenauer, die deutsche Wehrmacht zu erwähnen, die maßgeblich an der NS-Vernichtungspolitik beteiligt gewesen war, um die vielen ehemaligen deutschen Soldaten nicht zu beunruhigen und sie der jungen Bundesrepublik nicht zu entfremden. Politische und gesellschaftliche Stolpersteine in der Frage der Reparationen an Israel gab es also auf beiden Seiten zuhauf.

Im Luxemburger Abkommen vom 10. September 1952 verpflichtete sich Bonn, dem Staat Israel drei Milliarden DM zu zahlen sowie der *Jewish Claims Conference,* einem zu diesem Zweck gegründeten Dachverband verschiedener jüdischer Organisationen aus aller Welt, weitere 450 Millionen DM. In der Bundesrepublik unterstützte allein die SPD das Luxemburger Abkommen einhellig, bei CDU und KPD regte sich heftiger Widerstand. Der zweite Staat auf deutschem Boden, die DDR, weigerte sich, die Frage von Reparationen für das jüdische Volk und Israel überhaupt zu diskutieren. Anders als die Bundesrepublik, so lautete die Argumentation Ostberlins, erhebe man keinen Anspruch, als Nachfolger des Deutschen Reiches aufzutreten, außerdem sei in der DDR, die sich als sozialistischer Staat definierte, gründlich mit dem Erbe des «Faschismus» aufgeräumt worden.

In den Jahren 1953 bis 1963 konnte rund ein Drittel aller Investitionen in Israel durch die Reparationszahlungen bestritten werden. Ein Großteil der deutschen «Wiedergutmachungen» erfolgte in Form von Sachleistungen wie Industriemaschinen, Schiffen oder Schienenfahrzeugen. Diese Art der Reparationen trug maßgeblich dazu bei, dass die Infrastruktur des Landes zügig ausgebaut wurde. Innerhalb von zwölf Jahren verdreifachte sich das Bruttosozialprodukt Israels, und den zu Hunderttausenden ins Land strömenden Neueinwanderern konnten Arbeit und ein Dach über dem Kopf geboten werden. Israel ist wohl nicht, wie oft behauptet wurde, durch die deutschen Zahlungen vor dem drohenden finanziellen Kollaps gerettet worden, aber sie beschleunigten den Ausbau seiner wirtschaftlichen Leistungsfähigkeit und trugen maßgeblich zum Überleben des jungen Staates bei.

Bundeskanzler Konrad Adenauer am 27. September 1951 vor dem Deutschen Bundestag

«Die Bundesregierung und mit ihr die große Mehrheit des deutschen Volkes sind sich des unermesslichen Leides bewusst, das in der Zeit des Nationalsozialismus über die Juden in Deutschland und in den besetzten Ländern gebracht wurde. Das deutsche Volk hat in seiner überwiegenden Mehrheit die an den Juden begangenen Verbrechen verabscheut und hat sich an ihnen nicht beteiligt. Es hat in der Zeit des Nationalsozialismus im deutschen Volke viele gegeben, die mit eigener Gefährdung aus religiösen Gründen, aus Gewissensnot, aus Scham über die Schändung des deutschen Namens ihren jüdischen Mitbürgern Hilfsbereitschaft gezeigt haben. Im Namen des deutschen Volkes sind aber unsagbare Verbrechen begangen worden, die zur moralischen und materiellen Wiedergutmachung verpflichten, sowohl hinsichtlich der individuellen Schäden, die Juden erlitten haben, als auch des jüdischen Eigentums, für das heute individuell Berechtigte nicht mehr vorhanden sind. Auf diesem Gebiet sind erste Schritte getan, sehr vieles bleibt aber noch zu tun. Die Bundesregierung wird für den baldigen Abschluss der Wiedergutmachungsgesetzgebung und ihre gerechte Durchführung Sorge tragen. Ein Teil des identifizierbaren jüdischen Eigentums ist zurückerstattet. Weitere Rückerstattungen werden folgen.»

1957 wurden die Kontakte zwischen beiden Staaten auf die militärische Ebene ausgedehnt. Israel bezog aus Deutschland Waffenmaterial und lieferte seinerseits später Maschinenpistolen vom Typ *Uzi* sowie Militäruniformen an die Bundeswehr. Schimon Peres, Ben Gurions junger Adlatus, der für den Aufbau des militärisch-industriellen Komplexes zuständig war und mit Rückendeckung seines Chefs die Verhandlungen führte, hatte diese Zusammenarbeit koordiniert. Sein Gesprächspartner auf deutscher Seite: Franz Josef Strauß. Natürlich waren auch diese Kontakte in Israel äußerst umstritten. Ben Gurion rechtfertigte den Kurs seiner Deutschlandpolitik, indem er immer wieder erklärte, dass das Deutschland Adenauers und Willy Brandts ein «anderes Deutschland» sei.

1960 intensivierten sich die Kontakte zwischen beiden Ländern, als Ben Gurion und Adenauer zusammen im New Yorker Waldorf-Astoria-Hotel über ein deutsches Darlehen für Israel in Höhe von 500 Millionen Dollar berieten. Ben Gurion erhoffte deutsche Unterstützung für die Einleitung von Infrastrukturmaßnahmen in der Wüste Negev, wo künftig neue jüdische Siedlungen entstehen sollten. Adenauer erklärte sich bei der Begegnung bereit, Israel zu helfen. Ab 1963 erhielt Jerusalem günstige Kredite zum Aufbau des Negev von ca. 150 Millionen DM jährlich.

Doch bis zur Aufnahme voller diplomatischer Beziehungen sollten noch einige Jahre vergehen. Zum einen rief der Eichmann-Prozess 1961 erneut die schmerzhaften Erinnerungen an den Holocaust wach. Adolf Eichmann, einer der Hauptverantwortlichen für den Völkermord an den Juden, war 1960 von Agenten des israelischen Geheimdienstes *Mossad* in Argentinien aufgespürt und in einer spektakulären Aktion nach Israel entführt worden. In Jerusalem wurde er nach einem mehrmonatigen Prozess zum Tode verurteilt und im Mai 1962 hingerichtet. Aber auch die Weiterbeschäftigung zahlreicher ehemaliger NS-Beamter in wichtigen deutschen Regierungsbehörden sowie die deutsche Diskussion um die Verjährung von NS-Verbrechen nach 30 Jahren sorgten dafür, dass das Bild der Bundesrepublik in Israel nicht unbedingt positiv war. Ferner zögerte Bonn selbst, den Schritt in Richtung Aufnahme voller diplomatischer Beziehungen zu machen, da für einen solchen Fall die arabischen Staaten bereits angekündigt hatten, ihrerseits die DDR anzuerkennen. Doch im Frühjahr 1965 war es dann soweit. Als Ausgleich für das Ende deutscher Waffenlieferungen an Israel, die nach heftigen arabischen Interventionen eingestellt worden waren, bot Bonn die diplomatische Anerkennung Israels und langfristige Kredite an. Wiederum gab es vonseiten vieler israelischer Politiker und Teile der Bevölkerung wütende Proteste und Demonstrationen gegen die Eröffnung einer deutschen Botschaft auf israelischem Boden, doch die Knesset stimmte dafür. Am 12. Mai 1965 tauschten beide Staaten erstmals Botschafter aus. Wie angekündigt, brachen daraufhin fast alle arabischen Staaten ihre Beziehungen zu Bonn ab und suchten den Kontakt zu Ostberlin.

In den darauffolgenden Jahren sollte sich das Verhältnis beider Länder langsam normalisieren. Doch immer wieder gab und gibt es auf israelischer Seite Momente, die von einer tiefen Skepsis zeugen. Sowohl deutsche Waffenexporte an arabische Staaten als auch neonazistische Vorfälle in Deutschland sorgen regelmäßig für Verstimmung. Äußerungen des früheren Bundeskanzlers Helmut Kohl über «die Gnade der späten Geburt» oder Kohls und Reagans gemeinsamer Besuch des Soldatenfriedhofs Bitburg, auf dem auch Angehörige der Waffen-SS liegen, zerschlugen viel außenpolitisches Porzellan. Und die deutsche Vereinigung 1989/90 weckte die alte Sorge, dass ein erstarktes Deutschland versuchen würde, sich seiner historischen Verantwortung zu entledigen.

Der Golfkrieg war die bislang letzte große Belastungsprobe der deutsch-israelischen Beziehungen. Als bekannt wurde, dass deutsche Firmen maßgeblich an der Aufrüstung des Irak beteiligt gewesen waren und nun irakische Scud-Raketen dank deutschem Know-how womöglich Giftgas über Israel regnen lassen könnten, war das Entsetzen groß. Zwar schlugen «nur» konventionelle Scud-Raketen in Tel Aviv und Haifa ein, doch der politische Negativeffekt war gewaltig. Die Auftritte von Bundesaußenminister Hans-Dietrich Genscher während des Golfkriegs in Israel, die der Schadensbegrenzung dienen sollten, wurden als Ausdruck einer zynischen Scheckbuchdiplomatie kritisiert.

Über 60 Jahre nach dem Ende des Zweiten Weltkriegs bleiben der Holocaust und die Erinnerung daran immer noch ein bestimmendes Moment im Verhältnis beider Länder. Wenn, wie nach den rechtsextremistischen Ausschreitungen und Morden von Hoyerswerda, Rostock, Mölln und Solingen geschehen, an Tel Aviver Wänden Graffiti mit den Worten «Es gibt kein anderes Deutschland» auftauchen, dann sagt das viel über die weiterhin bestehende Skepsis breiter Bevölkerungsteile in Israel aus. Trotz aller Selbstverständlichkeiten und der unzähligen offiziellen wie privaten Kontakte – das Verhältnis zwischen Israel und Deutschland wird auch weiterhin die Bezeichnung «normal mit besonderem Charakter» tragen. Aber dennoch: Anlässlich der Feierlichkeiten zum 40. Jahrestag der Aufnahme diplomatischer Beziehungen zwischen Israel und Deutschland im Frühjahr 2005 sieht die Bilanz doch sehr beeindruckend aus. Deutschland importierte aus dem kleinen Israel Waren im Wert von fast 1,3 Milliarden Euro, fast soviel wie aus Australien. Umgekehrt betrug das Volumen deutscher Exporte nach Israel knapp 2,5 Milliarden Euro. Und im Jahr 2011 hatten die israelischen Ausfuhren nach Deutschland einen Wert von 1,88 Milliarden Euro; Richtung Israel gingen deutsche Waren für 3,43 Milliarden Euro. Rund zwei Milliarden Euro haben deutsche Firmen wie Siemens, SAP, Volkswagen oder Henkel in israelische Unternehmen in den vergangenen Jahren investiert. «Große Firmen aus Deutschland haben schon längst das Potenzial erkannt, das in Israel steckt», weiß Vardina Hilloo, Betreiberin des Online-Wirtschaftsportals

Israfocus, zu berichten. Insbesondere in Sachen Forschung und Entwicklung wissen die Global Player aus Deutschland israelisches Know-how zu schätzen. Was ihrer Meinung nach noch entwicklungsfähig ist, ist das Engagement deutscher Mittelständler in Israel. Israelische Investoren dagegen sind sehr aktiv in Deutschland, mit rund einer Milliarde Euro sind sie in jüngster Zeit in den deutschen Immobilienmarkt eingestiegen. Mittlerweile haben über einhundert israelische Firmen eine Niederlassung in Deutschland.

Oft wird das Verhältnis zwischen Deutschland und Israel als eine Art Einbahnstraße dargestellt: die Bundesrepublik als Geber und der jüdische Staat als Nehmer. Wie wenig dieses klischeebehaftete Bild stimmt, zeigt ein Blick auf die enge Zusammenarbeit zwischen beiden Ländern in den Bereichen Sicherheits- und Verteidigungspolitik. So steckt beispielsweise viel Militär-Hightech «Made in Israel» in deutschen Waffensystemen, sei es die von ELTA entwickelte Raketenabwehr für Transportmaschinen der Bundeswehr vom Typ *Transall* oder die Technik zur Zerstörung feindlicher Radaranlagen im Tornado-Kampfflugzeug. Dieser Technologietransfer in beide Richtungen zeigt sich auch an den viel diskutierten Lieferungen von deutschen U-Booten an Israel. Die drei bereits ausgelieferten sowie die drei geplanten U-Boote der *Dolphin*-Klasse stecken voller hochmoderner israelischer Elektronik, von der wiederum auch die Marine der Bundeswehr profitiert. Zudem ist der Verweis auf die israelische Nutzung und die dabei gewonnene Expertise bei der weltweiten Vermarktung deutscher U-Boote ein Verkaufsargument. Zugleich ist Deutschland für Jerusalem ein wichtiger Vermittler zu Staaten und Organisationen, die mit Israel keinerlei Verbindungen pflegen oder sich im Kriegszustand befinden. So lief die Kommunikation in der Frage nach dem Verbleib des im Libanon verschollenen israelischen Piloten oder des entführten israelischen Geschäftsmanns Elhanan Tenenbaum mit dem Iran oder der *Hisbollah* immer über Berlin. Und nicht nur das. Nach den militärischen Auseinandersetzungen zwischen Israel und der *Hisbollah* im Sommer 2006 bat die israelische Regierung Deutschland explizit um eine Teilnahme an der UN-Truppe für den Libanon. Die Tatsache, dass deutsche Soldaten mit für die Sicherheit Israels sorgen, wäre noch vor wenigen Jahren als undenkbar eingeschätzt worden, nun ist sie Realität. Denn am 20. September 2006 beschloss der Deutsche Bundestag die Entsendung von bis zu 2400 Bundeswehrsoldaten sowie von zwei Fregatten und vier Schnellbooten in den Nahen Osten. Ihre Aufgabe ist es, auf Basis der UN-Resolutionen 1701 und 1773 gemeinsam mit den Seestreitkräften anderer Staaten im Rahmen der United Nation Interim Force in Lebanon (UNFIL) dafür zu sorgen, dass der Waffenstillstand zwischen Israel und der *Hisbollah* eingehalten wird. Am 15. Oktober 2006 begann deshalb die eigens ins Leben gerufene Maritime Task Force (MTF) 448, unter deutschem Kommando einen 110 mal 43 Seemeilen großen Abschnitt vor der libanesischen Küste zu kontrollieren, um den Zustrom an Waffen für die Islamisten-Miliz zu unterbinden. Italien übernahm am 29. Februar 2008 dann die Führung des Flottenverbandes von Deutschland. Laut Bundeswehr wurden in den ersten beiden Jahren des Einsatzes 15500 Schiffe untersucht, doch wurden in diesem Zeitraum lediglich Zigaretten und andere Schmuggelwaren gefunden, aber keinerlei Waffen. «Einsatz in Absurdistan», nannte die «Financial Times Deutschland» daher die Libanonmission der Bundesmarine. Denn allen Nachrichtendienstlern und Sicherheitsexperten zufolge ist der Seeweg völlig irrelevant, schließlich gelangen Raketen und Munition in der Regel aus dem Iran via Syrien über den Landweg in den desolaten Zedernstaat. Und laut israelischen Quellen sind die Waffenarsenale der *Hisbollah* mittlerweile wieder genauso gut gefüllt wie vor dem Libanonkrieg 2006.

Zu einem neuen Höhepunkt der deutsch-israelischen Beziehungen wurden die Feierlichkeiten zum 60. Jahrestag der Unabhängigkeit Israels. Das Jubiläum bot den Anlass für die ersten deutsch-israelischen Regierungskonsultationen, sodass nicht nur die Bundeskanzlerin, sondern fast das gesamte Kabinett nach Jerusalem reiste, um mit seinen israelischen Kollegen zahlreiche bilaterale Vereinbarungen auf wissenschaftlichem, wirtschaftlichem und sicherheitspolitischem Gebiet zu treffen. Damit rückt Israel in den Kreis jener Staaten, mit denen Berlin diese ganz besonders enge Form der Zusammenarbeit pflegt. Dazu gehörten bisher nur Frankreich, Spanien, Italien sowie Russland und Polen. Am 18. März 2008 war dann Angela Merkel die erste ausländische Regierungschefin überhaupt, die in der Knesset eine Rede hielt. Zuvor war diese Ehre nur Staatsoberhäuptern zuteilgeworden. Damals erklärte die Bundeskanzlerin: «Jede Bundesregierung und jeder Bundeskanzler vor mir waren der besonderen historischen Verantwortung Deutschlands für die Sicherheit Israels verpflichtet. Diese historische Verantwortung Deutschlands ist Teil der Staatsräson meines Landes. Das heißt, die Sicherheit Israels ist für mich als deutsche Bundeskanzlerin niemals verhandelbar ...» Doch trotz dieser engen Kontakte gab es auch Anlass zu Kritik: Premierminister Ehud Olmert verwies auf die Tatsache, dass Deutschland nach wie vor einer der wichtigsten Handelspartner des Iran ist. Und weil Teheran intensiv am Bau einer Atombombe arbeitet und die Vernichtung Israels propagiert, fordert nicht nur Jerusalem wirtschaftliche Sanktionen gegen den Mullah-Staat, der zudem durch seine Unterstützung der *Hisbollah* und der *Hamas* zu einem der Hauptgeldgeber des islamischen Terrorismus geworden ist. Zwar konterte Merkel, dass das Handelsvolumen mit dem Iran rückläufig sei, die Zahlen jedoch sprechen eine andere Sprache: Allein in den ersten elf Monaten des Jahres 2008 legten die deutschen Exporte um 10,5 % zu und erreichten einen Gesamtwert von 3,6 Milliarden Euro. Und auch im Jahr 2011 wurden deutsche Waren im Wert von 3,08 Milliarden Euro nach Iran geliefert. Damit ist Deutschland nach China und den Vereinigten Arabischen Emiraten immer noch der wichtigste Handelspartner der Mullahs und nimmt als Hauptlieferant wichtiger Technologien eine Schlüsselposition ein.

Im Sommer 2008 gab es erneut einen Gefangenenaustausch zwischen *Hisbollah* und Israel, der erst durch die Vermittlung des Bundesnachrichtendienstes möglich werden konnte. Am 16. Juli kam es in Rosh HaNikra an der israelisch-libanesischen Grenze zu einer reichlich makabren Szene: Die *Hisbollah* übergab die Leichen der beiden Israelis Ehud Goldwasser und Eldad Regev, deren Entführung im Juli 2006 durch die radikale Schiitenorganisation der Auslöser des Libanonkriegs gewesen war. Im Gegenzug erhielt sie die Leichen von 199 Palästinensern und Libanesen sowie Landkarten, auf denen Minenfelder verzeichnet waren. Ferner entließ Israel vier *Hisbollah*-Kämpfer aus der Haft sowie den Drusen Samir Kuntar, der 1979 zu einem Terrorkommando gehört hatte, das in den Norden Israels eingedrungen war. Kuntar selbst hatte eine Mutter mit ihrer kleinen Tochter ermordet sowie einen Polizisten und war dafür zu insgesamt 542 Jahren Haft verurteilt worden. Bis zum letzten Moment hatte die *Hisbollah* sich nicht dazu geäußert, ob die beiden entführten Israelis noch lebten oder schon tot seien. Entsprechend reagierte man in Israel mit großer Trauer auf die Nachricht, dass beide bereits bei der Entführung zwei Jahre zuvor getötet worden waren, während in Beirut der Kindesmörder Kuntar wie ein Held gefeiert wurde. Dem Deal vorangegangen waren 18 Monate währende mühsame Verhandlungen, in denen der Agent des Bundesnachrichtendienstes Gerhard Conrad die Schlüsselfigur war. 700 000 Flugkilometer zwischen Beirut, Tel Aviv, New York, Damaskus und Berlin soll der «ehrliche Makler», wie der Mitarbeiter des Geheimdienstes in der israelischen Presse bezeichnet wurde, dafür zurückgelegt haben. Die Bundesregierung hat zugesagt, Israel auch bei der Aufklärung des Schicksals weiterer Entführter zu helfen.

Der Hafen Eilat am Roten Meer: Der Tourismus boomt.
Foto: IFA-Bilderteam, S. Borodulin

Wirtschaft

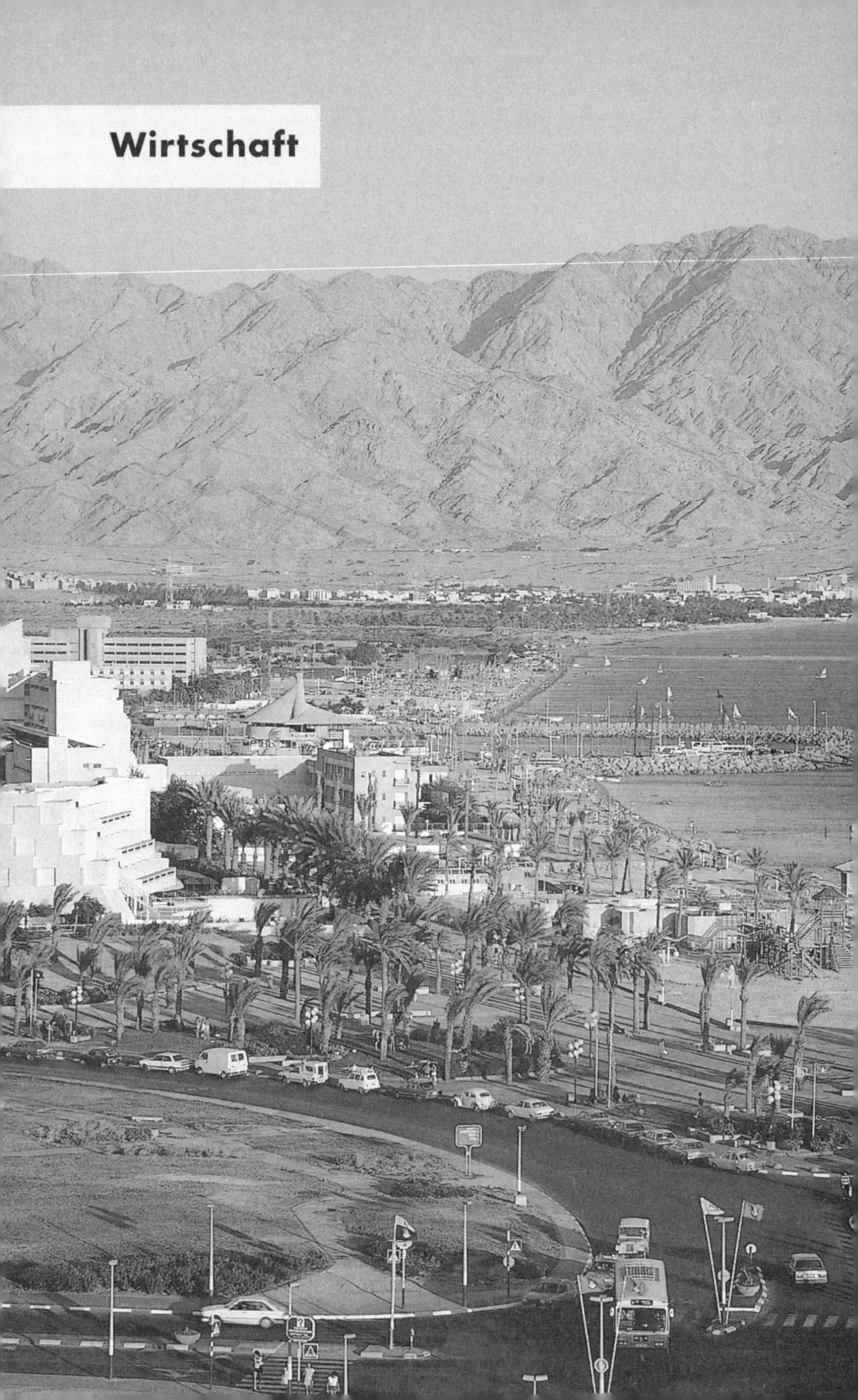

Vom Entwicklungsland zum Hightech-Standort

Sechzig Jahrzehnte nach seiner Gründung präsentiert sich Israel als ein hochmodernes Industrieland, das sich – gemessen an seiner Größe – recht erfolgreich den Herausforderungen der Globalisierung gestellt hat. Dabei war der Weg des jungen Staates vom Entwicklungsland ohne nennenswerte Rohstoffe zur wohlhabenden Industrienation wahrlich nicht vorgezeichnet, denn 1948 musste Israel mit seinen knapp 650000 Einwohnern nicht nur um sein physisches, sondern auch um sein ökonomisches Überleben kämpfen. Heute zählt Israel 7,9 Millionen Einwohner und erwirtschaftet ein Bruttoinlandsprodukt (BIP) von über 240 Milliarden Dollar. Das durchschnittliche Pro-Kopf-Einkommen gemäß der Definition der Weltbank betrug im Jahr 2011 28930 Dollar. Zum Vergleich: In Deutschland sind es 43980 Dollar, in Spanien 30990 Dollar und in Ägypten 2600 Dollar. Das BIP Israels ist größer als das all seiner arabischen Nachbarländer zusammen, inklusive Ägypten mit seinen über 80 Millionen Einwohnern. 7,9 Millionen Israelis produzieren also mehr als 110 Millionen Araber zusammengenommen. Und auch wenn laut IWF das BIP-Wachstum in der Westbank und im Gazastreifen im Jahr 2010 um 9,8% und 2011 um 9,9% zugelegt hat, so sind diese Gebiete aufgrund einer extrem hohen Arbeitslosenquote und eines Jahreseinkommens von unter 2000 Dollar im Vergleich zu Israel bitterarm. Die Devisenreserven des jüdischen Staates standen 2012 auf einer Rekordmarke von über 75,8 Milliarden Dollar. Auch die Verschuldung ist im europäischen Vergleich moderat. So beträgt sie in Israel laut IWF rund 72,9% des BIP; in Deutschland sind es 81,5% und in Frankreich knapp 90%. Der Sprung in den exklusiven Club der Ersten Welt wurde trotz fünf Kriegen, hoher Verteidigungsausgaben und der Last der Integration von vielen hunderttausend meist mittellosen

Einwanderern geschafft. Schlug Israels erster Haushalt von 1948 mit gerade einmal 48 Millionen Dollar zu Buche, so waren für das Jahr 2009 mehr als 90 Milliarden Dollar vorgesehen. Der Anteil der Ausgaben für die Landesverteidigung sank von 30% im Jahr 1980 auf rund 20%.

Geschichten aus den ersten Jahren nach 1948, als die Regierung ein drakonisches Austeritätsprogramm durchsetzte, der Schwarzmarkt aufblühte und der damalige Finanzminister Eliezer Kaplan nicht wusste, woher er die Devisen zum Einkauf der nötigsten Grundnahrungsmittel nehmen sollte, sind heute nur noch nostalgische Erinnerungen von Zeitzeugen aus der Gründergeneration. Das Industriepotenzial von damals bestand aus rund 150 schlecht ausgerüsteten und technisch meist veralteten Kleinbetrieben, die aus der Zeit des britischen Mandats stammten und oft nur Zulieferbetriebe für die im Zweiten Weltkrieg in Palästina stationierten britischen Truppen waren. Ihre Jahresproduktion machte bescheidene 1,5 Milliarden Dollar aus. 1998 gab es mehr als 32000 Unternehmen, von denen viele weltweit aktiv sind und die einen Produktionswert von weit über 54 Milliarden Dollar haben.

Der wirtschaftliche Aufschwung begann schon in den 1950er-Jahren. Bedingt durch den ständigen Zustrom von Einwanderern, die gleichzeitig als neue Arbeitskräfte und Konsumenten in Erscheinung traten, sowie durch Kapitalimporte wuchs das Bruttosozialprodukt jährlich um durchschnittlich 13%, das Pro-Kopf-Einkommen um 6%. In der ersten Hälfte der 1960er-Jahre verlangsamte sich das Wachstum ein wenig, das Bruttosozialprodukt stieg jährlich nur noch um rund 10%. In diesen Jahren wurde der Grundstein zum Aufbau einer leistungsfähigen Industrie gelegt, es entstanden Unternehmen wie *Israel Aircraft Industries, Israel Military Industries, Tadiran* und *Elbit Computers,* die auch heute noch eine wichtige Rolle im Wirtschaftsleben des Landes spielen. Neben den traditionellen Branchen Textil- und Lebensmittelindustrie sowie Diamantenverarbeitung entwickelte

Israels Wirtschaft in Zahlen

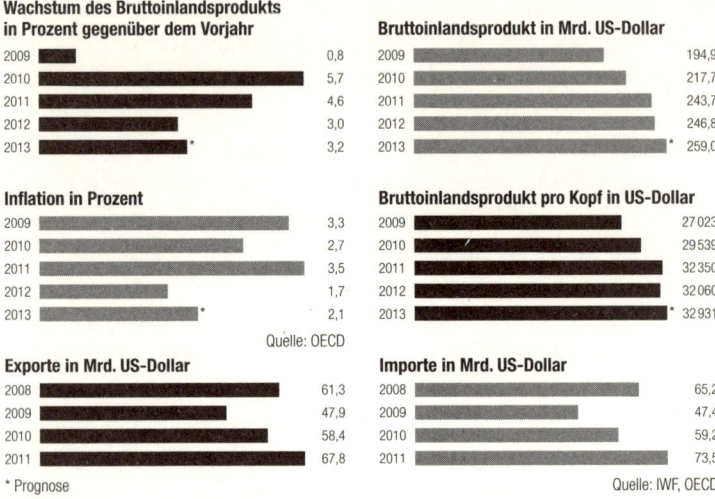

Wachstum des Bruttoinlandsprodukts in Prozent gegenüber dem Vorjahr

2009	0,8
2010	5,7
2011	4,6
2012	3,0
2013	3,2 *

Bruttoinlandsprodukt in Mrd. US-Dollar

2009	194,9
2010	217,7
2011	243,7
2012	246,8
2013	259,0 *

Inflation in Prozent

2009	3,3
2010	2,7
2011	3,5
2012	1,7
2013	2,1 *

Quelle: OECD

Bruttoinlandsprodukt pro Kopf in US-Dollar

2009	27 023
2010	29 539
2011	32 350
2012	32 060
2013	32 931 *

Exporte in Mrd. US-Dollar

2008	61,3
2009	47,9
2010	58,4
2011	67,8

* Prognose

Importe in Mrd. US-Dollar

2008	65,2
2009	47,4
2010	59,2
2011	73,5

Quelle: IWF, OECD

sich eine bedeutende Kunststoff- und Chemieindustrie. Ebenfalls wichtige Industriezweige sind der Wohnungsbau und die Zementproduktion. Ferner investierte die Regierung kräftig in den Ausbau der Infrastruktur. 1964 wurde das 150 Millionen Dollar teure Bewässerungssystem fertiggestellt, das rund die Hälfte des Jordanwassers aus dem Norden des Landes zur Küstenregion und bis weit in den Negev hinein transportiert, sodass die landwirtschaftliche Produktionsfläche um mehr als das Zweieinhalbfache wuchs. In Eilat und Aschdod wurden große Häfen gebaut. Finanziert werden konnten all diese ehrgeizigen Projekte nur deshalb, weil zwischen 1949 und 1966 rund sieben Milliarden Dollar Kapitalhilfe aus dem Ausland nach Israel flossen und viele Ausrüstungsgegenstände im Rahmen der «Wiedergutmachung» aus Deutschland eintrafen.

Typisch für die israelische Wirtschaft bis weit in die 1980er-Jahre hinein war der überproportional große Anteil öffentlicher

Unternehmen. In der ersten Hälfte der 1960er-Jahre befanden sich fast 50% aller Firmen im Besitz des Staates und der Gewerkschaft *Histadrut*. Über 20% aller Beschäftigten arbeiteten in Staatsbetrieben, etwa den *Dead Sea Works* am Toten Meer oder der Fluggesellschaft *El Al*. Weitere 20% fanden Arbeit in sogenannten *Histadrut*-Betrieben wie dem gewerkschaftseigenen Baukonzern *Solel Boneh,* der quasi eine Monopolstellung im Ausbau der Infrastrukturprojekte hatte, oder der Holdinggesellschaft *Koor.* Damit wird die zentrale Bedeutung von Staat und Gewerkschaft im Wirtschaftsleben Israels deutlich. Das ganze System staats- bzw. gewerkschaftseigener Betriebe war wiederum auf das Engste verknüpft mit der bis 1977 regierenden Arbeiterpartei, die auf diese Weise ihre sozialdemokratisch geprägten Vorstellungen einer gemischten Wirtschaft oder das, was man «israelischen Sozialismus» nannte, verwirklicht sah. Und genau diese Verbindung führte dazu, dass Vetternwirtschaft und Korruption eine wahre Blütezeit erlebten. Personelle Verquickungen hatten zur Folge, dass viele Arbeiterparteifunktionäre Land und Wirtschaft wie einen Erbhof betrachteten und verwalteten.

Mit der Regierungsübernahme durch den *Likud* sollte auch eine Wende in der israelischen Wirtschaftspolitik vollzogen werden. Erste Maßnahmen des neuen Finanzministers Simcha Ehrlich waren die Abschaffung der staatlichen Kontrolle über die Wechselkurse und die Erlaubnis, dass israelische Bürger Devisenkonten im Ausland einrichten durften. Letzteres war nicht ohne eine gewisse Pikanterie, stolperte doch Begins Amtsvorgänger Jitzchak Rabin über den Umstand, dass seine Gattin Leah zu der Zeit, als er Israels Botschafter in Washington war, ein Konto in den USA eröffnet und bei ihrer Rückkehr nach Israel nicht aufgelöst hatte. Der *Likud* hatte dieses «illegale» Konto 1977 als Wahlkampfthema gehörig ausgeschlachtet.

Ferner sollte eine umfangreiche Privatisierung eingeleitet werden, um den Staatshaushalt durch Subventionsabbau zu entlasten. Doch die Erfolge ließen auf sich warten. Zwar stieg zu Beginn der 1980er-Jahre der Privatkonsum um jährlich über 10%, dafür erreichte aber die Auslandsverschuldung die für ein kleines Land wie Israel astronomische Summe von über 23 Milliarden Dollar. Die Inflation galoppierte und erreichte 1981 satte 124%. Auch Ehrlichs Nachfolger, Jigal Horwitz und danach Joram Aridor, bekamen das Problem der Inflation trotz drastischer Maßnahmen nicht in den Griff. Die Devisenkontrolle wurde wieder eingeführt, was die Entstehung eines Schwarzmarktes für den Geldtausch mit sich brachte. Die Limitierung von privaten Dollarkäufen auf 300 Dollar pro Jahr und Person, und dies nur bei Vorlage eines gültigen Reisepasses, sowie eine Reisesteuer von 100 Dollar pro Auslandsfahrt zeigen, wie es in der israelischen Wirtschaft damals zuging. Angesichts der Selbstverständlichkeit, mit der die Israelis heute ihrer Reiselust frönen, wirken die Szenarien der 1980er-Jahre wie aus einer anderen Welt.

Aber es sollte erst noch viel schlimmer kommen. 1984 erreichte die Inflation schwindelerregende 444,9%. Da es keine Aussicht auf einen Aufschwung gab, transferierten viele Unternehmer ihre Gewinne ins sichere Ausland und bemühten sich gar nicht erst, neue Investitionen zu tätigen. Die Reallöhne sanken um fast 14%, Streiks und eine wahre Flucht von hochqualifizierten Arbeitskräften ins Ausland bestimmten das Bild. Erst das von der damaligen Regierung der «Nationalen Einheit», einer großen Koalition aus Arbeiterpartei und *Likud*, aufgelegte radikale Umstrukturierungsprogramm läutete die Wende ein. Die Privatisierung von Gewerkschaftskonzernen wie *Koor Industries* oder der Bank *HaPoalim* sowie der Telefongesellschaft *Bezeq* sollte nicht nur Geld in die chronisch leeren Haushaltskassen bringen, sondern hatte auch tiefgreifende Veränderungen auf dem Arbeitsmarkt zur Folge. Waren 1992 noch über 72 000 Arbeitnehmer bei Unternehmen beschäftigt, die mindestens zu 50% dem Staat gehörten, so sank ihre Zahl schon 1994 auf knapp 68 000 – trotz des durch die Einwanderung aus der ehemaligen

Sowjetunion bedeutend gestiegenen israelischen Arbeitskräftepotenzials –, und diese Tendenz blieb bestehen. Auch die Belegschaft in gewerkschaftseigenen Firmen reduzierte sich zwischen 1992 und 1996 um fast 40%, der Anteil von Arbeitskräften in der Privatwirtschaft dagegen wuchs im selben Zeitraum um über ein Drittel. Die Zahl der Gewerkschaftsmitglieder sank von 1,6 Millionen im Jahr 1983 auf rund 700000, und trotz aller Abbaumaßnahmen hat die *Histadrut* angesichts eines Schuldenberges von mehr als 500 Millionen Dollar immer wieder Schwierigkeiten, ihren Angestellten pünktlich die Gehälter zu zahlen.

Doch das Wirtschaftswunder der 1990er-Jahre lässt sich nicht allein mit den Strukturreformen aus der Zeit der Regierung der «Nationalen Einheit» erklären. Zwei ganz wichtige Faktoren trugen dazu bei, Israel endlich auf einen gesunden wirtschaftlichen Kurs zu bringen.

Zum einen sorgte die Einwanderung von 900000 Juden aus der ehemaligen UdSSR für einen Boom in der Inlandsnachfrage, das Bruttoinlandsprodukt wuchs bis 1996 jährlich um fast 7%. Insbesondere die Bauwirtschaft profitierte davon. Damit wird auch deutlich, dass Israels Konjunktur in einem hohen Maße lange Zeit von dem Faktor Immigration bestimmt war. Mit dem Absinken der Einwandererzahlen ab 1996 auf gerade einmal 50000 Personen sank auch das Wachstum des Bruttoinlandsprodukts auf 4,4% im selben Jahr, 2,1% 1997 und magere 1,5% 1998. Doch mittlerweile besteht zwischen Einwanderung und Bruttoinlandsproduktzuwachs kaum noch ein Zusammenhang. Die Zahl der jüdischen Einwanderer reduzierte sich in den Jahren 2005 und 2006 auf jeweils nur noch rund 20000, und trotzdem legte die Wirtschaft um über 5% zu. Und die überdurchschnittlich hohe Ausbildung der russischen Immigranten gab den Impuls für den enormen Aufschwung des Hightech-Sektors, der Israel zu einer der führenden Nationen in den Bereichen Telekommunikation und Biotech werden ließ.

Zum anderen veränderten der Friedensprozess im Nahen Osten und das Ende des Kalten Krieges die wirtschaftlichen Rahmenbedingungen. Die arabische Welt gab den seit den 1950er-Jahren geltenden Boykott gegenüber Unternehmen, die mit Israel Geschäfte machten, auf. Besonders deutlich konnte man die Auswirkungen auf dem Automobilsektor erkennen: Bis zu Beginn der 1990er-Jahre hatten japanische Konzerne wie Toyota, Honda und Nissan aus Furcht vor Konsequenzen auf den arabischen Märkten keine Fahrzeuge nach Israel exportiert. Dies änderte sich nun, und Israelis wurden zu umworbenen Kunden aller namhaften Firmen aus der ganzen Welt. Ferner öffneten sich israelischen Unternehmen die bis dahin verschlossenen Märkte in Asien und Osteuropa. Selbst mit der arabischen Welt konnten Handelsbeziehungen geknüpft werden. Da aufgrund der politischen Verhältnisse in Ländern wie Saudi-Arabien, Jordanien oder Kuwait kaum Zahlen oder konkrete Angaben über Volumen und Art dieser Handelskontakte existieren, lassen sich nur vage Angaben machen: Auf ca. 400 bis 600 Millionen Dollar werden die jährlichen Exporte in die arabische Welt geschätzt.

Trotz zahlreicher Rückschläge im Nahostfriedensprozess gibt es auf wirtschaftlicher Ebene zahlreiche Erfolge zu vermelden. «QIZ – Qualifizierte Industrie-Zonen» lautet das Zauberwort. Eine 1996 von den USA beschlossene Regelung ermöglicht die Einfuhr von Waren aus Jordanien und neuerdings auch aus Ägypten im Rahmen eines Freihandelsabkommens. Und das funktioniert so: Israelische Firmen liefern Komponenten an ihre arabischen Partner in den beiden Nachbarländern oder investieren in gemeinsame Unternehmen. Die dann in den QIZ hergestellten Produkte können anschließend zollfrei in die USA exportiert werden. Ein Industriepark im jordanischen Irbid machte 1998 den Anfang. Inzwischen gibt es zehn solcher Zonen allein in Jordanien, die Waren im Wert von fast einer Milliarde Dollar in die USA exportieren.

Friedensdividende

Am besten lässt sich die Friedensdividende am regen Interesse des Auslands an der israelischen Wirtschaft erkennen. 1993 betrug das Volumen aller getätigten Auslandsinvestitionen 756 Millionen Dollar, 1997 waren es bereits 3,9 Milliarden Dollar; Direktinvestitionen in Form von Unternehmensbeteiligungen stiegen auf 9,7 Milliarden Dollar im Jahr 2005. Die Liste der Investoren liest sich wie das «Who's Who» der internationalen Wirtschaft. Volkswagen baute gemeinsam mit den *Dead Sea Works* eine 600-Millionen-Dollar-Anlage zur Magnesiumverarbeitung, die US-Investmentfirma Shamrock übernahm für 252 Millionen Dollar 22% von *Koor Industries* und Volvo kaufte 50% des Busherstellers *Merkavim*.

Und im Sommer 2006 sorgte Warren Buffett, der zweitreichste Mann der Welt, für Schlagzeilen, als er vier Milliarden Dollar in Iscar, einen vor fünfzig Jahren von dem deutschen Einwanderer Stef Wertheimer gegründeten Hersteller von Hartmetall-Präzisionswerkzeugen, investierte.

Die Abkühlung der Konjunktur hat am Ende des vierten Quartals 1996 eingesetzt, ziemlich genau, als erkennbar wurde, wie Netanjahu zum Friedensprozess stand. Aber auch die Asienkrise und eine Abwanderung arbeitsintensiver Industrien in Billiglohnländer hatten Einfluss auf die aktuelle konjunkturelle Entwicklung. So mussten 40% der in Israel bestehenden Diamantschleifereien in den letzten Jahren schließen. Dafür konnte die früher galoppierende Inflation nachhaltig durch eine äußerst restriktive Geldpolitik gebremst werden: von 11,3% im Jahr 1996 auf knappe 5,5% 1998 – alles Traumzahlen im Vergleich zu den 1980er-Jahren. Seither zählt der Schekel sogar zu einer der stabilsten Währungen auf der Welt. Im Jahr 2007 sank die Inflationsrate auf gerade einmal 0,5%. Mit 3,5% im Jahr 2011 und voraussichtlich 1,7% 2012 bleibt sie aber auch weiterhin auf recht niedrigem Niveau.

Der *Kibbuz* – Israels Markenzeichen im Wandel

Lange Zeit als Markenzeichen Israels gehandelt, schwindet die Bedeutung der *Kibbuzim* zusehends. Trotz des Aufbaus industrieller Produktionsstätten in den ehemals rein landwirtschaftlich strukturierten Gemeinschaftssiedlungen konnte dieser Trend nicht umgekehrt werden. Heute gilt das Leben auf dem Lande als unattraktiv, die Mehrzahl der *Kibbuzim* stand angesichts eines Schuldenberges von insgesamt knapp fünf Milliarden Euro vor dem wirtschaftlichen Aus. Nur ein Umschuldungsprogramm sollte sie retten, wobei die Regierung einen Teil der Außenstände übernahm und die Banken sich bereit erklärten, über eine Milliarde Euro abzuschreiben. Dabei hat sich der *Kibbuz* (dt.: Sammlung) als beständigste Form aller Sozialutopien im 20. Jahrhundert erwiesen und einen maßgeblichen Anteil am Erfolg des zionistischen Projekts gehabt.

Ihre Wurzeln haben die *Kibbuzim* in der europäischen Arbeiterbewegung des ausgehenden 19. Jahrhunderts, an deren Entwicklung sich Juden aus Osteuropa ganz wesentlich beteiligten. Die miserablen Lebensbedingungen der Masse der dort lebenden Juden sowie der weitverbreitete Antisemitismus, der ihnen vonseiten der zaristischen oder anderer nationaler Verwaltungen entgegenschlug, machten viele von ihnen für alle Arten von politischen und gesellschaftlichen revolutionären Bewegungen und Utopien empfänglich, die Aussicht auf ein besseres Leben versprachen. Insbesondere Juden aus Deutschland waren Pioniere des Sozialismus. Bereits 1837 veröffentlichte Moses Hess in Köln seine Schrift «Die heilige Geschichte der Menschheit» und beeinflusste Karl Marx und Friedrich Engels maßgeblich mit seinen philosophisch-materialistischen Anschauungen. Und obwohl die jüdischen Anhänger der Arbeiterbewegung durch ihre politischen und gesellschaftlichen Aktivitäten die Monopolstellung der jüdischen Orthodoxie als alles bestimmende

Autorität durchbrachen und einen Prozess der Säkularisierung einleiteten, blieben sie in mancherlei Hinsicht ihren Wurzeln treu und propagierten in ihrem Drang zur sozialen Utopie so etwas wie eine säkulare Variante messianischer Visionen. Karl Marx wurde zum neuen Mose erklärt, der die Kinder Israels aus der Versklavung befreit und in eine bessere Zukunft führt.

Die ersten konkreten Formen dieser sozialen Utopien wurden von den beiden ursprünglich in Osteuropa beheimateten zionistischen Organisationen *HaPoel HaZair* (dt.: Der junge Arbeiter) und *HaSchomer HaZair* (dt.: Der junge Wächter) entwickelt, die dem Sozialismus nahestanden und die Idee einer kollektiven Siedlungsform in die Tat umsetzten. Ihr Grundgedanke war, dass das jüdische Volk seine Lebensformen «normalisieren» müsse. Diese jungen Zionisten betrachteten die geschichtlich durch das Exil bedingte Sozialstruktur als eine Abnormalität, die die jüdische Existenz nur auf bestimmte Berufe, wie etwa fahrende Händler, beschränkte. Propagiert wurde deshalb der Slogan «Von der Stadt auf das Land», Juden sollten gezielt manuelle Tätigkeiten erlernen und ausüben, damit ein «neuer Hebräer» geschaffen werde, der nicht nur das Land bestellte, sondern es auch verteidigen konnte.

In starker Anlehnung an die amerikanische Scout Movement und die deutsche Wandervogelbewegung sahen diese Gruppen die Lösung in einem Leben als Farmer und Pioniere. Ihre zumeist jugendlichen Mitglieder gründeten nach der Einwanderung in Palästina die als *Kibbuzim* berühmt gewordenen landwirtschaftlichen Kollektivsiedlungen. Anders als die bereits während der Ersten *Alijah* errichteten *Moschawot,* Dörfer mit privatem Grundbesitz, Einzelwirtschaft und individueller Vermarktung, und die in den 1920er-Jahren aufkommenden *Moschawim* (dt.: Siedlungen), deren Bewohner zwar unabhängige Bauern waren, sich aber auf genossenschaftlicher Basis den Landmaschinenfuhrpark teilten oder den Ein- und Verkauf gemeinschaftlich organisierten, entschlossen sich die Mitglieder der *Kibbuzim,*

Die Zeiten, als Kinder im *Kibbuz* ausschließlich in der Gemeinschaft, getrennt von den Familien, erzogen wurden, sind vorbei.
Foto: Heinz Kiesler, Hamburg

ihr Leben nach rein sozialistischen Zielvorstellungen zu gestalten.

Die ersten *Kibbuz*-Pioniere wanderten in der Zweiten *Alijah* ein und rekrutierten sich häufig aus den Reihen revolutionär gesinnter jüdischer Flüchtlinge aus dem zaristischen Herrschaftsbereich. 1909 wurde südlich des Sees Genezareth Degania als erster *Kibbuz* gegründet. 1948, bei der Staatsgründung, existierten bereits 148 *Kibbuzim* und 94 *Moschawim*. Viele *Kibbuzim* wurden nicht aus rein wirtschaftlichen Überlegungen errichtet, sondern erfüllten als eine Art Wehrdorf auch verteidigungspolitische Funktionen und spielten darüber hinaus eine wichtige Rolle bei der gesellschaftlichen Integration jüdischer Neueinwanderer. Die *Kibbuz*-Bewegung verstand sich seit den

Gründertagen des Zionismus als Elite der Nation. Überproportional hoch ist deshalb auch bis heute der Anteil junger Kibbuzniks, die in den Eliteeinheiten des Militärs dienen und ihr Leben riskieren. So stammten im Sechstagekrieg 19 % und im Jom-Kippur-Krieg 12 % aller Gefallenen aus den Kollektivsiedlungen, und das bei einem Anteil an der Gesamtbevölkerung von unter 3 %.

Heute gibt es rund 270 *Kibbuzim*. Etwa 143 000 Israelis leben in ihnen, die meisten arbeiten auch dort. Doch hat sich seit den Tagen der Gründung von Degania viel geändert. Die Formel, dass alles der Gemeinschaft gehört und das Einkommen gleichmäßig verteilt wird, gehört längst der Vergangenheit an. Viele heilige Kühe wurden in den letzten Jahrzehnten geschlachtet, und der auf seine Art jahrzehntelang real existierende Kommunismus wird seit geraumer Zeit mehr und mehr durch marktwirtschaftliche Richtlinien ersetzt. «Innerhalb des *Kibbuz* leben und handeln wir sozialistisch», so Dani Wahle, ein Kibbuznik aus Jotwata im Negev, «aber nach außen hin sind wir völlig marktorientiert, weil wir anders nicht mehr überleben können.» Hatten die Gründungsväter den *Kibbuz* auch als soziales Experiment betrachtet, das Alternativen zu den als kleinbürgerlich abgelehnten Familienstrukturen bieten sollte, so lässt sich eine schrittweise Abwendung von den ideologisch durchwirkten Prinzipien beobachten. Längst vorbei sind die Zeiten, als Kinder ausschließlich gemeinschaftlich erzogen wurden, Eltern ihre Sprösslinge nur zu festgelegten Zeiten sahen und Tischtücher im Speisesaal als «konterrevolutionär» gebrandmarkt wurden. Selbst der Privatbesitz von Haus oder Auto ist schon lange kein Verstoß gegen die guten Sitten mehr.

Der *Kibbuz* ist auch keine «Insel der Seligen» mehr, deren Mitglieder von der Wiege bis zur Bahre rundum kostenlos versorgt werden. Zwar übernimmt die Dorfgemeinschaft nach wie vor den Großteil der Kosten für Ausbildung, Gesundheits- und Altersversorgung, aber in vielen *Kibbuzim* wurde hier bereits der

Rotstift angesetzt. Sogar die kostenlose gemeinsame Mahlzeit aller Mitglieder im Speisesaal ist nicht mehr selbstverständlich, und auch der *Kibbuz* als bargeldlose Zone, wo man sich für Bezugsscheine verbilligte Waren für den täglichen Bedarf aus einem Gemeinschaftsladen besorgen kann, gehört allmählich der Vergangenheit an. Geblieben ist das Prinzip der direkten Demokratie. Die Generalversammlung aller *Kibbuz*-Mitglieder bestimmt in turnusmäßig abgehaltenen Sitzungen die wirtschaftliche Vorgehensweise, wählt Vertreter aus ihren Reihen, entscheidet über die Aufnahme neuer Bewohner und klärt, wie das Budget verwendet werden soll. Gleichzeitig bietet sie ein Diskussionsforum für alle Mitglieder.

Inzwischen haben andere, dem Sozialismus nicht unbedingt nahestehende Gruppen das Modell des *Kibbuz* kopiert und in ihren jeweiligen politischen und religiösen Kontext eingebunden. Zwar vertritt die mit der Arbeiterpartei verbundene Dachorganisation *Kibbuz Meuhad* die Interessen der meisten *Kibbuzim* im Lande, doch 85 von ihnen sind der linkssozialistischen Partei *MAPAM* zuzuordnen und haben einen eigenen Verband gebildet, den *Kibbuz Haartzi*. Mittlerweile haben auch die Orthodoxen ihre eigene *Kibbuz*-Bewegung gegründet, den *Kibbuz HaDati,* der rund 16 *Kibbuzim* vertritt, in denen das Leben nach streng religiösen Prinzipien abläuft.

Die wirtschaftliche Diversifizierung brachte in den *Kibbuzim* große Veränderungen. Landwirtschaft und Fischzucht machen heute nur noch 24% der Bereiche aus, in denen *Kibbuz*-Mitglieder arbeiten. Der Löwenanteil wird mittlerweile durch industrielle Kleinbetriebe, Tourismus und Dienstleistungen erwirtschaftet. Dieser Wandel hatte zur Folge, dass das System der gleichen Entlohnung für alle peu à peu abgeschafft wurde und *Kibbuzim* Nichtmitglieder wie ganz normale Arbeiter oder Angestellte beschäftigen und bezahlen mussten. Was *Kibbuz*-Puristen ein Graus ist, hat damit längst Einzug gehalten: das Leistungsprinzip. Auf der Strecke blieb ebenfalls der Gedanke von der *Awoda Iwrit,* der rein «hebräischen Arbeit», da viele *Kibbuzim* Palästinenser oder in letzter Zeit verstärkt billigere Gastarbeiter aus Thailand, den Philippinen oder Rumänien beschäftigen.

Die Diversifizierung hatte aber auch zur Folge, dass immer mehr *Kibbuzim* wie Unternehmen planen und investieren mussten. Der Aufbau neuer Produktionszweige erforderte große Investitionen, und die waren oft nur über die Aufnahme von Krediten möglich. Und ebenso wie ein Unternehmen durch konjunkturelle Schwankungen oder Fehlplanungen rote Zahlen schreiben kann, rutschten auch viele *Kibbuzim* in die Miesen, obwohl sie bei der Vergabe von Krediten überaus günstige Konditionen erhielten und der Staat lange seine schützende Hand über sie hielt. Doch das Jahr 1977, als erstmals eine *Likud*-Regierung das Ruder übernahm, bedeutete auch für die *Kibbuzim* eine tiefgreifende Zäsur. Da sie ideologisch der Arbeiterpartei nahe-

Erfolgreich in der Nische

Wie erfolgreich *Kibbuzim* Nischen entdecken und ihr Potenzial lukrativ vermarkten können, zeigt das Beispiel des 1980 in der Nähe der Stadt Karmiel in Galiläa gegründeten *Kibbuz* Tuval. Nachdem der Aufbau einer Lavendel-Verpackungsanlage beinahe zum Ruin der Siedlung geführt hatte, kam man auf die Idee, die Abgeschiedenheit und das unwegsame Gelände des *Kibbuz* profitabel zu nutzen, indem man Outdoor-Trainingskurse für Manager anbot. Damit Israels Geschäftsleute fit für den Wettbewerb sind, robben sie nun gemeinsam durch den Matsch oder erklimmen Kletterwände. Im ersten Jahr kamen 38 Gruppen nach Tuval, heute lernen pro Monat 25 Gruppen zum Tagespreis von rund 1600 Dollar Teamgeist im *Kibbuz*. Oder man kann sich für 10000 Dollar in einen *Kibbuz* einkaufen. Gleich einem Timesharing-Angebot für Ferienwohnungen erhält der Käufer damit das Recht, für die nächsten 25 Jahre einmal pro Jahr in einem *Kibbuz* Urlaub zu machen. Laut Pat Labram von der Timesharing-Firma RCI muss man kein Sozialist sein, um sich seinen Platz im *Kibbuz* zu sichern.

stehen, waren sie lange Zeit das Hätschelkind von Ben Gurion, Golda Meir oder Jitzchak Rabin. Mit dem Wechsel zu Menachem Begin änderte sich dies drastisch, die Kredite flossen nicht mehr so reichlich, und viele *Kibbuzim* sahen sich mit einem gigantischen Schuldenberg konfrontiert. Die in den 1980er- und 1990er-Jahren vollzogene ökonomische Kehrtwende Israels weg von der Dominanz gewerkschaftseigener Konzerne und hin zu Privatisierung und freier Marktwirtschaft bereitete weitere Schwierigkeiten, da die interne Organisation der *Kibbuzim* enorme Anpassungsprobleme bewältigen musste. Eine Karriere in der freien Wirtschaft und in der Großstadt erschien vielen Kibbuzniks bald lukrativer als das reglementierte Leben auf dem Land. All das mündete in eine breite Vertrauenskrise, die dazu führte, dass insbesondere Mitglieder der jungen Generation den *Kibbuz* verließen. Nur noch 40% aller Jugendlichen, die dort großgeworden sind, kehren nach Ableistung des Militärdienstes wieder hierhin zurück. Doch gerade findet ein Umdenken statt. Aufgrund der exorbitant gestiegenen Immobilienpreise in den urbanen Zentren ist es für viele Israelis wieder attraktiv geworden, im *Kibbuz* zu leben. So stieg die Zahl der Menschen, die dort wohnen, in den vergangenen fünf Jahren um über 20000. Betrug Ende der 1990er-Jahre das Durchschnittsalter in den *Kibbuzim* noch 56 Jahre, so sind es aktuell etwas mehr als 40 – ein deutliches Anzeichen für die wiedergewonnene Attraktivität. Möglich ist dies auch durch eine Flexibilisierung alter Regeln geworden. Heute muss man nicht im *Kibbuz* arbeiten, um dort auch zu wohnen. Viele pendeln in die Großstädte, wo sie einer ganz und gar nicht landwirtschaftlichen Tätigkeit nachgehen. Der ökonomische Stellenwert der *Kibbuzim* bleibt, gemessen an der Gesamtbevölkerung, ebenfalls recht beachtlich. Obwohl heute nur 1,8% aller Israelis in den rund 270 *Kibbuzim* leben, erzeugen sie knapp 40% der landwirtschaftlichen und 11% der industriellen Produkte des Landes mit einem Gesamtwert von 9,7 Milliarden Dollar.

Silicon Wadi: Hightech-Gründerboom im Heiligen Land

«15% aller weltweiten Neuentwicklungen im Bereich Telekommunikation und Computerprogramme stammen aus Israel», so Limor Liwnat, Kommunikationsministerin im Kabinett Netanjahus, auf einer großen Industriemesse im November 1998 in Tel Aviv. Die Zahlen geben ihr recht. Nach Angaben des *Israel Export Institute* wurden in den 1990er-Jahren rund 4000 Hightech-Firmen gegründet, die damals einen Gesamtwert von mehr als 22 Milliarden Dollar repräsentierten. Über 100 dieser Unternehmen werden mittlerweile gar an der Wall Street gehandelt. Damit ist Israel hinter den USA und China die Nummer 3 auf der Technologiebörse NASDAQ und auch in Europa sind mehr als 60 israelische Firmen auf den Börsen im Handel. Betrug 1987 das Verkaufsvolumen von Israels elektronischer Industrie gerade einmal 2,25 Milliarden Dollar, waren es 1998 über 8 Milliarden, wovon 6,5 Milliarden durch Ausfuhren erwirtschaftet wurden. Zwar traf die weltweite Krise der Hightech-Branche Israel besonders hart, aber nach einigen mageren Jahren ging es wieder rasant aufwärts. Heute gibt es wieder mehr als 3000 Hightech-Unternehmen, die mit einem Exportvolumen von rund 19 Milliarden Dollar über 40% der israelischen Ausfuhren bestreiten. Jedes Jahr kommen zwischen drei- und sechshundert Start-ups hinzu. Viele dieser neuen Firmen verschwinden allerdings schnell wieder, weil sie es entweder nicht schaffen, sich auf dem Markt zu behaupten, oder weil sie derart innovative und interessante Produkte entwickelt haben, dass sie zum Zielobjekt ausländischer Kaufinteressenten wurden. Auch verlassen jährlich bis zu 9000 Hightech- und Software-Ingenieure die Hochschulen des Landes. Deswegen ist Israel für ausländische Unternehmen sehr interessant geworden. Weit über 100 nichtisraelische Firmen wie Microsoft, Google, SAP oder Hewlett-Packard lassen vor Ort forschen und beschäftigen mehr als 40000 Menschen.

Start-App-Nation

«Vorsicht, das ist ein israelisches Produkt!», warnt der User Samerk auf *iTunes Preview* vor einer Applikation, die arabischsprachige Nachrichten liefert. *Arabic News* heißt sie, und angeboten wird sie von Yaniv Steiner, einem der vielen Designer für Smartphone-Software aus Israel. Doch wer konsequent israelische Technik boykottieren will, muss um fast jeden Rechner oder jedes Handy einen großen Bogen machen. Und auf viele der neuerdings so populären Apps für die kleinen elektronischen Alleskönner mit ihren Touchscreens müsste man ebenfalls verzichten. Nach dem Erfolg mit Sicherheitssoftware, Computerchips und Internettelefonie schlagen israelische Start-ups mit der Entwicklung von Applikationen ein neues Kapitel auf. *Vringo* ist eines dieser kleinen und quirligen Unternehmen, die so typisch für die israelische Szene sind. 2006 gegründet, befasste man sich zuerst mit der Möglichkeit, Videos auf Handys zu sehen. «Das war zu einer Zeit, als es das iPhone noch gar nicht gab», erklärt Firmengründer Jon Meved. «Alle hielten unsere Idee für ein Hirngespinst und sagten, dass sich wohl kaum jemand freiwillig Filme auf einem briefmarkengroßen Bildschirm anschaut.» Doch man blieb am Ball und kreierte eine Plattform, auf der Nutzer Videoklingeltöne downloaden können. «Worauf unsere Kunden anspringen ist die Option, mit *Vring-Forward* bestimmen zu können, welches Video die Freunde sehen, wenn man sie anruft», so Meved. Telekom-Gigant *Orange* bietet seit rund zwei Jahren die App in Großbritannien an, *Verizon* folgte in den USA. Welches Schwergewicht Israel in Sachen Mobilfunktechnik und Anwendungen ist, kann man jedes Jahr im Februar auf dem *GSM Mobile World Congress* in Barcelona sehen. Israelische Aussteller waren dort zuletzt hinter den USA, Großbritannien und Frankreich die viertgrößte Delegation. «Es war schon erstaunlich, überall Hebräisch zu hören», freut sich Eyal Reschef, Vorsitzender des Branchenverbandes *Israel Mobile and Communication Association*, der in Ramat Hachayal eine eigene Forschungseinrichtung betreibt. Auch sorgen immer wieder Meldungen für Aufregung, wie die Übernahme des israelischen App-Anbieters Snaptu durch Facebook. Zum einen, weil es die erste Übernahme eines nichtamerikanischen Unternehmens durch den Social-Network-Betreiber war, zum anderen, weil Snaptu Apps für ganz normale Telefone entwickelt hat.

Zuletzt sorgte Apple für Schlagzeilen, als der Hightech-Gigant nicht nur für fast 500 Millionen Dollar den Flashspeicherspezialisten Anobit aufkaufte, sondern auch erklärte, ein Entwicklungszentrum in Israel aufbauen zu wollen – das erste des Unternehmens außerhalb der Vereinigten Staaten. Hervorgetan hat sich vor allem auch der Chipgigant Intel, der in den vergangenen Jahrzehnten über sieben Milliarden Dollar in seine Labors und Produktionszentren investiert hat. Nicht mehr Jaffa-Orangen oder Avocados, sondern Weltklasseprodukte aus den Bereichen Software, Telekommunikation und Biotechnologie sind die heutigen Exportschlager Israels.

Die Erfolgsgeschichte der Hightech-Start-ups lässt sich mit der ganz spezifischen Situation Israels erklären. Zum einen hat die jahrzehntelange politische Isolation des Landes ein gewisses Faible für alles entstehen lassen, was eine rasche und billige Kommunikation mit Europa und Amerika ermöglicht. Die Telefonie über das Internet ist ebenso in Israel erfunden worden wie der USB-Stick oder das Chatprogramm ICQ. Und weil es im Unterschied zu den arabischen Ländern bis vor Kurzem keine nennenswerten Erdöl- und Erdgasvorkommen gab, sind israelische Unternehmen wie *Solel SolarSystems* oder *Ormat* Global Player in Sachen Sonnen- und Erdwärmegewinnung. Israels Streitkräfte sind ein weiterer Wegbereiter für den Hightech-Boom. So gilt der Abbruch des Lavi-Projektes zur Entwicklung eines eigenen Kampfflugzeugs als einer der wichtigsten Impulse. Hunderte der besten Ingenieure und Softwarespezialisten wurden im Sommer 1987 entlassen, suchten Arbeit und übten sich im freien Unternehmertum. Die einzigartige, beim Militär antrainierte Improvisationsgabe, enge Kontakte zwischen den Hightech-Soldaten und die Fähigkeit, Nischen zu entdecken, bildeten sozusagen den Humus, auf dem dann so manche erfolgreiche Firma heranwuchs. «Die Armee war so etwas wie unsere Universität», resümiert Eli Reifman, Chef der erfolgreichen, seit einigen Jahren an der Londoner Börse notierten Softwarefirma

GEO-Interactive, die ein Programm für die Übermittlung von Videos über das Internet entwickelt hat. Eine Umfrage des israelischen Wirtschaftsministeriums ergab, dass 26% aller Unternehmensgründer direkt vom Militär kommen. Sie verstanden es, das dort erworbene Wissen für die Entwicklung ziviler Produkte zu nutzen. So etwa der Jungunternehmer Gil Schwed, dessen Firma *Check Point Software* Sicherheitssysteme für Firmenintranets anbietet und dabei weltweit Marktführer ist. Sich selbst und die meist sehr jungen anderen Unternehmensgründer bezeichnet Schwed gerne als Avantgarde einer Generation, die wie ihre Vorväter den Aufbau des Landes vorantreibt. Bloß ist es diesmal keine Wüste, die fruchtbar gemacht werden soll, sondern das Ziel lautet, eine Hightech-Industrie zum Blühen zu bringen.

Weltpolitische Ereignisse gelten ebenso als Ursache für den Erfolg von «Silicon Wadi», denn sie machten eine Konzentration auf Hightech zum Gebot der Stunde: Rund 900 000 seit 1989 eingewanderte Juden aus der ehemaligen Sowjetunion sorgten für einen Input an hochqualifizierten Arbeitskräften, die beschäftigt werden wollten. Heute sind 45% aller Israelis im Besitz eines Hochschulabschlusses. Mit über 135 Ingenieuren auf 10 000 Arbeitnehmer belegt Israel weltweit den ersten Platz, und trotzdem herrscht in manchen Bereichen der Hightech-Industrie Knappheit an qualifiziertem Personal. Spitzenreiter ist Israel auch auf einem anderen Gebiet. Die Forschungs- und Entwicklungsausgaben (FuE) betrugen 2010 knapp 4,5% des Bruttoinlandsprodukts (BIP) und hatten ein Gesamtvolumen von 6 Milliarden Dollar. Zum Vergleich: Deutschland verwendet nur 3% seines BIP für Investitionen in die Zukunft. Ministerpräsident Ehud Olmert verkündete im März 2008, dass in fünf Jahren sogar 10% des BIP in die Forschung und Entwicklung fließen sollen. Auf Basis der Wachstumsprognosen für die kommenden Jahre wären das dann 18 Milliarden Dollar. Experten halten die Erhöhung für dringend geboten. Denn bis dato floß der Löwenanteil der FuE-Gelder ausschließlich in die IT-Branche. Die ist zwar der Motor der israelischen Wirtschaft, doch wenn die ebenfalls aufstrebenden Bio- und Nanotechnologiebereiche dauerhaft

Eine Elektroauto-Revolution mit Hindernissen

Die bessere Welt beginnt an einem ziemlich trostlosen Ort. Vor dem grauen Multiplexkino-Betonblock *Cinema City* nahe Gilot mit seinen riesigen Erdgastanks kündigen neuerdings ein Dutzend kleine silberfarbene Säulen die Zukunft an. Es sind die ersten von rund 100 000 Stromzapfsäulen, die in den kommenden Jahren überall in Israel aus dem Boden sprießen sollen, um eines fernen Tages zwei Millionen Elektroautos mit Energie zu versorgen. So jedenfalls sieht es das Konzept des 45-jährigen Shai Agassi vor. Sein Unternehmen *Better Place* betreibt dann nicht nur die Stromzapfsäulen, sondern auch die Wechselstationen, an denen der Autofahrer, der längere Strecken als die mit einer Speicherladung möglichen 150 Kilometer zurücklegen will, die gesamte Batterieeinheit innerhalb weniger Minuten austauschen kann. Die über 10 000 Euro teuren Batterien sowie das gesamte Versorgungssystem bleiben im Besitz von *Better Place*, der Kunde kauft lediglich das Fahrzeug und holt sich seinen Strom quasi im Abonnement. «Die Idee hatte ich mir von den Mobilfunkunternehmen abgeschaut, die den Kunden schließlich auch nur Gesprächsminuten verkaufen und keine Handys», beschreibt Agassi das Geschäftsmodell. Unterstützung fand das Ex-SAP-Vorstandsmitglied bei Staatspräsident Schimon Peres, der Israel aufgrund seiner Größe als optimal befindet, zum Versuchsgebiet für Elektroautos zu werden. Auch auf Hawaii und in Dänemark sollte das Konzept verwirklicht werden. Als Technik- und Geldgeber konnten Renault-Nissan sowie der israelische Ofer-Konzern mit an Bord geholt werden. «Ich bin das Ende des Öls», verkündete Agassi dann auch vollmundig im Sommer 2009. Mit 750 Millionen Dollar Kapital ging *Better Place* an den Start. Und im Januar 2012 wurden die ersten einhundert Renault-Elektrofahrzeuge ausgeliefert. Doch die Resonanz auf die Technologie ist noch verhalten. Statt wie geplant 8000 Autos im ersten Jahr zu verkaufen, waren es gerade einmal 500. Aufgrund der hohen Verluste musste Agassi im Oktober 2012 dann das Unternehmen verlassen, das Projekt wird aber keinesfalls beerdigt, sondern weiter verfolgt.

Erfolg auf den Märkten haben sollen, brauchen auch sie mehr finanzielle Mittel.

Hat der Hightech-Gründerboom im Heiligen Land Substanz, oder ist er nur ein Strohfeuer? Kritische Stimmen wie Nisso Cohen, der für das amerikanische Beratungsunternehmen IDC den Markt beobachtet, verkündeten gar schon den «Tod der israelischen Hightech-Industrie». Es gebe einfach viel zu viele Startups für so ein kleines Land wie Israel. Aber für weitaus gefährlicher hält er die Verlockung, sich durch Unternehmensverkäufe innovative Produktideen schnell vergolden zu lassen. Israelische Firmen im Wert von 1,5 Milliarden Dollar gingen 1997 an ausländische Unternehmen über, 1998 waren es schon 2,13 Milliarden Dollar, und die Tendenz blieb steigend. 1999 legten amerikanische Firmen allein für die israelischen Hightech-Schmieden *DSP Communication* und *New Dimensions* 2,25 Milliarden Dollar auf den Tisch. Und im Sommer 2006 kaufte der USA-Gigant Hewlett-Packard für 4,5 Milliarden Dollar die israelische Softwarefirma *Mercury Interactive Corporation*, während der amerikanische Speicherkarten-Hersteller ScanDisk für 1,37 Milliarden Dollar den israelischen Flash-Speicherproduzenten *Msystems* übernahm. Angesichts dieser Übernahmen äußerten bereits vor Jahren Experten wie Cohen ihre Bedenken. Es bestehe das Risiko, dass Israel zu einem Subunternehmer von Silicon Valley degradiert werde und die Unternehmensübernahmen das Heranwachsen israelischer Firmen zu ernst zu nehmenden Global Players verhinderten. Doch die Tatsache, dass israelische Unternehmen wie *Check Point Software* oder *Aladdin Knowledge Systems* zu Weltmarktführern in dem Segment Sicherheitssoftware aufsteigen konnten, lässt diese Zweifel unbegründet erscheinen. Zudem verlagerten die Großen der Hightech-Branche wie Microsoft, Motorola und Intel Schlüsselbereiche ihrer Forschungs- und Entwicklungsabteilungen nach Israel.

Israels Wirtschaft trotz Terror und Krieg weiter auf dem Wachstumspfad

Winter 2001 in Tel Aviv auf der Flaniermeile Dizengoff-Straße: Wo die Gäste sonst geduldig auf einen der begehrten freien Plätze an einem Tisch im Barbaresco warten, herrscht gähnende Leere. Die Folge: Das Restaurant, bekannt für seine hervorragenden italienischen Leckereien, hatte den Sonntag zum unfreiwilligen Ruhetag erklärt. Denn wie viele andere Lokale bekam auch das Barbaresco die wirtschaftliche Talfahrt nach dem Ausbruch der Zweiten *Intifada* voll zu spüren. Die im Herbst 2000 einsetzende Rezession zwang selbst die ausgehfreudigen Tel Aviver Yuppies zum Sparen. Und angesichts immer neuer Terroranschläge mieden viele Israelis sowieso größere Menschenansammlungen und blieben lieber zu Hause.

Dabei sah im Frühjahr 2000 alles noch so rosig aus: Israels Wirtschaft verzeichnete satte Zuwachszahlen. Und die Israelis genossen ihren neuen Reichtum. «Shop Till You Drop», lautete die Devise. Die Hightech-Industrie boomte, und ausländische Investoren honorierten die Innovationsfreudigkeit und Leistungskraft israelischer Unternehmen mit Direktinvestitionen in Rekordhöhe. Die Prognose für das Jahr 2001 lautete daher 6% Wachstum. Doch am 28. September besuchte Ariel Scharon den Tempelberg in Jerusalem, was die Führung der PLO zum Anlass nahm, eine Welle der Gewalt und des Terrors zu initiieren. Daraufhin erlebte Israel die wohl schwerste Rezession seit dem Jahr 1966. Statt eines Plus gab es in Sachen Bruttoinlandsprodukt im Jahr 2001 ein Minus von 0,5%. Den größten Verlust musste die Tourismusbranche hinnehmen. In nur wenigen Monaten brachen die Buchungszahlen um 50% weg. Die Umsätze von 5 Milliarden Dollar halbierten sich auf 2,5 Milliarden Dollar. Reihenweise schlossen Hotels ihre Pforten. Produktionsausfälle in Höhe von 700 Millionen Dollar verzeichneten aufgrund des

Konjunktureinbruchs und des Ausbleibens palästinensischer Tagelöhner ebenfalls die Bau- und die Landwirtschaft. Die Hightech-Branche, das vielgelobte Aushängeschild der israelischen Wirtschaft, erwischte es gleich in mehrfacher Hinsicht schlimm: Das Platzen der New-Economy-Blase im Frühjahr 2000, kombiniert mit der schwierigen Sicherheitslage und einer schlechten Weltkonjunktur, war für Israels hochgradig von der IT-Industrie abhängige Wirtschaft ein herber Schlag. Rund ein Drittel aller Hightech-Unternehmen gab in den Jahren 2001 und 2002 wieder auf. Selbst die Stars der Branche wie *Check Point Software*, *Amdocs* oder *Comverse* veröffentlichten im Frühjahr 2002 Gewinnwarnungen und entließen reihenweise ihre Mitarbeiter. Gingen im Jahr 2000 noch 17 israelische Unternehmen an die New Yorker Technologiebörse NASDAQ, so war es im Folgejahr nur noch ein einziges.

Mittlerweile hat sich Israels Wirtschaft von dem Schock weitestgehend erholt und ist wieder auf Wachstum programmiert. Zwar schrumpfte das Bruttoinlandsprodukt im Jahr 2002 um weitere 1,2 %, danach aber ging es spürbar wieder aufwärts. Jerusalem verzeichnete 2004 und 2005 ein Plus von 4,4 % bzw. 5,2 %. Auch in den Folgejahren lag das ökonomische Wachstum Israels deutlich über dem Durchschnitt der OECD-Staaten. Und obwohl der Libanonkrieg im Sommer 2006 rein wirtschaftlich gesehen einen Schaden in Höhe von etwa 1,14 Milliarden Dollar verursachte, weil allein im Norden rund 70 % aller Industriebetriebe ihre Produktion kurzfristig einstellen mussten, die Touristen ausblieben und viele Landwirte ihre Felder nicht bestellen konnten, expandiert Israels Wirtschaft kräftig weiter. Ursprünglich hatte die Regierung die Wachstumserwartungen heruntergeschraubt und rechnete mit einem Anstieg des Bruttoinlandsproduktes von maximal 4 %. Bis zum Ende des Jahres sollten es dann doch beachtliche 5,2 % werden.

Einer der Gründe für die ökonomische Stabilität trotz politischer Krise und Krieg: Israels Hightech-Branche ist begehrter

«Rede nicht darüber!»

Wenn Handels- und Industriemessen Spiegelbilder der politischen Situation wären, könnte man glauben, zwischen Israel und der islamischen Welt herrsche eitel Sonnenschein. So kündigte im Frühjahr 2006 eine Delegation aus Pakistan ihre Teilnahme an der Agritech 06, einer Fachmesse für Landwirtschaftstechnik, an. «Es ist der erste offizielle Besuch von Geschäftsleuten aus Pakistan in Israel», sagte Messedirektor Dany Meiri. «Aber noch viel interessanter ist, dass niemand aus Angst vor Repressalien seine Identität oder den Namen seines Unternehmens geheim halten möchte.» Laut Meiri waren die Pakistanis nicht allein. Fünfzig weitere Geschäftsleute aus arabischen und islamischen Ländern, mit denen Israel diplomatische Beziehungen unterhält, wollten sich über israelische Bewässerungstechnik oder neues Saatgut informieren. Sogar eine nicht näher genannte Zahl von Besuchern aus Staaten wie Afghanistan, Malaysia und Indonesien hatten sich angemeldet – obwohl diese Staaten Israel nicht anerkennen.

Die Agritech 06 ist Ausdruck eines Trends, der durch Zahlen bestätigt wird. Das *Israel Export Institute* verzeichnete für das Jahr 2005 einen Anstieg der Ausfuhren in die arabischen Länder um 29 % auf ein Volumen von 232,6 Millionen Dollar, wobei Diamanten in dieser Statistik nicht erfasst werden. Zudem gelangten weitere israelische Waren im Wert von 12 Millionen Dollar offiziell über Drittländer an ihre Abnehmer in der arabischen Welt. Zum Vergleich: Der beiderseitige Warenaustausch zwischen Israel und der Europäischen Union hatte eine Größenordnung von rund 30 Milliarden Dollar.

Es gibt zudem einen Handel, der in keiner Statistik auftaucht. Er verbirgt sich etwa hinter den rund 170 Millionen Dollar, für die das kleine Zypern jährlich israelische Produkte bezieht – ohne Herkunftsbezeichnung geht ein Großteil davon direkt weiter in arabische Länder. Laut *Info Prod Research*, einer Tel Aviver Beratungsfirma, die auf die arabischen Märkte spezialisiert ist, hat dieser «verborgene Handel» ein Volumen von 400 Millionen Dollar. Bei den Geschäften durch die Hintertür gilt: «Rede nicht darüber!» Weder der israelische Produzent noch der arabische Kunde verlieren ein Wort über diese Geschäfte.

denn je. Und auch das alte Sorgenkind Inflation hat man im Griff. Betrug die Inflationsrate in den 1990er-Jahren oft 10% und mehr, waren es 2007 nur noch 0,5%. Aber auch israelische Unternehmen expandieren kräftig und gehen im Ausland auf Einkaufstour. So erwarb der Pharmakonzern *Teva* für 7,4 Milliarden Dollar in bar und in eigenen Aktien den US-Konkurrenten *Ivax* und wurde so zum weltgrößten Produzenten von Generika-Produkten, also Kopien von Medikamenten, die keinen Patentschutz mehr haben. Selbst die auf schlechte Nachrichten rasch empfindlich reagierende Börse blieb relativ gelassen. Für den ganzen Zeitraum der bewaffneten Auseinandersetzungen verlor der Aktienindex Tel Aviv 25 nur 4,7% und zog schon am ersten Tag nach dem Waffenstillstand wieder um 3,4% an. Die ausländischen Direktinvestitionen erreichten 2006 sogar den absoluten Rekordwert von 14,3 Milliarden Dollar. Danach waren sie zwar wieder etwas rückläufig, aber mit 11,4 Milliarden Dollar im Jahr 2011 weiter auf einem sehr hohen Niveau. Und weil Israels Wirtschaft sich als nachhaltig robust erwiesen hat, zählt das Land seit 2010 zu den Mitgliedern der Organisation für wirtschaftliche Zusammenarbeit und Entwicklung (OECD). All das sind deutliche Beweise des in- und ausländischen Vertrauens in die Wirtschaft des jüdischen Staates. Die Beratungsfirma Morgan Stanley bewertete im Mai 2006 Israel aufgrund seiner fiskalpolitischen Sparsamkeit, der Privatisierung zahlreicher Staatsbetriebe wie der Airline EL Al oder der Schifffahrtsgesellschaft ZIM sowie einer Reihe weiterer Faktoren sogar als «fast perfekt». Und während aufgrund der Eurokrise die Bonität wichtiger EU-Staaten herabgesetzt wurde, blieb das Rating Israels in den vergangenen zwei Jahren stabil. «Israel ist das einzige westliche Land, das es geschafft hat, seit dem Ausbruch der Finanzkrise sein Rating nicht nur zu halten, sondern sogar zu verbessern», verkündete Finanzminister Juval Steinitz nicht ohne Stolz im September 2012.

Der neuerliche Aufschwung und die bewiesene Stabilität selbst in turbulenten Zeiten hat jedoch auch eine Schattenseite: Mit dem Beginn der Wirtschaftskrise im Herbst 2000 stieg die Arbeitslosenquote 2003 auf rekordverdächtige 10,7 % und sank erst 2006 auf 8,4 %. Aktuell beträgt sie knapp 7 %. Nach wie vor sind israelische Araber und Ultraorthodoxe überdurchschnittlich stark betroffen. Zudem leitete der damalige Finanzminister Benjamin Netanjahu im Jahr 2003 drastische Reformen ein, die zur Kürzung zahlreicher Sozialleistungen führten. So wurde das Kindergeld um ein Drittel gekürzt, und das Renteneintrittsalter wurde bei Männern auf 67, bei Frauen auf 65 Jahre angehoben. Wer als Einzelperson von Sozialhilfe abhängig ist, kann heute mit umgerechnet maximal wenigen hundert Euro im Monat rechnen. Weil das Einkommen nicht ausreicht oder Menschen ihren Job verloren, stieg die Zahl der Haushalte, die in irgendeiner Weise auf staatliche Unterstützung angewiesen sind, von 298 000 im Jahr 1998 auf 433 500 2009. Ein Fünftel der israelischen Familien lebt also unterhalb der Armutsgrenze, das sind 1,7 Millionen Einzelpersonen. Betroffen sind davon fast 800 000 Kinder und Jugendliche. In der Mehrheit handelt es sich dabei um Ultraorthodoxe, israelische Araber oder alleinerziehende Mütter. Israel rangiert in Sachen Ungleichheit bei der Einkommensverteilung unter den westlichen Nationen auf Platz drei hinter den USA und Chile. Der Mindestlohn für eine Vollzeitstelle beträgt zur Zeit 4300 Schekel, das sind umgerechnet rund 860 Euro. Angesichts der Lebenshaltungskosten, die sich nur unwesentlich von denen in Deutschland oder anderen Industrieländern unterscheiden, kommen viele Israelis mit ihrem Einkommen einfach nicht mehr über die Runden.

Das moderne Theater von Jerusalem, entworfen von dem Architekten Michael Nadler. Foto: Werner Braun und Anat Rotem-Braun

Kultur

Hebräisch ist die Umgangs- und Schriftsprache Israels. Hinter dieser schlichten Aussage verbirgt sich eine spannende Geschichte, nämlich die Renaissance einer über 2000 Jahre alten Sprache und ihre erfolgreiche Adaption an die Moderne. Zwar bildete Hebräisch im sakralen und literarischen Leben in der Diaspora schon immer einen wichtigen gemeinsamen Bezugspunkt, und Juden verschiedenster Herkunft konnten, wenn nötig, eine begrenzte Unterhaltung in dieser Sprache führen, doch die Tatsache, dass durch die heiligen Schriften nur etwa 8000 Wörter überliefert waren, warf zahlreiche Probleme auf. Da es zu Zeiten der Propheten weder Eisenbahnen noch Briefmarken oder Fabriken gab, fehlte es bald an entsprechenden hebräischen Vokabeln.

Die Wiederbelebung des Hebräischen als Alltagssprache ist das Verdienst eines Mannes, der neben Theodor Herzl zu den Gründungsvätern des politischen Zionismus zählt und mit Recht den Titel «Vater des modernen Hebräisch» trägt: Eliezer Ben Jehuda, geboren 1855 in Litauen. Sein Lebenswerk war das 18 Bände umfassende «Gesamtwörterbuch der alt- und neuhebräischen Sprache». In der Schaffung einer modernen hebräischen Sprache und Kultur sah er eine Chance, um alle religiösen und säkularen, europäischen und orientalischen, universellen und nationalen Traditionen harmonisch zu integrieren. Die Etablierung des Hebräischen als allgemeingültige Verkehrs- und Standardsprache betrachtete er als Voraussetzung für die Herausbildung einer nationalen jüdischen Identität. Parallel zu Herzls Vision vom «Altneuland», das auf eine jüdische Eigenstaatlichkeit hinauslief, plädierte Ben Jehuda für das Konzept einer «altneuen Sprache» als geistiger und kultureller Klammer einer wiedergeborenen jüdischen Gesellschaft. Jiddisch als Sprache des Gettos

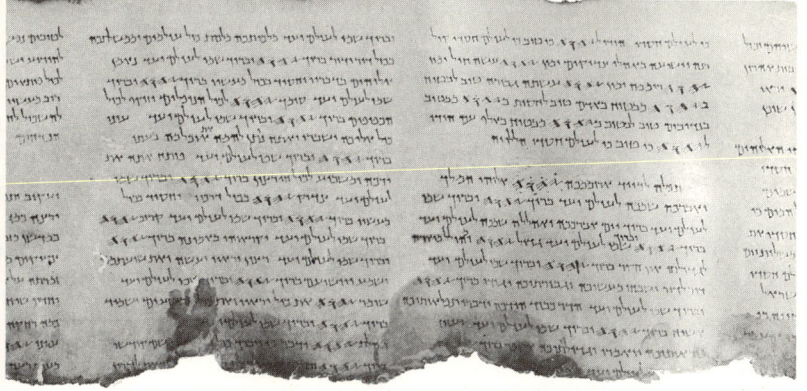

Ein Ausschnitt aus den berühmten Qumran-Rollen,
die 1947 in elf Höhlen in der Wüste Juda gefunden worden waren.
The Shrine of the Book, Israel Museum

und damit der jahrtausendealten Demütigung von Juden gehörte
für ihn auf den Schuttplatz der Geschichte.

Natürlich machte er sich damit nicht nur Freunde. Die Orthodoxen bekämpften Ben Jehuda, weil er nach ihrer Auffassung
die heilige Sprache durch den profanen Gebrauch entweihen
würde. Aber auch viele der tonangebenden Zionisten votierten
eher für Deutsch, Englisch oder Französisch als Alltagssprache,
um so den europäischen Charakter eines zukünftigen jüdischen
Gemeinwesens zu manifestieren. Selbst Theodor Herzl hielt Ben
Jehudas Konzepte für absolut unrealisierbar.

Doch ganz so neu waren Ben Jehudas Ideen auch nicht,
schließlich gab es schon im 18. Jahrhundert die Tendenz, Hebräisch außerhalb des religiösen Gebrauchs zu etablieren. Damals
erreichten die Gedanken der Aufklärung die Juden in Mittel- und
Osteuropa und sorgten für viel Diskussionsstoff. Die *Maskilim*
(dt.: Aufklärer) genannten jüdischen Vertreter der *Haskalah* (dt.:
Aufklärung) bevorzugten bewusst Hebräisch, um ganz im Geiste
der damals propagierten humanistischen und klassizistischen

Ideale an die antiken hebräischen Traditionen einer national-jüdischen Souveränität zu erinnern. Aber sie schafften es nicht, der hebräischen Sprache neues Leben einzuhauchen.

Ben Jehuda machte Nägel mit Köpfen. Schon 1881 ließ er sich mit seiner Familie in Jerusalem nieder. Unterstützt von einer kleinen Schar Gleichgesinnter, kämpfte er fortan für das Hebräische als alleingültige Umgangssprache im *Jischuw*. Auf der Grundlage der in den biblischen Schriften enthaltenen Wörter schuf Ben Jehuda aus den vorhandenen Wortwurzeln immer neue Begriffe, um die Gegebenheiten der modernen Welt ausdrücken zu können. Dabei bediente er sich oft auch bei anderen semitischen Sprachen, nämlich dem Aramäischen und dem Arabischen. Und obwohl alle Apologeten einer Wiedergeburt des Hebräischen Aschkenasim waren, einigte man sich auf eine Aussprache nach sephardischer Art. Bei der Grammatik orientierte sich Ben Jehuda an der «Mischna», der ersten schriftlichen Kodifizierung der mündlich überlieferten jüdischen Gesetzestexte.

Hebräisch wurde im Hause Ben Jehuda die einzige erlaubte Sprache. Auch mit seinem Sohn redete er nur hebräisch und Itamar Ben Jehuda wurde somit zum «ersten hebräischen Kind». 1890 wurde das «Komitee der hebräischen Sprache» gegründet. 1896 entstanden die ersten hebräischen Verlage, und zwei Jahre später öffnete in Rischon LeZion der erste rein hebräischsprachige Kindergarten seine Pforten.

Seinen großen Durchbruch erlebte das Hebräische nach dem sogenannten Sprachenstreit. Als 1912 in der vom Berliner «Hilfsverein der deutschen Juden» mitfinanzierten und in Haifa eingerichteten Ingenieurschule «Technicum», später «Technion» genannt, Mathematik und Physik auf Deutsch gelehrt werden sollten, organisierte Ben Jehuda einen Proteststreik. Allein Hebräisch dürfe in Eretz Israel die Unterrichtssprache sein, lautete die Forderung. Nach vier Monaten Vorlesungsboykott gab die Schulleitung nach. 1922 konnten die Verfechter des Hebräischen einen weiteren Erfolg verbuchen, denn unter dem britischen Mandat wurde Hebräisch offiziell neben Englisch und Arabisch zur dritten und gleichberechtigten Amtssprache in Palästina erhoben. Bis zur Gründung des Staates Israel hatte sich Hebräisch als Umgangssprache des *Jischuw* weitgehend durchgesetzt: 1948 war an rund 65% aller Schulen in Palästina Hebräisch Unterrichtssprache, die Hebräische Universität in Jerusalem hatte ihren Lehrbetrieb aufgenommen, und jedes Jahr wurden Hunderte von Büchern auf Hebräisch publiziert.

Aber das erfolgreich wiederbelebte und modernisierte Hebräisch entwickelte sich bis heute nicht unbedingt so, wie es sich Ben Jehuda und seine Anhänger wohl gewünscht hatten. Gerade die in den letzten Jahren zunehmende Internationalisierung des

Hebräisch als Eintrittskarte in die israelische Gesellschaft

Die Beherrschung des Hebräischen ist neben dem Militärdienst die Eintrittskarte in die israelische Gesellschaft. Und um die sprachliche Integration der Neueinwanderer zu erleichtern, gibt es Sprachkurse auf Staatskosten, sogenannte *Ulpanim*. Dort büffeln eingereiste Juden aus aller Welt die Sprache ihres neuen Heimatlandes. Hebräisch ist aber mehr als nur ein Kommunikationsmittel. Mit der Sprache soll der Einwanderer zugleich eine neue, israelische Identität annehmen, so das erklärte Ziel. Dies manifestiert sich oft auch in der Hebraisierung von Eigennamen.

Schon die ersten Schriftsteller, die ausschließlich auf Hebräisch publizierten, betonten ihre auch nach außen hin erkennbare Identifizierung mit der wiederauferstandenen «altneuen Sprache» bzw. mit Eretz Israel und legten sich rein hebräische Namen oder Pseudonyme zu, wie etwa der Dichter Achad Haam (dt.: Einer des Volkes), der eigentlich Ascher Ginzberg hieß. Gerade unter dem Eindruck des Holocaust legten viele Einwanderer ihre deutschen oder deutsch klingenden Namen ab. Aus Wolfgang wurde Zeev (hebräisch für Wolf), Nachnamen wie Gutberg wurden wörtlich ins Hebräische übersetzt, also durch Har Tov ausgetauscht. Selbst jiddische Namen wie Yankel oder Kalman wurden häufig abgelegt, haftete ihnen doch das Stigma des Gettos an.

Hebräischen wäre ihnen gewiss ein Graus, und Begriffe wie *telefon zellulari* für Handy oder Sätze wie «*Ani metalfen*» (dt.: Ich telefoniere) hätten aufgrund ihrer ganz und gar unhebräischen Wurzeln einen Aufschrei der Empörung verursacht. Selbst aus dem von Ben Jehuda so verschmähten Jiddischen konnten viele Wörter Einzug in die Umgangssprache halten, wie etwa das *Kumsitz* (von: Komm und sitz!) als Bezeichnung für eine lockere Zusammenkunft von mehreren Personen. Und was wäre der hebräische Slang ohne seine vielen arabischen Einsprengsel wie «*Jallah!*» (dt.: «Los, vorwärts!») und die zahlreichen, nicht ganz stubenreinen Wörter, ohne die kein Israeli heute fluchen könnte.

Für viele seiner Zeitgenossen hatten Ben Jehudas Visionen ziemlich utopisch, ja geradezu verrückt geklungen. Im Rückblick aber erwies sich die «altneue Sprache» als geniale Idee, da sie sich als unverzichtbar bei der Schaffung einer gemeinsamen israelischen Identität erwiesen hat. Die Wahl einer westeuropäischen Sprache wäre gewiss ein zusätzlicher Zündstoff bei der konfliktreichen Integration der vielen hunderttausend sephardischen Einwanderer gewesen, da diese die jahrzehntelange Bevormundung der Aschkenasim in Politik, Kultur und Gesellschaft ohnehin als unerträglich empfanden. Außerdem drückt Iwrit eine Menge über das Selbstverständnis des israelischen Staates aus. So lautet der hebräische Begriff für Einwanderung *Alijah,* was so viel wie Aufstieg heißt. Auswanderung dagegen wird wenig schmeichelhaft als *Jerida,* als Abstieg, bezeichnet.

Literaturland Israel

Der israelische Historiker Jaakow Schawit hat einmal geschrieben, dass das moderne Palästina und damit auch der Staat Israel im gewissen Sinne eine Erfindung von Schriftstellern sei. Irgendwie hat er recht, denn viele frühe Zionisten waren literarisch tätig. Theodor Herzl selbst hatte 1902 seine Vision vom Leben in einem jüdischen Staat auch in Form eines utopischen Romans unter dem Titel «Altneuland» zu Papier gebracht. Doch er schrieb deutsch. Dem aus Litauen stammenden Awraham Mapu (1807–1867) gebührt die Ehre, der erste moderne hebräische Schriftsteller zu sein. Sein 1850 veröffentlichter Roman «Ahawat Zion» (dt.: Zionsliebe) erzählt in einer Art Bibelromantik in der Sprache der Propheten eine fiktive Reise durch das Land Israel in der Zeit des Ersten Tempels. Zwanzig Jahre soll Mapu, belächelt von seiner Umwelt, an diesem Roman geschrieben haben. Der Legende nach arbeitete er in einer Hütte im litauischen Kowno, in der einst schon Napoleon übernachtet und der polnische Nationaldichter Adam Bernard Mickiewicz von der Unabhängigkeit Polens geträumt haben soll.

Keine Legende ist die starke ideologische Ausrichtung der hebräischen Schriftsteller seit dem Ende des 19. Jahrhunderts. Die Literatur dominierte das geistige und kulturelle Leben in Palästina wie in kaum einem anderen Land. Bald übernahmen Schriftsteller die Rolle nationaler Autoritäten. Neben dem Essayisten Achad Haam (1856–1927), der im Unterschied zu Theodor Herzl Palästina nur als geistiges Zentrum des Judentums betrachtete, waren Chaim Nachman Bialik (1873–1934), Josef Chaim Brenner (1881–1921) und später Natan Alterman (1910–1970) die wichtigsten Repräsentanten. Ihre vielfältigen Aktivitäten trugen mit dazu bei, dass sich Hebräisch zu einer lebendigen Alltags- und Schriftsprache entwickeln konnte. Im Mittelpunkt ihres literarischen Schaffens stand die Frage, wie die Renaissance eines jüdischen Lebens in Eretz Israel auszusehen habe und inwiefern sich dieses von der als demütigend empfundenen Existenz in der Diaspora unterscheiden sollte. Die neue hebräische Literatur in ihrer Fokussierung auf Landschaften und antike Stätten des Heiligen Landes verstand sich als Brücke zwischen alttestamentarischen Zeiten und Gegenwart und sollte darüber hinaus die emotionale Bindung der Menschen an Eretz Israel intensivieren. Aber auch die Verständigung zwischen Arabern und Juden oder die Rolle eines zukünftigen jüdischen Gemeinwesens wurden thematisiert und ausgiebig diskutiert.

Eine Ausnahme bildeten die Romane von Schmuel Josef Agnon (1888–1970), die überwiegend im galizischen, ostjüdischen Milieu angesiedelt waren oder das Leben zionistischer Emigranten in Jerusalem schilderten. 1966 erhielt Agnon für sein Werk den Nobelpreis für Literatur.

Die Schriftsteller des jungen Israel verstanden sich genau wie die Helden ihrer Bücher als Pioniere. Ihre Werke spiegeln den Reifeprozess der Gesellschaft wider, in der sie lebten. In den ersten Jahren nach der Staatsgründung setzten sie sich – nicht ohne ein gewisses Pathos – mit dem Unabhängigkeitskrieg und dem Landleben auseinander. Sie selbst bezeichneten sich dabei als «Kanaaniter», versuchten alle ihre traditionellen jüdischen Wurzeln zu kappen und propagierten eine neue Kultur, die einzig und allein dem neuen Eretz Israel entspringen dürfe. Kollektivismus und Heroismus waren die Schlagwörter. Autoren wie S.-Jischar (1916–2006, eigentlich Jischar Smilanski) oder Mosche Schamir (1921–2004) bevölkerten ihre Romane mit mutigen zionistischen Kämpfern und aufbauwütigen Landmenschen, die als Verkörperung der «neuen Juden» oder «neuen Hebräer» nun frei und ungebunden in der «neualten» Heimat heranwuchsen. Sie sollten ganz bewusst einen literarischen Kontrapunkt zu den Juden der Diaspora bilden. Auffällig ist dabei, dass der zeitlich erst wenige Jahre zurückliegende Holocaust trotz der allgegenwärtigen Präsenz durch die vielen ins Land eingewanderten Überlebenden in dieser Phase noch kaum thematisiert wurde. Auch blieb die Literatur in dieser Zeit eine Domäne der Aschkenasim. Der 1924 in Ungarn geborene und 2005 gestorbene Ephraim Kishon ist mit seinen Kurzsatiren übrigens in Deutschland viel populärer geworden als in Israel selbst.

In den 1960er- und 1970er-Jahren tritt eine neue Generation von Autoren in den Vordergrund, die – im Lande geboren – nur noch Kindheitserinnerungen an die britische Mandatszeit haben und als Israelis aufgewachsen sind. «Israelisch sein» ist für sie schon etwas ganz Normales, und anders als ihre Vorgänger fühlen sie sich nicht mehr dazu veranlasst, ausschließlich die Grandiosität des zionistischen Aufbauwerks zu besingen. Ohne das Heldenpathos und den Romantizismus früherer Autoren beschreiben sie die Konflikte, Sehnsüchte und Verfehlungen von Menschen, die nicht mehr allein damit beschäftigt sind, das Land urbar zu machen oder im militärischen Kampf zu bestehen, sondern die Schwächen haben, in der Großstadt leben und auch neurotische Randgestalten sein dürfen. Der in Deutschland mit dem Friedenspreis des deutschen Buchhandels ausgezeichnete Amos Oz (geb. 1939) und Abraham Ben Jehoschua (geb. 1936) sind die wichtigsten Repräsentanten dieser Generation. Ihre Charaktere spiegeln so ziemlich alle ethnischen, politischen und religiösen Facetten des Landes wider. Diese «Generation des Staates», wie A.B. Jehoschua sich und seine altersgleichen Kollegen einmal etikettierte, trug durch ihr schriftstellerisches Schaffen mit dazu bei, die israelische Identität in den 1960er- und 1970er-Jahren zu formen und zu festigen. Sie waren es auch, die sich, anders als ihre Vorgänger, literarisch mit den Arabern auseinandersetzten, ohne auf die tradierten Klischees vom naiven edlen Wilden oder unerbittlichen Gegner zurückzugreifen. Andere Autoren wie Aharon Appelfeld (geb. 1932), Yoram Kaniuk (geb. 1930) und David Grossman (geb. 1954) gingen in den 1980er-Jahren noch einen Schritt weiter. In ihren Romanen rücken der israelisch-arabische Konflikt, aber auch der Umgang mit dem Holocaust in den Mittelpunkt. Vor dem Hintergrund des Libanon-Desasters und der *Intifada* artikulieren sie Zweifel an der israelischen moralischen Überlegenheit und kratzen damit am Mythos der heiligsten aller israelischen Kühe, des Militärs. David Grossmans Roman «Das Lächeln des Lammes» beispielsweise handelt von einem jungen Wehrpflichtigen, der immer mehr an der vermeintlich gerechten Sache der israelischen

Besatzungspolitik zweifelt und an ihren Widersprüchen und Härten zerbricht.

Überhaupt lassen sich nach dem Wendejahr 1977, als nach fast 30 Jahren die Arbeiterpartei abgewählt und Menachem Begin Ministerpräsident wurde, zwei grundlegend neue Tendenzen im israelischen Literaturbetrieb entdecken. Zum einen formulieren populäre Autoren wie David Grossman, Yoram Kaniuk' und Amos Oz sehr deutlich ihre Kritik an der Haltung der rechtskonservativen Regierungen unter Begin, Schamir und Netanjahu gegenüber den Palästinensern sowie an verlustreichen militärischen Abenteuern, etwa dem Libanonkrieg. Sie knüpfen verstärkt an die von Schriftstellern in der ersten Hälfte des 20. Jahrhunderts ausgeübte Rolle als nationale Autoritäten an, deren Stimmen großes Gewicht hatten. Sie übernahmen damit quasi die Funktion eines Gewissens der Nation. Dabei beschränken sich Israels Autoren nicht allein auf ihr literarisches Schaffen, sondern veröffentlichen in den großen Tageszeitungen regelmäßig Kolumnen oder beziehen im Fernsehen mitunter sehr dezidiert Stellung zu der Regierungspolitik. Die menschlichen Tragödien sowohl auf israelischer wie auch auf palästinensischer Seite sowie der Zerfall des hohen moralischen Standards der Gesellschaft und der Streitkräfte Israels sind thematisch immer mehr in den Mittelpunkt gerückt. Weil es im rechtskonservativen politischen Lager bisher kaum Schriftsteller von Bedeutung gibt, die eine literarische Gegenposition hätten artikulieren können, handelten sich Grossman, Kaniuk und Oz gerade unter der letzten *Likud*-Regierung viel Schelte ein. Ex-Ministerpräsident Netanjahu sprach sogar von einem «linken Meinungsmonopol» in den Medien, einer allmächtigen Riege linker Autoren und Journalisten, die sich seinen Sturz auf die Fahnen geschrieben hätten.

Zum anderen sehen israelische Autoren ihre Arbeit wieder mehr eingebettet in den Kontext der Weltliteratur. Galt es in den 1940er- und 1950er-Jahren, quasi aus dem Nichts oder höchstens aus dem Fundus der alttestamentarischen Schriften, eine neue «semitische» Literatur zu schaffen, die keinerlei Wurzeln in Europa oder der übrigen Welt haben sollte, so kann man bei Autoren wie David Grossman und insbesondere in den fulminanten Familienepen von Meir Shalev (geb. 1948) ganz deutlich den Einfluss großer Schriftsteller wie Fjodor Dostojewski, Thomas Mann oder Herman Melville erkennen. Und obwohl alle ihre Geschichten in den unterschiedlichsten israelischen Lebenswelten spielen, sind sie gerade deshalb auch für ein internationales Publikum interessant.

Spannend ist auch, wie sich allmählich palästinensische Autoren in Israel einen Namen machen, etwa Sahar Khalifa (geb. 1941), die besonders eindringlich das Schicksal palästinensischer Frauen beschreibt, oder der schon erwähnte christlich-arabische Anton Schammas (geb. 1950) sowie Sayed Kashua (geb. 1975), der mit «Tanzende Araber» als israelischer Araber auf Hebräisch einen erfolgreichen Roman über die Identitätsprobleme der arabischen Minderheit in Israel geschrieben hat.

Die in den 1980er-Jahren durch den Libanonkrieg und die *Intifada* verursachte und bis heute nachwirkende Vertrauenskrise bildete den Nährboden für ein Literaturgenre, mit dem israelische Autoren international große Erfolge feiern konnten: den Kriminalroman. «Kollektives Schuldgefühl und dessen Verleugnung, dringendes Bedürfnis nach neuerlicher Bestätigung der Unschuld, Eskapismus und Verdrängungsbestrebungen sind stets fruchtbares Terrain für die Entstehung von Kriminalliteratur», so Batya Gur, Israels wohl populärste Krimiautorin, über dieses Phänomen. Ihre eigenen Thriller bewegen sich auf hohem Niveau und sind spannend geschriebene, oftmals ausgezeichnete Milieustudien. Das eigentliche Verbrechen wird fast zur Nebensache. Batya Gur lässt ihren aus Marokko stammenden Inspektor Michael Ochajon regelmäßig in aschkenasisch dominierten Zirkeln ermitteln, unter Psychoanalytikern, Literaten oder in der Musikerszene. Zielsicher schaffte es die 2005 verstorbene Autorin damit, den Finger in so ziemlich alle Wunden der israelischen Gesellschaft zu legen und mehr über den mentalen Zustand des Landes zu sagen als die meisten ihrer Kollegen oder viele Sachbücher.

Die Medienlandschaft

Freitagmittags sieht man die Israelis schleppen. Nicht nur die Wochenendeinkäufe gilt es sicher nach Hause zu bringen, sondern auch viele Kilo Zeitungspapier. Die Lektüre der drei großen Tageszeitungen samt ihren umfangreichen Beilagen – etwa das legendäre Tel Aviver Stadtmagazin «HaIr» (dt.: Die Stadt) – gehört zum Schabbatritual und Pflichtprogramm fast aller säkular eingestellter Israelis.

Flaggschiff und Aushängeschild der israelischen Presselandschaft ist das linksliberale Blatt «HaAretz» (dt.: Das Land), das 1935 von der aus Deutschland eingewanderten Verlegerfamilie Schocken gegründet wurde und eine tägliche Auflage von 63 000 Exemplaren hat. Hier schreiben Israels berühmteste Kolumnisten wie Joel Markus oder Tom Segev. Seit Anfang 1997 gibt es im Internet und seit Sommer 1998 als Beilage der «International Herald Tribune» alle wichtigen Artikel aus «HaAretz» auf Englisch. Damit wollen die Herausgeber den vielen englischsprachigen Lesern eine Alternative zur «Jerusalem Post» (1932 unter dem Namen «Palestine Post» gegründet) bieten. Die ging nämlich 1996 an einen nationalistisch eingestellten Verleger, der das einst liberale Blatt zu einem Sprachrohr der Siedlerbewegung umfunktionierte und damit viele Käufer verlor. Im August 2006 erwarb das Kölner Verlagshaus M. DuMont Schauberg («Kölner Stadtanzeiger») 25 % der Aktien von «HaAretz».

Es ist eine Spezialität der israelischen Medienlandschaft, dass sich mittlerweile alle führenden Zeitungen im Besitz einflussreicher Familien befinden. Neben «HaAretz», das immer noch

7.70 VOL 81/24589 MAY 2   **2000** יום שלישי כ"ז בניסן תש"ס, 2 במאי

שקלים   כולל מע"מ, באילת 6.60 שקלים   שירות למנויים 03–5121333 (בין השעות 06:30–20:00; מענה קולי בשאר שעות היממה)

המלצת ועדת בן בסט: 25%

«HaAretz» ist seit 1935 die führende Tageszeitung.

mehrheitlich dem Schocken-Clan gehört, gibt es die beiden Massenblätter «Ma'ariv» (dt.: Am Abend) mit einer Auflage von rund 160 000 und «Jedioth Achronoth» (dt.: Letzte Nachrichten) mit einer Tagesauflage von knapp 300 000, das es am Wochenende aber auf 600 000 Leser bringt.

Zwischen den Herausgebern der beiden letztgenannten Blätter gibt es seit Jahrzehnten Spannungen, die mittlerweile einem Krimi gleichen und die Gerichte beschäftigen. 1948 hatte sich der damalige Chefredakteur von «Jedioth Achronoth», Asriel Carlebach, samt Bleisatz und Redakteuren abgesetzt, die Konkurrenz «Maariv» gegründet und diese zur erfolgreichsten Zeitung Israels gemacht. Doch in den 1970er-Jahren ging es mit «Ma'ariv» bergab, und der Medienmogul Robert Maxwell kaufte die Zeitung. Während «Jedioth Achronoth» weiterhin der alteingesessenen Verlegerfamilie Moses gehört, befindet sich «Maariv» seit Maxwells Tod im Besitz der reichen Industriellenfamilie Nimrodi. Mindestens 30 Millionen Dollar legte Jaakov Nimrodi auf den Tisch, um seinem Sohn Ofer quasi zur Selbst-

255

verwirklichung die einflussreiche Zeitung zu kaufen. Damit nahm der Medienkrieg eine neue Dimension an: 1993 heuerte Ofer Nimrodi zwei Privatdetektive an, die mithilfe von Wanzen die Konkurrenz abhörten. Nachdem der Lauschangriff aufgeflogen war, wurde Nimrodi zu acht Monaten Haft verurteilt und musste über 250 000 Dollar Strafe zahlen. Im Zuge verdeckter Ermittlungen erfuhr die Staatsanwaltschaft dann im November 1999, dass Ofer Nimrodi sich während seiner Haftzeit nicht nur Vergünstigungen durch Bestechung hoher Justizbeamter erkauft hatte, sondern auch einen professionellen Killer, dem er den Auftrag gegeben haben soll, jenen Privatdetektiv zu ermorden, der in der Abhöraffäre gegen ihn ausgesagt hatte. Sogar die Verleger von «Jedioth Achronoth» und «HaAretz», Arnon Moses bzw. Amos Schocken, wollte Nimrodi angeblich über die Klinge springen lassen. Zwar wurde der Anklagepunkt Anstiftung zum Mord fallen gelassen, für einige Monate musste er dennoch wieder hinter Gitter. Bemerkenswert ist, dass die journalistische Unabhängigkeit in diesem Medienkrimi gewahrt blieb, selbst «Ma'ariv»-Redakteure prangerten in Leitartikeln die «mörderische Verschwörung» ihres Bosses an. Doch wie in vielen anderen Ländern der Welt steckt auch die Presselandschaft Israels in einer existenziellen Krise. Zum einen verlagerte sich das Anzeigengeschäft größtenteils ins Internet, wodurch ein wirtschaftliches Standbein wegbrach. Zum anderen lesen immer mehr Israelis Nachrichten lieber im Internet. Insbesondere Jüngere greifen seltener zur gedruckten Zeitung. Last but not least hat der Multimilliardär Sheldon Adelson eine Zeitung namens «Israel HaYom» (dt.: Israel heute) ins Leben gerufen, die sich ausschließlich über Werbung finanziert und darüber hinaus auch noch kostenlos ist. Das Blatt steht politisch der Regierung Netanjahu sehr nahe und hat es geschafft, aus dem Stand heraus eine Auflage von 375 000 zu erreichen. Zwar verzeichnen alle israelischen Tageszeitungen in letzter Zeit ein dickes Minus, besonders schlecht erging es aber «Ma'ariv», die innerhalb von zehn Jahren die Hälfte ihrer Leserschaft verloren hat. Ihr Besitzer – mittlerweile war es der Tycoon Nochi Dankner, der selbst in finanzielle Schwierigkeiten geraten war – entließ daher von heute auf morgen 1600 der 2000 Beschäftigten und plant nun, das Blatt an den rechten Verleger Schlomo Ben Zvi zu veräußern. Daraufhin organisierten die «Ma'ariv»-Mitarbeiter wütende Demonstrationen und Streiks, denen sich auch «HaAretz»-Journalisten anschlossen, denn ihnen droht ebenfalls eine Entlassungswelle.

Neben den drei «Großen» gibt es noch zahlreiche andere Blätter, die etwa das orthodoxe Publikum bedienen oder sich an die arabischen Israelis oder die zahlreichen Neueinwanderer richten. Allein vier russischsprachige Zeitungen buhlen um die Gunst der Käufer. Und schließlich gibt es auch noch die kleinen deutsch-

Die Sesamstraße und der Friedensprozess
Wenn Rabin und Arafat sich die Hand reichen können, warum dann nicht auch israelische und palästinensische Muppets?
1997 unterzeichneten israelische und palästinensische TV-Studios einen Vertrag mit der New Yorker Produktionsfirma Children's Television Workshop. Als Rehov Sumsum auf Hebräisch und Scharijah Sumsum auf Arabisch proben die Puppen das Miteinander. Ein großes Thema ist dabei die Sprache. In einigen Szenen stellt Ernie die Fragen auf Hebräisch, während Bert die Antworten auf Arabisch gibt. Ziel ist es, auf die gemeinsamen sprachlichen Wurzeln und die Vielzahl ähnlich lautender Wörter in beiden Sprachen hinzuweisen. Dass das alles nicht ganz reibungslos funktioniert, beweist die Tatsache, dass der amerikanische Produzent regelmäßig als Vermittler zwischen den israelischen und den palästinensischen Mitgliedern der Crew von Rehov/Scharijah Sumsum eingreifen musste. Welche Figuren hebräisch oder arabisch sprechen sollen, ob die positiv und negativ besetzten Rollen gleichmäßig verteilt sind, darüber gerieten sich die beiden TV-Crews gelegentlich in die Haare. Aber der Erfolg bei den Kindern gibt ihnen immer wieder neuen Auftrieb und lässt sie Lösungen finden.

sprachigen «Israel-Nachrichten» mit wenigen tausend Exemplaren täglich.

Doch die umwälzenden Veränderungen in der internationalen Medienlandschaft haben auch in Israel ihre Spuren hinterlassen. Das «Volk des Buches» liest immer weniger. Traditionsreiche Blätter wie die gewerkschaftsnahe «Davar» (dt.: Sache) mussten ihr Erscheinen mittlerweile einstellen. Dafür boomt das Geschäft mit dem Kabelfernsehen. Nach der Abschaffung des staatlichen TV-Monopols zu Beginn der 1990er-Jahre schossen neue Sender wie Pilze aus dem Boden. 97% der Haushalte sind heute an das Kabelnetz angeschlossen, so viele wie in keinem anderen Land der Welt. Mehrere hundert TV- und Radioprogramme lassen sich darüber empfangen, darunter zahlreiche russisch- und arabischsprachige und sogar die deutschen Sender 3sat, SAT.1 und RTL. Dabei liefern sich HOT, ein Gemeinschaftsunternehmen der drei regionalen Kabelbetreiber, und YES, der Anbieter von Satelliten-TV, eine erbitterte Schlacht um die Kundschaft.

Filmkultur in Israel

«Unnützer Zeitvertreib», so urteilte Ministerpräsident Ben Gurion über Spielfilme. Für ihn und die anderen puritanischen Vertreter der Gründergeneration hatten allenfalls Dokumentarfilme mit überwiegend propagandistischen und erzieherischen Zielen eine Daseinsberechtigung. Das «Volk des Buches» sollte sich nicht einem so profanen Vergnügen wie Spielfilmen hingeben. Und obwohl schon 1935 der erste Film in hebräischer Sprache gedreht wurde, dauerte es mehrere Jahrzehnte, bis Israel sich zu einem richtigen Filmland entwickeln konnte. Prinzipielles Handicap: Israel ist ein so winzig kleiner Markt, dass die Filmindustrie nur mit finanzieller Hilfe des Staates überleben kann.

In den 1960er- und 1970er-Jahren kamen nur sogenannte *Bourekas,* benannt nach den gleichnamigen, mit Spinat oder

Schafskäse gefüllten Blätterteigtaschen, aus israelischen Filmstudios, alles mehr oder minder folkloristisch angehauchte Komödien ohne Tiefgang. Von ihnen wurde nur «Sallah Shabati» – das Drehbuch stammte von Ephraim Kishon – außerhalb der Landesgrenzen gezeigt. Und dank der in deutsch-israelischer Koproduktion entstandenen Serie «Eis am Stiel» war Israel in den 1970er-Jahren eher für Pubertätsklamotten bekannt als für ernsthafte Spielfilme. Schuld an der Misere war auch der jahrzehntelange Mangel an Ausbildungsmöglichkeiten. Erst zu Beginn der 1970er-Jahre wurde an der Universität von Tel Aviv ein eigener Studiengang geschaffen sowie die Beit-Zvi-Schule für Darstellende Kunst eröffnet. Seit 1978 gibt es auch die Möglichkeit, an privaten Einrichtungen, wie etwa der Camera Obscura in Tel Aviv, zu studieren.

Heute beläuft sich die jährliche Produktion in Israel auf durchschnittlich zwölf Filme. Dazu kommen eine ganze Reihe Kurzfilme, wie etwa die Golfkriegssatire «Home» von David Ofek, die auf den Kurzfilmtagen in Oberhausen 1993 mit dem ersten Preis ausgezeichnet wurde. Überhaupt scheinen israelische Filme eher etwas für ein Festivalpublikum zu sein als für die Masse der Kinogänger. In der Regel sind sie keine leicht konsumierbare Kost. Der Holocaust, das Militär, die *Intifada* und das israelisch-palästinensische Verhältnis werden regelmäßig thematisiert. Selbst in Komödien oder Slapsticksendungen wie «HaKomedia HaHamischit» kommt ein schwarzer Humor zum Ausdruck, bei dem ein deutsches Publikum erst einmal schlucken muss, zum Beispiel, wenn in einer Szene im Reisebüro «Sieben Konzentrationslager im Drei-Tage-Paket mit Fünf-Sterne-Übernachtung» angeboten werden.

Eine gewisse Pikanterie hat es, wenn die Kinder von Berühmtheiten zur Kamera greifen und die Mythen der Gründergeneration ordentlich ankratzen. So hat Assi Dajan, der Sohn des Sechstagekriegsheroen Mosche Dajan, mit «Life According to Agfa» 1993 einen Film produziert, der Soldaten nicht mehr als leidende oder liebende Helden darstellt, sondern als eine Horde eitler und mordender Bestien. Amos Kollek, der Sohn von Jerusalems langjährigem Oberbürgermeister Teddy Kollek, macht gleichfalls eigene Filme oder schreibt Drehbücher. Trotz magerer Budgets hat der israelische Film in den vergangenen Jahren im internationalen Vergleich durchaus an Gewicht gewonnen. Aktuelle Beispiele sind das Schwulendrama «Yossi & Jagger» aus dem Jahr 2003 sowie «Walk on Water» von 2004, ein Film über einen Mossad-Agenten auf der Suche nach einem NS-Kriegsverbrecher und über deutsch-israelische Befindlichkeiten, beide von Eytan Fox. All diese Filme sind Ausdruck davon, dass sich das Problem der Identitätsfindung des israelischen Films wohl nur im Rahmen einer allgemeinen politischen und kulturellen Gleichberechtigung aller in Israel vertretenen kulturellen Gruppen lösen lässt. Der erste Libanonkrieg und seine Folgen sind die zentralen Themen zweier weiterer israelischer Filme, die in jüngster Zeit international viel Beachtung gefunden hatten. «Beaufort» ist die Verfilmung des gleichnamigen Buches von Ron Leshem, das auf Deutsch unter dem Titel «Wenn es ein Paradies gibt» erschienen ist. Er erzählt die Geschichte einer Gruppe junger Soldaten, die in einer alten Kreuzfahrerburg dem ständigen Beschuss durch die *Hisbollah* ausgesetzt sind. Bis sie im Mai 2000 im Rahmen des Rückzugs Israels aus dem Südlibanon ihre Stellungen überstürzt und unter schwerem Feuer aufgeben, müssen sie unsinnigen Befehlen der Militärführung Folge leisten, was zu zahlreichen Opfern unter ihnen führt. Der Film von Joseph Cedar erhielt auf der Berlinale 2007 den «Silbernen Bären» und war im selben Jahr Oscar-Kandidat für den besten ausländischen Film. Ari Folmans Animationsfilm «Waltz with Bashir» dagegen beschäftigt sich mit den traumatischen Erinnerungen von Soldaten seiner Generation aus den Tagen der Besetzung Beiruts durch die israelische Armee 1982 sowie den Massakern von Sabra und Schattila. Der Streifen ist eine Art filmische Psychoanalyse und wurde im Jahr 2009 in Hollywood als bester fremdsprachiger Film mit dem

Golden Globe ausgezeichnet. «Waltz with Bashir» war ebenso Oscar-Kandidat wie ein Jahr später das Sozialdrama «Ajami» des arabisch-israelischen Filmemachers Scandar Copti, das im arabischen Milieu Jaffas spielt. Und mit «Avoda Aravit» (dt.: Arabische Arbeit) hat der Schriftsteller Sayed Kashua eine höchst unterhaltsame und beliebte Fernsehserie geschaffen, die die Identitätsprobleme arabischer Israelis thematisiert. Überhaupt haben sich israelische TV-Formate zu einem Exportschlager entwickelt. So wurde die Serie «Be Tipul» (dt.: In Behandlung) über einen Therapeuten und seine Klienten unter dem englischen Titel «In Treatment» an amerikanische Verhältnisse adaptiert, neu gedreht und international sehr erfolgreich vermarktet, ebenso die TV-Serie «HaTufim» (dt.: Kriegsgefangene), die unter dem Titel «Homeland» den Krieg gegen den Terror thematisiert und gleichfalls ein großer Erfolg ist, inzwischen auch in Deutschland.

Bauhausmekka Tel Aviv

«Tausend weiße Villen tauchten auf, leuchteten aus dem Grün üppiger Gärten heraus. Von Akko bis an den Carmel schien da ein großer Garten angelegt zu sein, und der Berg selbst war gekrönt mit schimmernden Bauten.» Mit diesen Worten umschrieb 1902 Theodor Herzl seine Vision eines jüdischen Palästina. Doch genauso wenig, wie das Leben im heutigen Israel etwas mit der behaglichen Wiener Kaffeehausatmosphäre gemein hat, die Herzl in den Orient «umzutopfen» plante, gleicht der visuelle Eindruck der Architektur des Landes einem Beverley Hills in der Levante. Beim Aufbau des jüdischen Staates hatte ein Dach über dem Kopf für Millionen von Einwanderern einfach Priorität vor der Ästhetik. Dies prägte gerade in den Jahren nach 1948 das Bild israelischer Städte und hinterließ so manche architektonische Monstrosität, die einen noch heute erschaudern lässt.

Doch neben unzähligen Bausünden aus den Nachkriegsjahren finden sich in Israel auch Zeugnisse des Besten, was moderne Architektur zu bieten hat. Gerade in Deutschland ausgebildete Architekten hatten daran seit den Kindertagen des Zionismus einen entscheidenden Anteil. Sie waren es, die im britisch verwalteten Palästina und dem späteren Israel der architektonischen Moderne wie in kaum einem anderen Land zum Durchbruch verhalfen. Das Gebäude der Knesset etwa basiert auf Entwürfen des an der Technischen Hochschule in München ausgebildeten und lange Jahre in Hamburg tätigen Architekten Joseph Klarwein.

Wenn als Folge des Bauhauskongresses von 1994 in Tel Aviv große Teile des Stadtzentrums von der UNESCO zum kulturellen Erbe der Menschheit erklärt wurden, dann ist dies auch eine späte Würdigung all jener Baumeister, die entweder als enthusiastische Zionisten in den 1920er-Jahren nach Palästina eingewandert waren oder, durch die Rassengesetzgebung im «Dritten Reich» all ihrer beruflichen Perspektiven beraubt, Deutschland gezwungenermaßen verlassen hatten und sich hier ansiedelten. Im Palästina der britischen Mandatszeit zählte man mehr als 130 tätige Architekten, die an einer deutschen Hochschule ihre Ausbildung erhalten hatten.

«Urvater» all dieser Architekten war Alex Baerwald aus Berlin. 1909 kam Baerwald in das damals noch osmanische Palästina, wo er in Haifa die Pläne für das spätere «Technion», Israels international renommierte Forschungsschmiede, entwarf. Stilistisch pflegte Baerwald eine Verbindung von orientalischen und deutschen Bauelementen. Auf Rundbögen setzte er Giebeldächer mit Ziegeln, das Ganze umschrieb er als ein «Zusammenwirken morgenländlicher Bauweise mit den Errungenschaften deutscher Technik».

In den 1920er-Jahren hatte sich Deutschland zum Geburtsort einer modernen Architektur entwickelt, die, von der Lehre des Funktionalismus beherrscht, völlig neue Wege beschritt. Eine ganze Generation junger jüdischer Architekten aus Mittel- und

Ein Haus in Tel Aviv im typischen Bauhausstil. Foto: Ralf Balke

Osteuropa wurde von den Impulsen inspiriert, die vom Bauhaus in Dessau ausgingen. Die israelische Architekturforscherin Myra Warhaftig erklärte dieses Phänomen damit, dass die traditionellen Ausdrucksformen in der Baukunst oftmals Assoziationen mit antisemitischen Einstellungen weckten, während die neue, auf klare Linien und Sachlichkeit ausgerichtete Architektursprache des Bauhaus die Schaffung einer grundlegend anderen und besseren Welt versprach. Wegen der vielfältigen Herkunft ihrer Vertreter auch «Internationaler Stil» genannt, verkörperte sie eine Art «Architektur der Hoffnung».

Den Nazis hingegen galten die Bauhaus-Konzeptionen als Ausgeburt eines «jüdischen Kulturbolschewismus». Besonders die im Stile der Neuen Sachlichkeit errichtete Weißenhof-Siedlung in Stuttgart erregte ihren Unmut. Um den «undeutschen» Charakter des weltweit hochgelobten Projekts zu betonen, bevölkerten es Nazifunktionäre auf Propagandabildern mit Orientalen und Kamelen. So fand 1933 die Entwicklung der modernen Architektur in Deutschland ein abruptes Ende, um – Ironie der Geschichte – genau dort, wo es Orientalen und Kamele zuhauf gab, neue Wurzeln zu schlagen. Die vom Bauhaus ins Leben gerufene Neue Sachlichkeit mit ihren von horizontalen Fensterbändern gegliederten Baukörpern, ihren strengen geometrischen Grundformen und den Glas- oder Terrassendächern wurde den klimatischen Bedingungen Palästinas angepasst und entwickelte hier eine eigene Formensprache. Auf Ornamentik oder monumentale Protzigkeit verzichtete man ganz bewusst. Typisch für die Adaption an lokale Gegebenheiten war, dass die Gebäude auf Pfeilerkonstruktionen errichtet wurden, sogenannten *Pilotis,* um auf eine bessere Belüftung der Stadt zu erreichen. Die durch diese Bauweise entstandenen Flächen werden heute in der Regel als schattenspendende Parkplätze genutzt. Sonst übliche großzügige Fensterfronten wurden wegen der intensiven Sonneneinstrahlung verkleinert.

1909 von nur etwa 60 jüdischen Familien in den Sanddünen nördlich von Jaffa gegründet, sollte Tel Aviv zum Experimentierfeld der Bauhausjünger werden. War es in den 1920er-Jahren nach den Worten eines Besuchers nur ein «Ort, der Stadt zu sein vorgibt», so erlebte es in den 1930er-Jahren einen Boom, der zur Herausforderung für Stadtplaner und Architekten zugleich wurde. Die Einwohnerschaft der ersten «hebräischen Stadt» verdreifachte sich auf 150000. Heute zählt der Großraum Tel Aviv knapp zwei Millionen Menschen, hier schlägt das wirtschaftliche und kulturelle Herz des Landes.

Praktische und billige Lösungsansätze waren damals wie heute gefragt. Beispielhaft ist die Arbeitersiedlung Meonot Owdim des sozial engagierten Bauhausschülers Arieh Scharon, die er in Anlehnung an das Dessauer Studentenwohnheim konzipiert hatte. Sein Kollege Carl Rubin verwirklichte rund 80 Projekte in Palästina, unter anderem mehrere Häuser am Rothschild-Boulevard in Tel Aviv, deren Wohnräume alle Zugänge zu den Balkons erhielten, was angesichts der hier herrschenden Temperaturen von den Bewohnern dankbar aufgenommen wurde. Und anders als in Jerusalem gibt es keine heiligen Stätten und Denkmäler, auf die man hätte Rücksicht nehmen müssen. Tel Aviv hat bis heute auch nur eine relativ kleine orthodoxe Gemeinde, die sich mit ihren nichtreligiösen Nachbarn weitestgehend arrangiert.

«Für viele war Berlin das Vorbild», konstatierte Myra Warhaftig. Vielleicht war Heimweh nach der Großstadt auch der Grund gewesen, warum Einwanderer aus Deutschland den damals wie heute chaotischen Verkehrsknotenpunkt Magen-David-Platz/ Allenby-Straße, der von einigen Paradebeispielen der Bauhausarchitektur flankiert wird, «unseren Potsdamer Platz» nannten. Vor Ausbruch des Zweiten Weltkriegs galt Tel Aviv wegen seiner konsequenten Bauhausbebauung als eine der modernsten Städte der Welt, als «weiße Stadt» am Rande des östlichen Mittelmeers.

Die Scheinkin-Straße

Mitten im Zentrum Tel Avivs, unweit des bunten Carmel-Marktes, gibt es eine Straße, die geradezu zum Symbol des modernen Israel geworden ist: die Scheinkin-Straße. Hier befinden sich die In-Cafés, zahlreiche Musikgeschäfte, schicke Boutiquen und Esoterikläden, die Räucherkerzen oder heilende Steine verkaufen. Inmitten dieser Szenerie, unter Hippies und Yuppies, finden sich aber auch Bäcker mit traditionellen osteuropäischen Leckereien, Brathähnchengrills und Gefillte-Fisch-Verkäufer. Außerdem wohnen hier zahlreiche orthodoxe Familien, die sich problemlos mit ihrer Umgebung arrangieren. Jeder respektiert jeden. Freitagmittags versammelt sich hier die *jeunesse dorée* des Landes, ganz Tel Aviv scheint auf der Scheinkin-Straße zu flanieren, und es gibt einen Dauerstau. Dafür aber herrscht mit Beginn des Schabbat für einige Stunden Ruhe, eine Konzession an die Religiösen, die nicht erzwungen werden musste. «Leben und leben lassen» – die Scheinkin-Straße ist aufgrund dieser Haltung ihrer Bewohner zum Hassobjekt nationalistischer Fanatiker, vor allem aber zum Sinnbild für das liberale Israel geworden.

Heute ist davon nur noch wenig zu bemerken. Die horrende Luftverschmutzung und die Luftfeuchtigkeit haben den Gebäuden zugesetzt und lassen alles einheitlich grau-bräunlich erscheinen. Auch war den meisten Bewohnern lange nicht bewusst, in welchen architektonischen Schmuckstücken sie leben. Klimaanlagen an den Fassaden, zugemauerte Balkone oder nachträglich aufgestockte Etagen mindern den optischen Reiz vieler Bauhausgebäude. Und ihre meist zentrale Lage verführte manche sogar dazu, solch ein Haus abreißen und an seiner Stelle einen lukrativen Parkplatz entstehen zu lassen. Erst in den 1990er-Jahren begann man allmählich, so etwas wie ein Bewusstsein für Denkmalschutz in Tel Aviv zu entwickeln. Kein leichtes Unterfangen in einer Stadt, die stolz darauf ist, dass sie, wie der Werbeslogan der Stadtväter es verspricht, «keine Pause macht», und wo das Konservieren der Vergangenheit eigentlich nie auf der Tagesordnung stand. «Tel Aviv ist das Tor zur Modernität», verkündete stolz Amnon Rubinstein von der säkular orientierten *Meretz*-Partei.

Rund 3500 Häuser gilt es, vor der Abrissbirne zu bewahren. Wenn man bedenkt, dass aufgrund begrenzter öffentlicher Mittel nur rund 50 pro Jahr restauriert werden können, lässt sich leicht ausrechnen, dass ein Großteil dieser architektonischen Kostbarkeiten im Wettrennen mit der Zeit unwiederbringlich verloren zu gehen droht. Doch es könnte auch anders kommen. Das Café «À Propos» am Ben-Gurion-Boulevard, ein perfekt restauriertes Gebäude im reinsten Bauhausstil, hat sich nicht zuletzt wegen seiner architektonischen Schönheit zu einem beliebten Treffpunkt entwickelt. Auch ziehen mittlerweile viele der im Wirtschaftsboom der letzten Jahre reich gewordenen Yuppies gerne in Häuser im Bauhausstil. Wenn Tourismusexperten und Investoren erst einmal den Wert dieser Häuser erkennen, lassen sich gewiss mehr als jährlich 50 von ihnen vor der Abrissbirne retten.

Ein Muss für Touristen: der Ritt auf dem Wüstenschiff bis zum tiefsten Punkt der Erdoberfläche, 400 m unter dem Meeresspiegel. Foto: Werner Braun und Anat Rotem-Braun

Anhang

سطح البحر

בני הם

SEA LEVEL

Israel auf einen Blick

Amtl. Bezeichnung: Staat Israel, Medinat Israel (hebr.), Dawlat Israil (arab.)

Fläche: 22 145 km² (einschl. Ostjerusalem und Golanhöhen)

Hauptstadt: Jerusalem (801 000 E., 2011)

Größte Städte (Stand Ende 2010): Tel Aviv-Jaffa (404 000), Haifa (266 500), Rischon LeZion (228 900), Aschdod (207 800), Beer Schewa (194 800)

Flagge: zwei waagerechte blaue Streifen auf weißem Grund, in der Mitte ein blauer Davidstern

Nationalhymne: HaTikwa (dt: Hoffnung)

Bevölkerung: 7,9 Millionen (1995: 5,5 Mio.); durchschnittliches Wachstum 2001 bis 2009: 1,8 %

Bevölkerungsdichte pro Quadratkilometer: 328,7

Religionen und Nationalitäten: 5 931 000 Juden, 1 623 000 Araber, 327 000 Sonstige (Stand 2011)
Juden 75,5 %, Muslime 16,8 %, Christen 2,1 %, Drusen 1,7 %, Sonstige 3,9 %
Araber 19,7 %, davon Muslime 83 %, Drusen 8,3 %, arabische Christen 8,5 %

Sprachen: offizielle Landessprachen Hebräisch (Iwrit) und Arabisch, Handelssprache Englisch, weitverbreitet sind ferner Russisch, Rumänisch, Französisch oder Amharisch (die Sprache der Einwanderer aus Äthiopien)

Staats- und Regierungsform: parlamentarische Demokratie ohne Verfassung; Legislaturperiode vier Jahre

Verwaltungseinheiten: sechs Distrikte: Jerusalem, Norddistrikt, Haifa, Zentraldistrikt, Tel Aviv-Jaffa, Süddistrikt

Währung: Neuer Israelischer Schekel (NIS), 1 Euro = 5,0 (Stand November 2012)

Inflation: 1990–1997 durchschnittlich 11,4 %, 2009 3,3 %, 2010 2,7 %, 2011 3,5 %, 2012 1,7 % (Prognose)

Arbeitslosenquote: 2009 9,4 %, 2010 8,2 %, 2011 7,0 %, 2012 6,9 % (Prognose)

Bruttoinlandsprodukt: 2010 218 Mrd. US$, 2011 244 Mrd. US$, 2012 247 Mrd. US$ (Prognose)

BIP pro Kopf: 2010 29 539 US$, 2011 32 350 US$
Quellen: IWF, Central Bureau of Statistics

Zeittafel

8. Jt. v. d. Z.	Erste Jäger-, Sammler- und Fischerkulturen im Gebiet des heutigen Israel/Palästina
ca. 2000 v. d. Z.	Erste Erwähnungen Jerusalems auf ägyptischen Tontafeln
18. Jh. v. d. Z.	Abraham, Stammvater der zwölf Stämme Israels
13. Jh. v. d. Z.	Moses Zug aus Ägypten
ca. 1000 v. d. Z.	König David macht Jerusalem zur Hauptstadt des Königreichs Israel
967 v. d. Z.	Bau des Ersten Tempels durch König Salomon
928 v. d. Z.	Zerfall des israelitischen Königreichs in die Reiche Israel und Judäa
721 v. d. Z.	Die Assyrer zerstören das Königreich Israel
587 v. d. Z.	Babylons Herrscher Nebukadnezar erobert Jerusalem und zerstört den Tempel; Beginn der «Babylonischen Gefangenschaft»
515 v. d. Z.	Bau des Zweiten Tempels
332 v. d. Z.	Alexander der Große erobert das Land; danach wird Palästina von seinen Nachfolgern, den Seleukiden, beherrscht
167 v. d. Z.	Makkabäer-Aufstand
63 v. d. Z.	Eroberung des Landes durch Rom
26–36 n. Chr.	Römischer Statthalter ist Pontius Pilatus; in dieser Zeit Kreuzigung von Jesus Christus
66	Beginn des jüdischen Aufstands gegen die Römer
70	Titus erobert Jerusalem; die Römer zerstören den Zweiten Tempel
132	Bar-Kochba-Aufstand
135	Zerstörung Jerusalems durch Kaiser Hadrian; Aufenthaltsverbot für Juden in der Stadt
326	Beginn des Baus der Grabeskirche in Jerusalem
614	Eroberung Palästinas durch die Sassaniden
629	Eroberung Palästinas durch die Byzantiner
638	Eroberung Palästinas durch die Araber
1099	Eroberung Palästinas durch die Kreuzfahrer; Einnahme Jerusalems und die Errichtung des «Christlichen Königreichs Jerusalem»
1187	Saladin schlägt die Kreuzfahrer vernichtend in der Schlacht von Hattin
1250–1517	Herrschaft der Mamelucken über Palästina

1260	Mongoleneinfall
1516	Eroberung Palästinas durch die Osmanen
1798/99	Feldzüge Napoleons nach Ägypten und Palästina
1882	Beginn der Ersten *Alijah*
1897, 30. August	Erster Zionistenkongress in Basel
1898	Kaiser Wilhelm II. reist nach Palästina; Treffen mit Theodor Herzl vor Jerusalem
1909	Gründung Tel Avivs
1917, 2. November	Balfour-Erklärung zur «Schaffung einer nationalen Heimstätte für das jüdische Volk»
1917/18	Der britische General Edmund Allenby erobert Palästina von den Osmanen
1922, 24. Juli	Völkerbund überträgt Großbritannien das Mandat über Palästina
1936–1939	Aufstand der Araber gegen jüdische Einwanderung und britische Herrschaft
1937	Peel-Kommission legt Teilungsplan für Palästina vor
1939	Britisches Weißbuch schränkt jüdische Einwanderung und Landkäufe ein; Beginn der illegalen Einwanderung
1947, 29. November	Die Vereinten Nationen beschließen die Teilung Palästinas in einen jüdischen und einen arabischen Staat
1948, 14. Mai	David Ben Gurion verkündet Israels Unabhängigkeit; Ende des britischen Mandats
15. Mai	Ägypten, Jordanien, Syrien, Irak und Libanon greifen Israel an; israelischer Unabhängigkeitskrieg beginnt
1949, Februar	Waffenstillstandsverträge zwischen Israel und den arabischen Gegnern
1956, 29. Oktober– 6. November	Suezkrieg: Angriff auf Ägypten
1967, 5.–10. Juni	Sechstagekrieg: Israel erobert Sinaihalbinsel, Gazastreifen, Westjordanland und Ostjerusalem
22. November	Resolution 242 des UN-Sicherheitsrats, die Israels Rückzug aus den besetzten Gebieten verlangt
1973, 6.–26. Oktober	Jom-Kippur-Krieg, Ägypten und Syrien greifen Israel an
1977	Erster Wahlsieg des *Likud*, Menachem Begin wird Ministerpräsident; Sadat kommt nach Jerusalem (19.11.)
1979, 26. März	Unterzeichnung des israelisch-ägyptischen Friedensvertrags von Camp David

1982	Einmarsch israelischer Truppen in den Libanon
1987	Beginn der *Intifada*
1991, ab 30. Oktober	Nahost-Friedenskonferenz in Madrid
1993, 13. September	Autonomie-Abkommen für Gaza und Jericho zwischen Israel und PLO
1994, 26. Oktober	Jordanisch-israelischer Friedensvertrag
1995, 28. September	Rabin und Arafat unterzeichnen Interims- abkommen für das Westjordanland
4. November	Ministerpräsident Rabin wird ermordet
1996	Benjamin Netanjahu wird Ministerpräsident
1997	Die israelischen Truppen ziehen sich bis auf eine jüdische Enklave aus Hebron zurück
1999	Ehud Barak wird Ministerpräsident
2000, 9. März	Abkommen von Scharm el-Scheich, Israel übergibt weitere Gebiete an die Palästinenser
Mai	Rückzug der israelischen Armee aus der «Sicher- heitszone» im Südlibanon
9. Juli	Die Koalitionsregierung von Ministerpräsident Ehud Barak zerfällt nur zwei Tage vor dem Nahostgipfel in Camp David
Juli	Über zwei Wochen lang konferieren unter amerikanischer Ägide Israelis und Palästinenser in Camp David – ohne Ergebnis
31. Juli	Mosche Katzaw wird überraschend Staatspräsi- dent
2. August	Die Knesset stimmt für Neuwahlen
28. September	Ariel Scharon besucht den Tempelberg, Beginn der Zweiten *Intifada* (*Al-Aksa-Intifada*)
16./17. Oktober	Gipfeltreffen in Scharm el-Scheich
2001, 21.–27. Januar	Friedensgespräche in Taba enden ergebnislos
6. Februar	Ariel Scharon wird Ministerpräsident einer vom *Likud* und der Arbeiterpartei geführten «Regie- rung der Nationalen Einheit»
16. Mai	Veröffentlichung des Mitchell-Berichts, beide Seiten werden zur Wiederaufnahme des Dialogs aufgerufen
Mai	Erstmaliger Einsatz von Kampfflugzeugen gegen palästinensische Ziele seit 1967
1. Juni	Selbstmordattentäter tötet sich und 21 Jugendliche vor einer Disco in Tel Aviv, 132 Menschen werden verletzt
14. Juni	CIA-Chef George Tenet legt Nahostplan vor, empfiehlt Phase der Beruhigung bis zur Wieder- aufnahme von Verhandlungen

17. Oktober	Israels Tourismusminister Rehavam Zeevi wird ermordet
1. Dezember	Selbstmordattentäter töten elf Israelis in Jerusalem und Haifa. In der Folge marschiert Israels Armee in die Autonomiegebiete ein, zerstört den Flughafen von Gaza und stellt Jassir Arafat in seinem Amtssitz in Ramallah unter Hausarrest
2002, März	Friedensplan des saudischen Kronprinzen Abdallah
27. März	Selbstmordattentäter tötet 28 Israelis am Vorabend des Pessachfestes
April	«Operation Schutzwall» beginnt. Die israelische Armee besetzt kurzfristig alle Städte des Westjordanlands
1. April–10. Mai	Belagerung der Grabeskirche in Bethlehem
1. Mai	Ende der Belagerung von Arafats Amtssitz
19. August	Israel und die Palästinensische Autonomiebehörde einigen sich auf einen begrenzten Waffenstillstand
30. Oktober	Die Regierung der Nationalen Einheit zerbricht am Streit über die Subventionierung der Siedlungen
2003, 28. Januar	Parlamentswahlen in Israel. Ariel Scharon wird in seinem Amt als Ministerpräsident bestätigt
25. Mai	Das israelische Kabinett stimmt der *Roadmap* zu
4. Juni	Treffen von US-Präsident George W. Bush, Israels Ministerpräsident Ariel Scharon, Jordaniens König Abdullah II. sowie dem Ministerpräsidenten der Palästinensischen Autonomiebehörde Mahmud Abbas im jordanischen Akaba
29. Juni	Beginn der *Hudna* (Waffenpause) zwischen Arafats *al-Fatah*, der *Hamas* und dem *Islamischen Dschihad* sowie Israel
18. Dezember	Ariel Scharon kündigt die Möglichkeit einer «einseitigen Trennung» von palästinensischen Gebieten an
2004, 2. Februar	Ariel Scharon kündigt die Räumung der israelischen Siedlungen auf dem Gazastreifen an
22. März	Nach zahlreichen erneuten Selbstmordanschlägen tötet Israel den Anführer der radikal-islamistischen *Hamas*, Scheich Jassin
6. Juni	Israels Kabinett stimmt dem Gaza-Abzugsplan zu
26. Oktober	Die Knesset stimmt dem Gaza-Abzugsplan zu
11. November	Arafat stirbt in Paris

2005, 9. Januar	Mahmud Abbas wird zum PLO-Chef gewählt
15. August bis 12. September	Räumung des Gazastreifens
2006, 4. Januar	Ariel Scharon erleidet einen Schlaganfall und fällt ins Koma
25. Januar	Die radikal-islamistische *Hamas* gewinnt die palästinensischen Parlamentswahlen
28. März	Parlamentswahlen in Israel, Ehud Olmert wird neuer Ministerpräsident
25. Juni	Die Entführung eines israelischen Soldaten in den Gazastreifen sowie der Dauerbeschuss israelischer Städte mit Qassam-Raketen aus dem Gazastreifen lösen eine Militäroffensive aus
12. Juli	Die *Hisbollah* tötet acht israelische Soldaten, entführt zwei weitere und löst damit den Zweiten Libanonkrieg aus
14. August	Die UNO vermittelt einen Waffenstillstand im Libanon
15. Oktober	Beginn der Kontrolle der libanesischen Küste im Auftrag der Vereinten Nationen durch eine Maritime Task Force unter deutschem Kommando
12. Dezember	Bei seinem Deutschlandbesuch spricht Israels Ministerpräsident Ehud Olmert erstmals öffentlich vom israelischen Nuklearpotenzial und bricht so mit der jahrzehntelangen Politik, die Existenz eigener Atomwaffen weder zu dementieren noch zu bestätigen
2007, 15. Juni	Palästinenserpräsident Mahmud Abbas bildet eine neue Regierung ohne die *Hamas*. Vorangegangen waren monatelange Kämpfe zwischen beiden Palästinensergruppen. Die Islamisten sicherten sich dabei die Alleinherrschaft über den Gazastreifen
6. September	Israels Luftwaffe zerstört die im Bau befindliche geheime Nuklearanlage Syriens
2008, 16. Juli	Israel übergibt als Gegenleistung für die Aus-lieferung der sterblichen Überreste zweier Soldaten, die im Juli 2006 von der *Hisbollah* als Geiseln genommen und getötet wurden, vier Mitglieder der Schiiten-Organisation, den wegen dreifachen Mordes verurteilten Samir Kuntar sowie die Leichen von 199 Palästinensern und Libanesen
27. Dezember	Beginn der Militäroffensive «Gegossenes Blei»: Als Reaktion auf den andauernden Raketen-

	beschuss seines Staatsgebiets bombardiert Israel Einrichtungen der *Hamas* und des *Islamischen Dschihad*
2009, 18. Januar	Ein Waffenstillstand zwischen Israel und der *Hamas* tritt in Kraft
10. Februar	Aus den Parlamentswahlen in Israel geht die von Außenministerin Tzipi Livni geführte *Kadima* knapp vor dem *Likud* als stärkste Partei hervor. Die Arbeiterpartei muss massive Verluste verbuchen
14. Juni	In einer Rede an der Bar-Ilan-Universität akzeptiert Ministerpräsident Benjamin Netanjahu die Idee einer palästinensischen Eigenstaatlichkeit
2010, 31. Mai	Beim Entern der «Mavi Marmara» sowie anderer Schiffe der Free Gaza Movement durch die israelische Marine sterben neun türkische Staatsbürger
2. September	Nach fast zweijähriger Pause nehmen Israel und die Palästinenser in Washington neue Friedensgespräche auf
2011, 6. August	Auf landesweiten Demonstrationen protestieren 350000 Israelis gegen die sozialen Missstände
23. September	Mahmud Abbas stellt einen offiziellen Antrag auf Mitgliedschaft Palästinas bei den Vereinten Nationen
2012, 18. Juli	Bei einem Anschlag auf israelische Touristen im bulgarischen Burgas sterben sieben Menschen
14. November	Als Reaktion auf den andauernden Raketenbeschuss beginnt Israel mit der Operation «Wolkensäule» gegen Waffendepots und Infrastruktur der *Hamas* sowie anderer islamistischer Gruppen im Gazastreifen
15. November	Zum ersten Mal seit dem Golfkrieg 1991 wird in Tel Aviv ein Luftalarm ausgelöst
2013, 22. Januar	Aus den Parlamentswahlen in Israel geht der von Benjamin Netanjahu geführte *Likud* trotz massiver Verluste als stärkste Partei hervor. Überraschungssieger wird auf Platz zwei die von dem TV-Moderator Yair Lapid gegründete Partei *Yesh Atid*

Deutsch-israelische Kontakte

in Israel

Botschaft der
Bundesrepublik Deutschland
3 Daniel Frisch St.
IL – 64731 Tel Aviv
P. O. Box 16038, IL – 61160
www.tel-aviv.diplo.de

Honorargeneralkonsulat der
Bundesrepublik Deutschland
105 Hanassi St.
IL – 34455 Haifa
P. O. Box 6240, IL – 31061

Honorarkonsulat der
Bundesrepublik Deutschland
5 Eilat Neviot St.
IL – 88000 Eilat

Israelisch-Deutsche Industrie-
und Handelskammer
P. O. Box 50150
IL-68012 Tel Aviv
www.israel.ahk.de

in Deutschland

Botschaft des Staates Israel
Auguste-Viktoria-Str. 74–76
14193 Berlin
http://embassies.gor.il/berlin

Israel Trade Center
Botschaft des Staates Israel –
Wirtschaftsabteilung
Pf. 330531, 14193 Berlin
www.israeltrade.gov.il/germany

Deutsch-Israelische Gesellschaft
e. V.
Martin-Buber-Str. 12
14163 Berlin
www.deutsch-israelische-
gesellschaft.de

Deutsch-Israelische
Wirtschaftsvereinigung e. V.
Richard-Wagner-Str. 17
80333 München
www.d-i-w.de

Bundesverband der Gesellschaften
der Freunde der Hebräischen
Universität Jerusalem in
Deutschland e. V.
Münchner Str. 20
85774 Unterföhring

Freunde der Universität Tel Aviv –
Deutsche Gesellschaft zur
Förderung der wissenschaftlichen
Zusammenarbeit e. V.
Friedberger Anlage 1–3
60314 Frankfurt a. M.

Staatliches Israelisches
Verkehrsbüro
Friedrichstr. 95
10117 Berlin
www.goisrael.de

The Jewish Agency for Israel
Hebelstr. 6
60318 Frankfurt am Main

Literaturhinweise

Reiseführer und Bildbände

Bryant, Sue: Israel. Reiseführer und Reisekarte, Köln 1999.
Solide Basisinformationen und gut lesbares Kartenmaterial für alle, die Israel auf eigene Faust entdecken wollen.

Carmel, Alex/Eisler, Ejal Jakob: Der Kaiser reist ins Heilige Land. Die Palästinareise Wilhelms II. 1898, Stuttgart 1999.
Hervorragendes Bildmaterial aus dem Palästina der Jahrhundertwende, alte Postkartenmotive und gute Begleittexte.

Frings, Ute/Rosen, Rolly: Anders reisen: Israel und Palästina, Hamburg 1998. Reiseführer für Individualtouristen; trotzdem Vorsicht bei diversen Ausgehtipps, da diese schnell veralten.

Gorys, Erhard/Gorys, Andrea: Heiliges Land – Ein 10 000 Jahre altes Kulturland zwischen Mittelmeer und Jordan, Köln 2006.

Heck, Gerhard: Bildatlas Special Israel, Hamburg 1993.
Schöne Fotos und solide Basisinformationen; gute Einstimmung für jeden, der zum ersten Mal nach Israel reist.

–: Israel – Marco Polo Reiseführer, Ostfildern 2006.

Institut für Auslandsbeziehungen (Hg.): Tel Aviv. Neues Bauen 1930–1939, Stuttgart 1993.
Hervorragendes Bildmaterial über das Bauhausmekka, nicht nur für Architekturliebhaber.

Lucke, Karin: Israel (mit Gazastreifen, Golanhöhen und Westjordanland), Nürnberg 1994.
Tourenbeschreibungen auch zu etwas abseits gelegenen Sehenswürdigkeiten, ausführliche Hintergrundinformationen.

Stemmler, Jürgen: Erlebtes Israel, Erkelenz 1983.
Zielgruppe Bibelreisende, aber mit Infos zu allen deutsch-israelischen Städtepartnerschaften.

Studemund-Halevy, Michael: ADAC-Reiseführer Israel, München 2006.
Gut lesbares Kartenmaterial und Tourentipps.

Stumpp, Katja: Israel. Merian live, München 2012.

Thomas, Amelia: Lonely Planet Reiseführer Israel & Palästina, Ostfildern 2012.
Kulturreiseführer, der sich primär an Individualreisende richtet.

Weinrib, Laura: Let's Go. Israel and the Palestinian Territories, Hampshire 1999. Locker geschriebener Reiseführer, der sich vorwiegend an ein jüngeres Publikum richtet; Karten nicht besonders gut lesbar, dafür aber viele gute Tipps.

Barnavi, Eli (Hg.): Universalgeschichte der Juden – Von den Ursprüngen bis zur Gegenwart, Wien 1993.

Gamm, Hans-Jochen: Das Judentum. Eine Einführung, Frankfurt a. M. 1981.

Much, Theodor: Judentum, wie es wirklich ist, Wien 1997.

Schoeps, Julius H.: Neues Lexikon des Judentums, Gütersloh/München 1998.

Stemberger, Günter: Die Juden. Ein historisches Lesebuch, München 1995.

Geschichte

Balke, Ralf: Hakenkreuz im Heiligen Land – Die NSDAP-Landesgruppe Palästina, Erfurt 2001.

Bethell, Nicholas: Das Palästina-Dreieck. Juden und Araber im Kampf um das britische Mandat 1935–1948, Frankfurt a. M. 1979.

Elon, Amos: Die Israelis – Gründer und Söhne, Wien/Zürich/München 1972.

–: Morgen in Jerusalem. Theodor Herzl. Sein Leben und sein Werk, Wien 1975.

Ezrachi, Yaron: Gewalt und Gewissen. Israels langer Weg in die Moderne, Berlin 1998.

Haumann, Heiko (Hg.): Der Traum von Israel. Die Ursprünge des modernen Zionismus, Weinheim 1998.

Herzl, Theodor: Der Judenstaat. Versuch einer Lösung der Judenfrage, Leipzig/Wien 1896.

–: Altneuland, Leipzig 1902.

Hess, Moses: Ausgewählte Schriften, Köln 1962.

Heumann, Pierre: Israel entstand in Basel, Zürich 1997.

Laqueur, Walter: Der Weg zum Staat Israel. Geschichte des Zionismus, Wien 1975.

Mejcher, Helmut: Die Palästina-Frage 1917–1948. Historische Ursprünge und internationale Dimensionen eines Nationenkonflikts, Paderborn 1993.

Montefiore, Simon Sebag: Jerusalem. Die Biographie, Frankfurt a. M. 2012.

Rubinstein, Amnon: Geschichte des Zionismus. Von Theodor Herzl bis heute, München 2001.

Sand, Shlomo: Die Erfindung des Landes Israel – Mythos und Wahrheit, Berlin 2012.

Schlör, Joachim: Tel Aviv. Vom Traum zur Stadt, Gerlingen 1996.

Strenger, Carlo: Israel – Einführung in ein schwieriges Land, Berlin 2012.

Timm, Angelika: Israel – Geschichte des Staates seit seiner Gründung, Bonn 1998.
Visscher, Jochen: Tel Aviv: The White City, Berlin 2011.

Politik, Nahostkonflikt

Abu-Sharif, Bassam/Mahnaimi, Uzi: Mein Feind – mein Freund. Ein Araber und ein Israeli kämpfen für eine gemeinsame Zukunft, München 1996.
Amar-Dahl, Tamar: Das zionistische Israel – Jüdische Geschichte und der Nahostkonflikt, Paderborn 2012.
Ashrawi, Hanan: Ich bin in Palästina geboren, Berlin 1995.
Avnery, Uri: Zwei Völker – zwei Staaten. Gespräch über Israel und Palästina, Heidelberg 1995.
Beit-Halahmi, Benjamin: Schmutzige Allianzen. Die geheimen Geschäfte Israels, München 1988.
Borgstede, Michael: Leben in Israel – Alltag im Ausnahmezustand, München 2008.
Broder, Henryk M.: Die Irren von Zion, Hamburg 1998.
  –: Vergesst Auschwitz! Der deutsche Erinnerungswahn und die Endlösung der Israel-Frage, München 2012.
  – u. Erich Follath: Gebt den Juden Schleswig-Holstein! Wenn Deutsche Israel kritisieren – ein Streit, München 2010.
Chomsky, Noam: Keine Chance für den Frieden. Warum mit Israel und den USA kein Palästinenserstaat zu machen ist, Leipzig 2005.
Cohen, Yoel: Die Vanunu-Affäre. Israels geheimes Atompotential, Heidelberg 1995.
Croitoru, Joseph: Der Märtyrer als Waffe. Die historischen Wurzeln des Selbstmordattentats, München/Wien 2003.
  –: Hamas – Der islamische Kampf um Palästina, München 2007.
Dachs, Gisela: Getrennte Welten. Israelische und palästinensische Lebensgeschichten, Basel 1998.
  –: Deutsche, Israelis und Palästinenser. Ein schwieriges Verhältnis, Heidelberg 1999.
Dershowitz, Alan: Plädoyer für Israel. Warum die Anklagen gegen Israel aus Vorurteilen bestehen, Leipzig 2005.
Deutschkron, Inge: Israel und die Deutschen. Das besondere Verhältnis, Köln 1992.
Diner, Dan: Israel in Palästina, Königstein 1979.
Dockser Marcus, Amy: Tempelberg und Klagemauer. Die Rolle der biblischen Stätten im Nahost-Konflikt, Wien 2001.
Gorenberg, Gershom: The Accidental Empire – Israel and the Birth of the Settlements, 1967–1977, New York 2006.

–: Israel schafft sich ab, Frankfurt a. M. 2012.

Gremliza, Hermann L.: Hat Israel noch eine Chance? Palästina in der neuen Weltordnung, Hamburg 2001.

Hass, Amira: Gaza. Tage und Nächte in einem besetzten Land, München 2003.

Höftmann, Katharina: Good Morning Tel Aviv! Geschichten aus dem Holy Land, München 2011.

Horowitz, David (Hg.): Yitzhak Rabin. Feldherr und Friedensstifter, Berlin 1996.

Kapeliuk, Amnon: Rabin – ein politischer Mord. Nationalismus und rechte Gewalt in Israel, Heidelberg 1997.

Kimmerling, Baruch/Migdal, Joel: Palestinians. The Making of a People, Cambridge 1994.

Kollek, Teddy: Ein Leben für Jerusalem, Hamburg 1980.

Küntzel, Matthias: Djihad und Judenhaß. Über den neuen antijüdischen Krieg, Freiburg 2003.

Laqueur, Walter: Jerusalem. Jüdischer Traum und israelische Wirklichkeit, Berlin 2004.

Leavitt, June: Hebron, Westjordanland: Im Labyrinth des Terrors. Tagebuch einer jüdischen Siedlerin, Hildesheim 1996.

Lerch, Wolfgang Günter: Der lange Weg zum Frieden, München/Berlin 1996.

Lozowick, Yaakov: Israels Existenzkampf. Eine moralische Verteidigung seiner Kriege, Hamburg 2006.

Mejcher, Helmut: Sinai, 5. Juni 1967. Krisenherd Naher und Mittlerer Osten, München 1998.

Mosab, Hassan Yousef: Sohn der Hamas – Mein Leben als Terrorist, Holzgerlingen 2010.

Much, Theodor/Pfeifer, Karl: Bruderzwist im Hause Israel. Judentum zwischen Aufklärung und Fundamentalismus, Wien 1999.

Netanyahu, Benjamin: Der neue Terror, München 1996.

Nusseibeh, Sari: Ein Staat für Palästina? Plädoyer für eine Zivilgesellschaft in Nahost, München 2012.

Oz, Amos: Israel und Deutschland, Frankfurt a. M. 2005.

Pallade, Yves: Germany and Israel in the 1990s and Beyond: Still a «Special Relationship»?, Frankfurt a. M. 2005.

Peres, Shimon: Die Versöhnung, Berlin 1993.

–: Schalom. Erinnerungen, Stuttgart 1995.

Primor, Avi: «... mit Ausnahme Deutschlands». Als Botschafter Israels in Bonn, Berlin 1997.

Rabin, Leah: Ich gehe weiter auf seinem Weg. Erinnerungen an Yitzhak Rabin, München 1997.

Rafael, Gideon: Der umkämpfte Frieden. Die Außenpolitik Israels von Ben Gurion bis Begin, Frankfurt a. M. 1984.

Rosenthal, Donna: Die Israelis – Leben in einem außergewöhnlichen Land, München 2008.

Rotter, Gernot/Schirin, Fathi: Nahostlexikon. Der israelisch-palästinensische Konflikt von A – Z, Heidelberg 2001.

Rubinstein, Danny: Yassir Arafat. Vom Guerillakämpfer zum Staatsmann, Heidelberg 1996.

Said, Edward: Zionismus und palästinensische Selbstbestimmung, Stuttgart 1991.

–: Frieden in Nahost? Essays über Israel und Palästina, Heidelberg 1997.

Segev, Tom: Die siebente Million. Der Holocaust und Israels Politik der Erinnerung, Hamburg 1995.

–: Es war einmal ein Palästina. Juden und Araber vor der Staatsgründung Israels, München 2005.

–: 1967 – Israels zweite Geburt, München 2007.

–: Die ersten Israelis – Das Land der Juden nach der Staatsgründung, München 2008.

Senor, Dan/Singer, Paul: Start-up Nation Israel: Warum wir vom innovativsten Land der Welt lernen können, München 2012.

Stein, Shimon: Israel, Deutschland und der Nahe Osten: Beziehungen zwischen Einzigartigkeit und Normalität, Göttingen 2011.

Tarach, Tilman: Der ewige Sündenbock: Heiliger Krieg, die «Protokolle der Weisen von Zion» und die Verlogenheit der sogenannten Linken im Nahostkonflikt, Freiburg im Breisgau 2009.

Tempel, Silke: Israel – Reise durch ein altes neues Land, Berlin 2008.

Tibi, Bassam: Pulverfaß Nahost – eine arabische Perspektive, Stuttgart 1997.

Wasserstein, Bernard: Jerusalem. Der Kampf um die Heilige Stadt, München 2002.

Wolffsohn, Michael: Politik in Israel, Opladen 1983.

Yaron, Gil: Party, Zwist und Klagemauer, Wien 2011.

Zertal, Idi/Edar, Akiva: Die Herren des Landes – Israel und die Siedlerbewegung seit 1967, München 2007.

Zimmermann, Mosche: Wende in Israel. Zwischen Nation und Religion, Berlin 1996.

Israelische Literatur in deutscher Übersetzung (Auswahl)

Agnon, Schmuel Josef: Herrn Lublins Laden, Leipzig 1993.

Appelfeld, Aharon: Tzili, Hamburg 1991.

–: Blumen der Finsternis, Berlin 2008.

–: Katerina, Berlin 2010.

Baram, Nir: Gute Leute, München 2012.

Barbasch, Benny: Mein erster Sony, Berlin 1997.

Bar-Gil, Eran: Zwillingsstern, Berlin 2008.

Chasson, Avraham: Abu Badjis genießt das Leben, Berlin 2000.

Doron, Lizzie: Es war einmal eine Familie, Frankfurt a. M. 2010.

Ettinger, Almog: Der perfekte Liebhaber, München 1999.

Gavron, Assaf: Ein schönes Attentat, München 2008.

–: Hydromania, München 2009.

–: Alles paletti, München 2010.

Gilboa, Shulamit: Vier Männer und eine Frau, München 2002.

Grossman, David: Das Lächeln des Lammes, München/Wien 1988.

–: Der gelbe Wind, München 1988.

–: Der geteilte Israeli, München/Wien 1992.

–: Stichwort: Liebe, München 1994.

–: Der Kindheitserfinder, München/Wien 1994.

–: Zickzackkind, München/Wien 1996.

–: Eine Frau flieht vor einer Nachricht, München 2009.

Gur, Batya: Denn am Sabbat sollst du ruhen, München 1992.

–: Am Anfang war das Wort, München 1995.

–: So habe ich mir das nicht vorgestellt, Berlin 1996.

–: Du sollst nicht begehren, München 1997.

–: Das Lied der Könige, München 1998.

–: Stein für Stein, Berlin 1999.

–: Denn die Seele ist in Deiner Hand, München 2003.

Hedaya, Yael: Liebe pur, Zürich 2000.

–: Die Sache mit dem Glück, Zürich 2008.

–: Eden, Zürich 2010.

–: Alles bestens, Zürich 2013.

Horn, Shifra: Das Kupferbett, München 2000.

Jehoschua, Abraham W.: Die fünf Jahreszeiten des Molcho, München 1989.

–: Die Manis, München 1993.

Kaniuk, Yoram: Bekenntnisse eines guten Arabers, Frankfurt a. M. 1988.

–: Adam Hundesohn, München/Wien 1989.

–: Tante Schlomzion die Große, Frankfurt a. M. 1995.

–: Das Glück im Exil, München/Leipzig 1996.

–: Das Bild des Mörders, München 1998.

–: Und das Meer teilte sich. Der Kommandant des Exodus, München 1999.

–: Verlangen, München 2001.

–: Zwischen Leben und Tod, Berlin 2009.

Kashua, Sayed: Tanzende Araber, Berlin 2002.

–: Zweite Person Singular, Berlin 2011.

Katz, Eran: Der überaus großartige ultimative Nahostfriedensplan, Frankfurt a. M. 2005.

Keret, Etgar: Plötzlich klopft es an der Tür, Frankfurt a. M. 2012.
Kimchi, Dov: Das Haus Chefetz, Berlin 1997.
Kollek, Amos: Es geschah in Gaza, Frankfurt a. M. 1996.
Lapid, Chaim: Bresnitz, Berlin 1998.
Lapid, Shulamit: Goldstück, München 1999.
   –: Der tote Bräutigam, München 2000.
Leshem, Ron: Wenn es ein Paradies gibt, Berlin 2008.
Lev, Eleonora: Der erste Morgen im Garten Eden, München 2001.
Liebrecht, Savyon: Die Frauen meines Vaters, München 2008.
Michael, Sami: Eine Trompete im Wadi, Berlin 1996.
Nevo, Eshkol: Vier Häuser und eine Sehnsucht, München 2007.
   –: Wir haben noch das ganze Leben, München 2010.
Olmert, Aliza: Ein Stück vom Meer, Berlin 2009.
Oz, Amos: Der perfekte Frieden, Frankfurt a. M. 1987.
   –: Mein Michael, Frankfurt a. M. 1989.
   –: Black Box, Frankfurt a. M. 1989.
   –: Der Berg des Bösen Rates, Frankfurt a. M. 1993.
   –: Dem Tod entgegen, Frankfurt a. M. 1997.
   –: Eine Geschichte von Liebe und Finsternis, Frankfurt a. M. 2004.
   –: Geschichten aus Tel Ilan, Frankfurt a. M. 2010.
Rubina, Dina: Hier kommt der Messias, Berlin 2001.
Saidman, Boris: Hemingway und die toten Vögel, Berlin 2008.
Sarid, Yisha: Limassol, München 2011.
Schammas, Anton: Arabesken, München 1989.
Shabtai, Jaakov: Erinnerungen an Goldmann, Frankfurt a. M. 1993.
Shacham, Nathan: Rosendorf Quartett, Frankfurt a. M./Leipzig 1994.
Shalev, Meir: Ein russischer Roman, Zürich 1991.
   –: Esaus Kuß, Zürich 1994.
   –: Judiths Liebe, Zürich 1998.
   –: Meine russische Großmutter und ihr amerikanischer Staubsauger, Zürich 2011.
Shalev, Zeruya: Liebesleben, Berlin 2000.
   –: Mann und Frau, Berlin 2001.
   –: Späte Familie, Berlin 2005.
   –: Für den Rest des Lebens, Berlin 2012.
Sivan, Aryeh: Adonis, Frankfurt a. M. 1994.
Sobol, Joshua: Schweigen, München 2001.
Tsalka, Dan: Tausend Herzen, Stuttgart/München 2002.
Yishar, S.: Auftakte, Hamburg 1996.

Glossar

Agudat Israel (dt.: Bund Israel) 1912 gegründete ultraorthodoxe Partei

Al-Fatah (dt.: Eroberung, Sieg) von Arafat 1957 gegründet, in den 1970er-Jahren militärischer Flügel der PLO

Al-Nakba (dt.: Katastrophe) von den Palästinensern benutzter Begriff für die Vertreibung aus Palästina aufgrund der Staatsgründung Israels

Alijah (dt.: Aufstieg) jüdische Einwanderung nach Palästina/Israel

Anglo-Palestine Bank 1903 vom Jewish Colonial Trust gegründetes Finanzinstitut, aus dem 1951 die Nationalbank Israels, die Bank LeUmi', hervorging

Aschkenasim von dem mittelalterlichen Wort Aschkenas für Mitteleuropa, bes. Deutschland, abgeleitete Bezeichnung für alle aus Europa und Amerika stammenden Juden

Balfour-Deklaration (2.11. 1917) Brief des britischen Außenministers Lord Balfour an Lord Rothschild, in dem er die Schaffung einer jüdischen Heimstätte in Palästina befürwortet

Bank HaPoalim (dt.: Bank der Arbeiter) 1921 gegründete Bank der Gewerkschaft Histadrut

Bar Mitzwa religiöse Volljährigkeitsfeier für 13-jährige Jungen

Bat Mitzwa religiöse Volljährigkeitsfeier für 13-jährige Mädchen

Beita Israel (dt.: Haus Israels) Bezeichnung für die Juden Äthiopiens

Brit Schalom (dt.: Friedensbund) 1925 bis 1932 bestehende Vereinigung jüdischer Intellektueller, die eine jüdisch-arabische Verständigung propagierten

Chalukka (dt:. Verteilung) Spenden von Juden in der Diaspora für Palästina

Chaluz (dt.: Pionier) Einwanderer der Zweiten und Dritten *Alijah*, die durch ihre Siedlungstätigkeit zum Aufbau des Landes beitrugen

Chanukka Fest der Lichter (im Dezember) in Erinnerung an die Reinigung und Wiedereinweihung des Tempels in Jerusalem durch die Makkabäer

Chassidim Anhänger einer mystisch-religiösen Bewegung (im 18. Jahrhundert in Osteuropa entstanden), die glauben, dass Gott die gesamte Schöpfung, auch die Materie, durchdringt

Cherut (dt.: Freiheit) 1948 gegründete Partei der Revisionisten

El Al (dt.: Nach oben) Israels nationale Luftfahrtgesellschaft

Erew Schabbat (dt.: Schabbatabend) Freitagabend, Beginn des Schabbat

Goj (Plural: *Gojim*) Bezeichnung für Nichtjuden

Gusch Emunim (dt.: Block der Getreuen) 1974 gegründete Siedlerorganisation, die in der Westbank und im Gazastreifen aktiv ist

Haganah (dt.: Verteidigung) teils offiziell, teils im Untergrund operierende Militärorganisation des *Jischuw*, aus der die spätere Armee Israels hervorging

Halachah Religionsgesetze

HaPoel HaZair (dt.: der junge Arbeiter) zionistische Arbeitervereinigung

Haredim (dt.: die Gottesfürchtigen) Selbstbezeichnung der Ultraorthodoxen

HaTikwa (dt.: Die Hoffnung) Israels Nationalhymne

Histadrut (*HaHistadrut HaKlalit Schel HaOwdim HaIwriim Be'Eretz Israel*, dt.: Die allgemeine Organisation der jüdischen Arbeiter im Lande Israel) nationaler Gewerkschaftsverband

IDF (*Israel Defence Forces*, dt.: Israelische Verteidigungskräfte) häufig gebrauchte englische Abk. für die *Zahal*

Keduscha (dt.: Heiligkeit) die Prinzipien der Pharisäer: die Heiligkeit Gottes, die Treue zu Gott, das Fernhalten von Sünden und das Festhalten an den Geboten

Keren HaJessod (dt.: Grundfonds) 1920 von der Zionistischen Weltorganisation gegründeter Fonds

MAPAI (*Mifleget Poale Eretz Israel*, dt.: Arbeiterpartei des Landes Israel) 1930 gegründete sozialdemokratische Partei

MAPAM (*Mifleget HaPoalim Hameuchedet*, dt.: Vereinigte Arbeiterpartei) 1948 entstandene Linksabspaltung von *MAPAI*

Mekorot (dt.: Quellen) Staatliche Wassergesellschaft Israels

Mifdal (*Miflagah Datit Leumi*, dt.: Nationalreligiöse Partei) religiöse zionistische Partei und langjähriger Koalitionspartner sozialdemokratischer und *Likud*-geführter Regierungen

Misrachi (*Merkas Ruchani*, dt.: geistiges Zentrum) orthodoxe Zionisten aus der Anfangszeit des Zionismus

Mossad (dt.: Institut) israelischer Geheimdienst

Neturei Karta (dt.: Wächter der Stadt) ultraorthodoxe Gruppierung

Palmach (*Plugot Machaz*, dt.: Stoßtruppen) zwischen 1941 und 1948 bestehende Kampfeinheiten der *Haganah*

PLO (*Palestine Liberation Organisation*) palästinensische Befreiungsorganisation und wichtigste politische Vertretung der Palästinenser; bis zum seinem Tod 2004 von Jassir Arafat angeführt, seither von Mahmud Abbas

Sabre eine Kaktusfrucht; aber häufig Bezeichnung für die im Lande geborenen – angeblich rauhbeinigen – Israelis: stachlige Schale, weicher Kern

Schilumim (dt.: Reparationen) die im Luxemburger Abkommen von 1952 ausgehandelten Wiedergutmachungszahlungen an Israel und andere Opfer des Holocaust

Schoah (dt.: Katastrophe, Vernichtung) hebräischer Begriff für den Holocaust

Sephardim (dt.: Spanier) ursprünglich.: Nachkommen der 1492 aus Spanien vertriebenen Juden, dann Sammelbegriff für alle Juden aus orientalischen Ländern

Thora (dt.: Lehre, Unterweisung) Gesetzessammlung, im engeren Sinn die fünf Bücher Mose, die dieser von Gott auf dem Sinai empfing

Tischa BeAv (dt.: Neunter im Monat Av) Feiertag, der an die Zerstörung des Zweiten Tempels durch die Römer erinnert

Ulpanim Iwrit-Sprachkurse für Neueinwanderer

Zahal (*Zava Haganah LeIsrael*, dt.: Armee zur Verteidigung Israels) die Streitkräfte des Staates Israel

Personenregister